中國学術思想 研究輯刊

二十編

林慶彰 主編

第14冊

王夫之詩學思想研究

崔海峰 著

花木蘭文化出版社

國家圖書館出版品預行編目資料

王夫之詩學思想研究／崔海峰 著 -- 初版 -- 新北市：花木蘭文
化出版社，2015〔民 104〕
目 2+190 面；19×26 公分
（中國學術思想研究輯刊 二十編；第 14 冊）
ISBN 978-986-404-003-2（精裝）
1.（清）王夫之 2. 清代詩 3. 詩學 4. 詩評
030.8   103026839

中國學術思想研究輯刊
二十編　第十四冊　　　　　　　ISBN：978-986-404-003-2

王夫之詩學思想研究

作　　　者　崔海峰
主　　　編　林慶彰
總 編 輯　杜潔祥
副總編輯　楊嘉樂
編　　　輯　許郁翎
出　　　版　花木蘭文化出版社
社　　　長　高小娟
聯絡地址　235 新北市中和區中安街七二號十三樓
　　　　　　電話：02-2923-1455／傳真：02-2923-1452
網　　　址　http://www.huamulan.tw 信箱 hml810518@gmail.com
印　　　刷　普羅文化出版廣告事業
封面設計　劉開工作室
初　　　版　2015 年 3 月
定　　　價　二十編 21 冊（精裝）台幣 38,000 元

王夫之詩學思想研究

崔海峰　著

作者簡介

　　崔海峰，男，祖籍山東蓬萊，生於遼寧康平，文學博士，遼寧大學文學院教授。長期從事文學理論的教學與研究，主要研究方向爲中國古代文論。先後畢業於上海復旦大學哲學系（1986）、北京大學哲學系（1991）、北京師範大學中文系（2001），曾在江蘇省揚州大學文學院博士後流動站從事研究工作（2004 ～ 2006）。著有《王夫之詩學範疇論》（北京：中國社會科學出版社，2006），此書增訂本爲《王夫之詩學思想論稿》（北京：中國社會科學出版社，2012）。曾在《文學評論》、《文藝研究》、《船山學刊》等期刊發表學術論文多篇。主持國家社會科學基金項目「王夫之與明代文學思潮研究」（2012）。曾獲北京師範大學榮譽校友稱號（2012）。

提　要

　　明清之際，王夫之（1619 ～ 1692）的美學、詩學思想博大精深，處於最高水平，其意義和價值日益彰顯。本書側重從範疇、命題的角度研究王夫之的詩學思想，選取其中很重要而當代學界關注得很不夠的問題加以探討，試圖在學界以往研究的基礎上，進一步展示其集大成式的總結性和別開生面的創新性。

　　王夫之生逢亂世，有感於詩教與世道人心的因應關係，試圖振興業已衰落的詩教，其溫柔敦厚的詩教觀，既有鮮明的時代色彩，又有普適的理論意義。他用「情」把興、觀、群、怨貫通起來，用「興觀群怨」把詩人、作品、讀者貫通起來，用博古通今的眼光和心胸，提倡詩歌導天下以廣心，把從孔子起發展演變著的興觀群怨說加以總結和闡發，在有意無意間創立了他本人的興觀群怨說。

　　「以詩解詩」是王夫之提出的詩歌解讀與評論的基本原則，突出強調詩的審美與藝術特性，推崇詩的聲情動人的藝術魅力。王夫之的艷詩論既獨特又切合中國藝術精神的基本觀念，其衡量艷詩佳作的標準有艷而不俗、麗而不淫、平淡從容、聲情動人等。王夫之注重比興寄託的抒情傳統，推崇即景會心的審美感興，鞏固並提升了含蓄在中國詩學史上的地位。

　　王夫之的雙行說主要是指詩歌情景妙合境界中的情景雙行，在情景交融達到極致狀態（妙合）時，景語即情語。這是莊子兩行說的基本精神在詩學領域的改造和拓展，是中國詩學情景關係論的新創。

　　此外，本書也用一定篇幅論及王夫之詩學中的性情論、心目論、神理論、悲壯論，等等。

目次

緒　論

一、王夫之詩學何以在清代缺乏影響

　　王夫之有很深的詩學修養。他自己曾說：十六而學韻語，閱古今人所作詩不下十萬。他在 25 歲時曾把自己的詩編刻一集，此後無論處境如何，都不曾中斷詩歌創作，直到去世前寫出絕筆詩為止。在他留下的大量詩文作品中，僅詩詞就有約兩千首。由於種種原因，王夫之在明清時期的詩壇沒有多大影響。20 世紀以來，王夫之的學術思想廣為傳播，他被尊稱為文學家、思想家等。人們有機會讀到他的詩，可是，他的詩仍然沒有什麼影響。很多文學史方面的著作對其人其詩隻字不提。我們不能說他的詩在多大程度上被埋沒了，只能說他的鑒賞力遠遠高於創造力，他的鑒賞力足以使他成為一流的詩學評論家、美學家。

　　王夫之的詩學著作主要有《夕堂永日緒論》、《詩譯》、《詩廣傳》、《楚辭通釋》、《古詩評選》、《唐詩評選》和《明詩評選》等。此外，他撰有《李詩評》、《杜詩評》等詩學著作，均已散佚。至於他是否撰有《宋詩評選》，學界尚無定論，其子王敔的《大行府君行述》（手抄本）不曾提到這部據傳已佚的著作，而王敔的學生曾載陽、曾載述在湘西草堂初刻本《夕堂永日緒論》後面的附識中說王夫之選評過宋元詩一帙。現存的王夫之詩學著作中包含著博大精深的詩學、美學思想，至今遠未被發掘出來。如果把王夫之和黑格爾相提並論，稱他們各自的理論分別代表了中西古典詩學和美學的最高水平，絕非過譽。〔註1〕與當代學者的高度評價形成鮮明反差的是，王夫之詩學在清代

〔註1〕參見陶水平：《船山詩學研究》，中國社會科學出版社 2001 年版，第 1 頁。

缺乏影響。這是一個值得探討的問題。以下我們僅從王夫之的學術著作及思想在清代的傳播這一角度加以簡要解釋。

1651 年後,王夫之除因避難、訪友和觀察局勢去過湖南一些地方(只離開湖南到江西萍鄉一次)外,絕大部分時間在湖南衡陽的家鄉隱居,僅在金蘭鄉「敗葉廬」和石船山下的「湘西草堂」就各住十餘年。他潛心於學術研究,從理論上深刻總結歷史的經驗教訓,極力弘揚中華文化傳統和詩學精神。王敔說他從辛卯(1651 年)至辛未(1691 年)四十年矢志不渝,用力不懈,其著述「諸種卷帙繁重,一一皆楷書手錄。貧無書籍,紙筆多假之故人門生,書成,因以授之,其藏於家與子孫言者無幾焉」(《大行府君行述》)。王夫之的著述卷帙浩繁,在散佚頗多的情況下,現仍存 95 種,380 餘卷,約 800 萬字。其中,哲學著作主要有《周易外傳》、《尚書引義》、《張子正蒙注》、《思問錄》、《讀四書大全說》、《老子衍》、《莊子通》等。史學著作主要有《續春秋左氏傳博議》、《讀通鑑論》、《宋論》、《黃書》等。他的詩學著作均寫於晚年,《詩廣傳》於 1683 年定稿,《楚辭通釋》在 1685 年寫成,《夕堂永日緒論》在 1690 年寫成,《古詩評選》、《唐詩評選》和《明詩評選》等詩文評類著作大致完成於 1690 年以前的幾年。在王夫之生前,除一本自刻的詩集外,所有著作都不曾刊刻問世。因此,他的詩學思想不為世人所知,對當時詩壇沒有產生影響。

王夫之去世後百餘年,其學術思想仍湮沒不彰。乾隆年間,浙東史學家全祖望廣泛搜集明末遺老事跡,汲汲為之表彰,但他對王夫之幾乎一無所知。嘉慶年間,江藩撰《國朝漢學師承記》和《國朝宋學淵源記》,評述了清代九十餘位漢學家和宋學家的學術思想,其中竟無隻字論及王夫之。清政權建立後,一方面標榜文治,通過開設博學鴻詞科和明史館等途徑,籠絡漢族文人;另一方面又大興文字獄,著力鏟除一切不利於其統治的思想。而在王夫之的大量著作,尤其是《讀通鑑論》、《宋論》、《黃書》、《噩夢》、《永曆實錄》等史部著作和《悲憤詩》、《續悲憤詩》、《章靈賦》等集部著作中,反清復明的思想溢於言表,諸如「夷狄」、「醜夷」、「逆夷」等詆滿文字觸目可見。用當代學者鄧樂群的話說,正是因為清政府的文網峻嚴和船山著作的牴觸良深,才造成王夫之學術著作及思想長期湮沒不彰的局面。

晚清學者鄧顯鶴曾將王夫之學術思想湮沒不彰的原因歸結為王夫之本人的堅貞自埋和門人故舊的無力推挽,這是有道理的。在他看來,王夫之多聞

博學，志節皎然，不愧顧炎武、黃宗羲兩先生，「先生竄身瑤峒，絕跡人間，席棘飴荼，聲影不出林莽，門人故舊，又無一有氣力為之推挽，歿後遺書散佚，後生小子，至不能舉其名姓，可哀也已」（《鄧刻船山著述目錄》）。後來梁啓超在論及湖南之學風沿革時，提出與鄧先生一致的看法：王夫之以孤介拔俗之姿，沉博多聞之學，注經論史，著作等身，巍然為一代大師，然處偏僻之地，與東南文物之區不相聞問，門下復無能負荷而光大之者，是以其學不傳（《飲冰室文集》卷四十一）。梁先生在《中國近三百年學術史》中以「畸儒」指稱王夫之：「他生在比較偏僻的湖南，除武昌、南昌、肇慶三個地方曾作短期流寓外，未曾到過別的都會，當時名士，除劉繼莊（獻廷）外，沒有一個相識，又不開門講學，所以連門生也沒有。」這段話不夠確切，王夫之還去過桂林、梧州、萍鄉等地，他與方以智是好友，羅正鈞《船山詩友記》云與船山友誼者百五十有六人。王夫之雖未開門辦學，但並非沒有門生，東南章有謨作為門生跟隨他多年。1657 年他隱居家鄉後，陸續招收弟子十餘人。但大約受他影響，他一生所授之弟子皆近於隱士型人物，沒有一人顯赫於世以光大師門。就處世的一般態度和狀況而言，上面所引梁先生的話大致是不錯的。王夫之年輕時曾參與「行社」、「匡社」的事務，這本與時尚相合，但他後來對此作過反省：「崇禎初，文士類以文社相標榜，夫之兄弟亦稍與聲氣中人往還，先君知之，輒蹙眉而不歡者經日。……大約窺先君之志，以不求異於人為高，以不屑浮名為榮。」（《家世節錄》）在學術思想的各個領域，他不趨附門庭宗派，不標新立異，讚賞「好驢馬不逐隊行」的俗語。據王敔的學生說：先生卷帙繁重，難於問世，且問世亦非先生意也，先生嘗言「世之言詩文者，各立門戶以爭名場，吾名心消盡，所評論者藉以永日而已」。由此我們不難理解王夫之的詩學思想何以在相當長的時間裏不為世人所知。就連王夫之的家鄉在當時都不傳其學。王敔說王夫之晚年居於湘西蒸左之石船山，「蒸湘人士莫傳其學，間有就而問字者，稱為船山先生。……人士之贈答者，又稱夕堂先生焉」（《大行府君行述》）。如今，一提「妙悟說」、「性靈說」、「童心說」、「格調說」、「神韻說」和「境界說」等，學過美學、文學的人大都知其創始人，而一提王夫之，能說出其詩學之大概的人卻不多。個中原因，上面有所論及。

1705 年，與王敔相知的潘宗洛在《船山先生傳》中說：余所得見於王敔者，《思問錄》、《正蒙注》、《莊子解》、《楚辭通釋》而已。當時王敔解釋說：

「先人家貧，筆札多取給於故友及其門人，書成因以授之，藏於家者無幾焉。」（《船山先生傳》）這與王敔在《大行府君行述》中的說法是一致的，既不違背王夫之著述的大體情況，又是審時度勢、巧妙應付的遁辭。王敔在《湘西草堂記》中說：迄壬申而先子奄背，敔僅固遺書於屋右閣，而火災蟻蝕之害，其震驚恍惕不一次者也……迄敔年六十，從遊者數十人……從遊之士及姻友之有力者，續捐資刊先子遺書數種，藏版於右閣。王敔先後刊行了王夫之的十多種遺書，其中包括《夕堂永日緒論》，印數和發行範圍不大。後來的事實證明，王敔等人的小心謹慎是完全必要的。據劉人熙記載：乾隆時，呂留良文字之獄波及船山，以兵圍搜，幸取去《稗疏》數種無忌諱之辭，入之四庫，餘匿而免。由此可以理解王夫之的後裔何以不敢將遺書輕易示人。考《四庫全書》總目和《清代禁燬書目》，清政府共搜羅到王夫之的 15 種著作，其中列入《四庫全書》經部的僅 6 種（另附目 3 種），而列入禁燬書目的卻有 9 種，這 9 種全是集部之書，是王敔自以為比較妥當才加以公示的，卻仍被禁燬。

1840 年，在鄧顯鶴（湖南新化人，人稱「湘皋先生」）主持下，船山遺書首次系統校刻於湘潭，刊成經部著作 18 種，計 150 卷，定名為《船山遺書》。此後幾年，又陸續有人校刻了王夫之的《讀通鑒論》、《宋論》、《老子衍》和《莊子解》等 7 種著作。鄧刻《船山遺書》功不可沒，但因種類單調（僅限於經部之書，不包括詩學等方面的著作），卷帙有限，加上印行不多，故流傳不廣。1865 年，在曾國藩、曾國荃兄弟的主持下，船山遺書覆刻完成。曾刻《船山遺書》遠較鄧刻本系統和完整，在經部之外，又增刻了史、子、集三部之書。全書共 54 種，計 288 卷。王夫之的主要著作大多已納入此書，但《古詩評選》、《唐詩評選》和《明詩評選》等詩學著作未被刊刻。王夫之的學術思想自此「大倡於湖湘而遍於天下」。長期沉寂的湘學界，一度因研究船山學說而空前活躍起來，著名學者有郭嵩燾、王闓運、王先謙、劉人熙和譚嗣同等人。譚嗣同對王夫之推崇備至，認為「五百年來學者，真通天人之故者，船山一人而已」。王夫之的實存哲學思想、歷史進化論和民族民主思想給維新派的變法理論注入了有益的因素。他的「攘夷」思想、光復思想、民族獨立自強思想給清末民主革命派提供了較充分的理論依據，他的民族氣節和鬥爭意志亦給予革命派人士以良好的影響。章士釗在 1903 年曾說：船山之史說宏論精義，可以振起吾國之國魂者極多。1961 年紀念辛亥革命 50 週年時，章氏又說：果也！辛亥革命之前，船山之說大張，不數年而清室以亡。

　　總之，王夫之的哲學、倫理、政治等方面的思想在清末廣爲傳播，影響很大，而其文學、詩學等方面的造詣，卻未引起廣泛關注。

　　王夫之的古近體詩評選（《古詩評選》、《唐詩評選》和《明詩評選》）諸作，於其所有著述中刊行最遲，版本最少，書亦最殘，其出版時間爲 1917 年（民國六年），版權頁注明校印者爲湖南官書報局。1933 年（民國二十二年）上海太平洋書店出版《船山遺書》，收入上述著作重印。但這三種著作在問世後的大約半個世紀裏仍未引起學界的重視。郭紹虞的《中國文學批評史》（上冊於 1934 年問世，下冊於 1947 年問世）說王夫之論詩之著作有《詩譯》與《夕堂永日緒論》二種（此前丁福保即據以輯入《清詩話》，合稱爲《薑齋詩話》）。朱東潤的《中國文學批評史大綱》（1944 年由開明書店出版）說王夫之「有詩譯一卷、夕堂永日緒論內篇一卷、外篇一卷，其尚論詩文者見於此。或合詩譯及夕堂永日緒論內篇爲薑齋詩話」。郭紹虞、朱東潤等先生據以研究王夫之詩學的文本局限於《薑齋詩話》，這雖然不失王夫之詩學精神之大概，卻不利於把握王夫之詩學的眞面貌。可見，王夫之的詩學著作在清代以後才全部問世（散佚的除外），對王夫之詩學的研究在清代以後才眞正開始。

二、王夫之詩學思想研究概述

　　20 世紀以前，由於種種原因，很少有人深入探討王夫之的詩學思想，一些學者僅以隻言片語提及王夫之的詩論，缺乏學理的闡釋。1980 年以前，關於王夫之詩學的專題論文大約有 10 餘篇，考慮到史論著作中的相關研究，寬泛地說，這一時期關於王夫之詩學的文章不過數十篇。例如：方孝岳在《中國文學批評》（1934 年）一書中以數千字的篇幅對王夫之詩學給予高度評價，其批評眼光和標準較爲圓融通達。蔣伯潛、蔣祖怡在《論詩》（初版於 1930 年代）一書中以百字的篇幅論及王夫之，認爲王夫之反對門戶派別之見並以感人、感慨或率眞爲重要的評詩標準。朱東潤在《中國文學批評史大綱》（1944 年）一書中認爲，王夫之首言琢字之陋，進而論琢句，又從情景合一與「興、觀、群、怨」的角度立論。宗白華未曾寫專文評價王夫之，但他在《中國藝術意境之誕生》（1943 年）一文中多次援引王夫之的詩論用以闡釋意境，在他看來，王夫之的意境論代表著中國古代詩學的最高水平。郭紹虞在《中國文學批評史》（上、下冊分別於 1934 年和 1947 年出版）一書中對王夫之詩學給予較全面的評價。日本學者青木正兒在其專著《清代文學評論史》（1950 年）

中列出一節，就《薑齋詩話》論王夫之。臺灣學者張西堂在他編著的《明王
船山先生夫之年表》中簡要評述了王夫之的文學批評觀。

1980 年代以來，王夫之詩學研究得到廣泛而深入的開展，在很多領域取
得重大突破。很多美學史、文學理論史和文學批評史等方面的著作都列出專
門章節探討王夫之的有關學說。如敏澤的《中國文學理論批評史》，葉朗的《中
國美學史大綱》，黃保眞等的《中國文學理論史》，張少康、劉三富的《中國
文學理論批評發展史》，袁行霈等的《中國詩學通論》，孫立的《明末清初詩
論研究》和張健的《清代詩學研究》等。

王夫之詩學遠比以往更受海外學者的重視。陳章錫有論文《王船山〈詩
廣傳〉論禮詩樂》發表在臺灣《鵝湖月刊》（1986 年 3 月），他的碩士論文《王
船山〈詩廣傳〉義理疏解》由曾昭旭指導，刊於臺灣師範大學《國文研究所
集刊》第 30 號（1986 年）。黃兆杰有論文討論王夫之詩學中的情和景並出版
《薑齋詩話》英譯本（香港中文大學 1987 年版）。楊松年在 1970 年呈交香港
大學的碩士學位論文以王夫之詩學爲專題，由黃兆杰指導，論文經增刪修改，
於 1986 年由臺灣文史哲出版社出版，題爲《王夫之詩論研究》。郭鶴鳴曾以
《王船山詩論探微》爲題撰寫碩士論文，論文發表於臺灣師範大學《國文研
究所集刊》第 23 號，他在汪中指導下，於 1990 年完成博士論文《王船山文
學研究》。李錫鎭的《王船山詩學的理論基礎及理論重心》是臺灣大學中文研
究所 1989 年度的博士論文。博、碩士論文還有傅正玲的《王船山美學研究》
（1989 年），翁慧宏的《王夫之詩學理論新探》（2000 年），游慧君的《王夫
之唐詩評選研究》（2003 年）等。臺灣報刊論文有蔡振豐的《對王船山詩論中
「以意爲主」說的一點看法》（《臺大中文學報》第 4 期，1991 年），丁履《王
船山的詩觀》（臺灣《中外文學》9 卷第 12 期），曾昭旭《船山論「道生於餘
情」》（臺灣《鵝湖月刊》第 27 期），姚一葦《〈薑齋詩話〉中之主賓說》（《中
外文學》10 卷第 6 期），李正治《王船山詩觀略探》（臺灣師大《師鐸》第 3
期），田素蘭《王船山〈楚辭通釋〉述評》》（臺灣師大國文學報第 17 期）等。
美國的黃秀潔曾發表《王夫之詩論中的情和景》（《船山學報》，1985 年第 2 期，
陳荃禮譯）；美國的布萊克在《王夫之哲學思想中的人與自然》（華盛頓大學
1989 年版）一書的末章以「文學表現的本質」爲題討論《薑齋詩話》；美國的
孫築瑾在《龍口之珠：中國詩歌中景與情的探求》（密執根大學 1995 年版）
一書中以專門篇幅討論王夫之的詩論；美國的宇文所安在《中國文學思想讀

本》（哈佛大學 1992 年版）一書中爲《薑齋詩話》的翻譯和評析闢有專門一章；法國學者於連在其中國詩學專著《迂迴與進入》（三聯書店中譯本，1998年，杜小眞譯）中多次援引王夫之的詩學觀點並加以高度評價。

近年來關於王夫之詩學的專著大約有 10 餘種。蕭馳在以「王夫之的詩學體系」爲專題的碩士論文的基礎上，寫出專著《中國詩歌美學》（北京大學出版社 1986 年版），這一成果在一定程度上是「王夫之詩歌美學研究的輻射性拓展」，十幾年後，他又出版《抒情傳統與中國思想——王夫之詩學發微》（上海古籍出版社 2003 年版），修正了他以往的一些觀念，從「現量」、「勢」、「興觀群怨」等方面探討王夫之詩學對中國抒情傳統的獨一無二的價值。熊考覈的《王船山美學》（中國文史出版社 1991 年版）試圖展現王夫之美學思想的基本面貌和獨特魅力。譚承耕的《船山詩論及創作研究》（湖南出版社 1992年版）較爲系統地探討王夫之詩學思想。陶水平的《船山詩學研究》（中國社會科學出版社 2001 年版）有深度，有突破，有創見，把王夫之詩學研究大大推進了一步。吳海慶的《船山美學思想研究》（河南人民出版社 2004 年版）以他在山東大學通過的博士論文爲底本。崔海峰的《王夫之詩學範疇論》（中國社會科學出版社 2006 年版）以他在北京師範大學通過的博士論文爲底本。

最近幾年，內地在王夫之美學、詩學方面的博士論文主要有：王峰的《王夫之詩學研究》（北京大學 1999 年），羊列榮的《船山詩學研究》（復旦大學2000 年），唐鐵惠的《王船山美學思想研究》（武漢大學 2002 年），涂波的《船山美學思想研究》（南京大學 2003 年），李鍾武的《王夫之詩學範疇研究》（復旦大學 2003 年），袁愈宗的《〈詩廣傳〉詩學思想研究》（山東師範大學 2006年）等。

1980 年代以來，國內外報刊發表的王夫之詩學研究專題論文大約有 200餘篇。這個數字雖然是 1980 年代以前這方面論文的 10 倍，卻僅相當於近年劉勰《文心雕龍》研究專題論文的 1／10。從論文和專著的數量看，近年王夫之詩學研究有長足的進展，但這方面的學者仍相對較少。

綜觀 1980 年代前後百年來的有關論著，可以看出王夫之詩學研究主要體現在以下幾個方面。

1、關於情與景。情景關係歷來是王夫之詩學研究中的主要論題，較早受到關注，也多爲海外學者所研討，這方面的文章數量較多。學者們的觀點不盡相同，但大體上認爲：王夫之詩學的基本出發點是詩達情，其核心問題是

情景關係，王夫之的重要貢獻在於從「情景相生」的藝術構思到「情景交融」的藝術表現等一系列重要問題上辯證、深刻地論述了情景關係。

學界在這方面的研究較充分，較成熟。因此，本文將從新的角度討論這個話題。

2、關於意與勢。學界早已把「意」與「勢」視為王夫之詩學的核心範疇，但在「意」與「勢」的涵義等問題上，有較大分歧。張世英、葉朗等人較準確地把握了王夫之的「以意為主」和「俱不在意」的涵義及其理論價值。張晶較準確地把握了「勢」的涵義，他在《王夫之詩歌美學中的「勢」論》（《北方論叢》，2000 年第 1 期）一文中說：「勢」的主要意蘊在於「咫尺萬里」的審美張力、曲折迴環的蘊蓄感以及超越於筆墨之外的力度感、穿透力。

這方面的主要問題已基本解決，因此，本文將不予專門討論。

3、關於興觀群怨。學者們大多從藝術的宗旨和鑒賞的角度對王夫之「興觀群怨」說的淵源和內涵加以探討，也給予高度評價。李中華、吳家振、藍華增、黃保真和張少康等人都認為：王夫之對孔子的「興觀群怨」說作了新的發揮，加進了全新的內容，達到了一個他人難以企及的高度，較大程度地突破了儒家詩教的範圍。王夫之提出的「作者用一致之思，讀者各以其情而自得」的命題也普遍得到學界的高度評價。

王夫之的「興觀群怨」說和上述命題既有突破儒家詩教的歷史意義，又富於現代意味，值得進一步探討。

4、關於神理。作為王夫之詩學的一個核心範疇，「神理」日益引起學界的重視。這是一個難以準確把握的範疇，對此可謂眾說紛紜。周頌喜、張世英、陶水平和張晶等人對「神理」及相關命題的闡釋較為準確。例如：在周頌喜看來，「神」是指詩人的神思，「理」是指客觀對象的物理。張世英指出，「神理」既是理，又超乎理之上，是超理性的東西。

「神理」一詞源於《莊子》，偶見於六朝的詩和《文心雕龍》中，此後長期在文論中空缺，直到明清時期，「神理」成為詩學和小說評點等領域的常用範疇，其內涵約定俗成，論者把它作為重要的批評標準使用時，一般不界定其內涵。

本文擬對王夫之詩學及明清文論中的「神理」範疇加以簡要考察。

5、關於意境。雖然宗白華早在 1940 年代就把王夫之的意境論視為古代詩學的最高水平，但晚近學者在研究王夫之詩學時較少論及意境，這方面的

專題文章屈指可數。葉朗和古風等人對王夫之的意境論較爲重視，所作的評價也較爲中肯。葉朗認爲：王夫之推崇虛實結合的意境，表現在他對「規以象外，得之圜中」和「影」、「聲」等問題的強調。古風等人認爲：王夫之從詩歌創作過程中系統地論述了意境的生成和結構問題，從多學科結合的學術視野把握住了意境本質。

筆者就此曾發表專題論文。本文將避開這一專題。

6、關於現量、即景會心或興會。與海外不同，大陸學者早在 1980 年代初就對王夫之的現量說給予高度重視。劉暢、葉朗、蕭馳、張晶和陶水平等人都有這方面的專論，基本解決了相關理論問題。童慶炳等人曾對王夫之的「即景會心」說加以探討。

筆者曾發表論文《王夫之詩學中的興會說》。本文將避開這一專題。

7、關於王夫之詩學的體系和歷史地位。王夫之的詩學體系是中國古典詩學的總結形態，具有綜合性和創造性等方面的特徵，這在學界已無多大爭議。程亞林認爲，王夫之建立一個「寓體系於漫話」的詩學體系；葉朗認爲，王夫之建立一個博大精深的以詩歌審美意象爲中心的美學體系，這是中國古典美學的一種總結的形態；滕咸惠指出，王夫之的思想體系博大精深，其詩學理論以人性論爲出發點，在繼承審美中心論詩學的基礎上，徹底改造了政教中心論詩學，從而把中國古代詩學提高到一個新階段。

顯然，王夫之詩學研究並未局限在以上幾個方面。但限於篇幅，這裡不再贅述。

三、王夫之詩學的哲學基礎

王夫之晚年有「六經責我開生面」的宏願和使命感。在他去世前兩年，劉獻廷南遊衡嶽，對他作出高度評價：「王而農先生，……隱居山中，未嘗入城市，其學無所不窺，於六經皆有發明。洞庭之南，天地元氣，聖賢學脈，僅此一線耳。」（《廣陽雜記》卷二）1916 年（民國五年），劉人熙爲王夫之的《四書訓義》、《古詩評選》、《唐詩評選》和《明詩評選》作序，其中有兩段話如下：

> 其爲學，旁搜遠紹，浩瀚閎深，取精百家，折衷一是，楚人士
> 稱之曰：「周子以後，一人而已」；天下學士宗之曰：「孟子以後，一
> 人而已。」（《四書訓義序》）

「六經責我開生面」，誠哉其開生面也。……昔先師孔子反魯正
樂，古詩三千餘篇，刪存三百篇，天道備，人事浹，遂立千古詩教
之極。而「興觀群怨」一章，即孔子刪詩之自序，是孔子開詩之生
面也。船山《詩廣傳》又從齊、魯三家之外開生面焉。又評選漢、
魏以迄明之作者，別雅鄭、辨貞淫，於詞人墨客唯阿標榜之外，別
開生面。（《古詩評選序》）

我們知道，王夫之畢竟受歷史的局限，對於他不應該作過苛的要求，也不應
該作過高的估計。但劉獻廷和劉人熙對他的學術成就及地位的評價並不為
過。王夫之在哲學和詩學研究等領域別開生面，這已為學界所公認。

王夫之是明清時期最傑出的哲學家，其學遠承孔孟，近宗張載，於儒家
經典皆有發明，且廣涉佛老莊學。如嵇文甫所說，在清初諸大師中，能極深
研幾，切實做窮理工夫的，怕沒有誰比得上他。嵇先生認為，綜合王夫之的
體系，而判斷他在中國近古思想史上的地位，可以說他是：宗師橫渠，修正
程朱，反對陸王。〔註2〕這在多年前針對王夫之與宋明儒學的關係所作的結論
是很精當的。考慮到佛教等方面的因素，可以說王夫之的學術立場是：批斥
佛老，反對陸王，參伍程朱，宗師周張。或者說他的學術風格是：否定陸王，
批判佛老，改造程朱；淹貫經史，揚棄百家，推陳出新。〔註3〕參照王夫之自
己的說法，則應當說，他以周張為「正」，以程朱陸王為「正邪相勝」，而以
他自己為「反歸於正」。在20世紀50年代前後侯外廬、熊十力等人討論王夫
之哲學期間，陳榮捷也提出自己的看法，他不反對以「唯物主義」一類的概
念來分析王夫之哲學，但卻認為王夫之哲學中「氣作為物質力是意味著構成
事物的一般質料，但器作為具體事物則意味著特殊的和有形的客體或規則」。
他說：「可以清楚地看出，王夫之在顯然背離新儒學的同時，卻又在一定的範
圍內繼承了新儒學的傳統。他雖然明確與王陽明相對立，但還是與朱熹相接
近。……王夫之的哲學具有多方面的重要意義，他是一個具有獨立性格的思
想家，通過批判宋代新儒學的理學和明代新儒學的心學，而走向一個新的方
向。在這樣做的時候，他預示了其後兩個世紀內的中國思想，儘管他並沒有
直接影響這時期中國的思想。」〔註4〕陳先生的這番高論，也是後來多數中國

〔註2〕 參見嵇文甫：《王船山學術論叢》，三聯書店1962年版，第109頁。
〔註3〕 參見劉春建：《王夫之學行繫年》，中州古籍出版社1989年版，第3頁。
〔註4〕 轉引自陳來：《詮釋與重建——王船山的哲學精神》，北京大學出版社2004年
版，第9、10頁。

哲學史學者的認識。由此可以引申一下，在詩學方面，王夫之對儒家詩學和體現道家藝術精神的審美詩學均有所繼承、改造和發揚，他借鑒佛學的主要標誌是把「現量」轉換爲富於美學意義的詩學範疇。他基本上沒有影響其後兩個世紀的詩學思想，而這時期的詩學思想在很多方面都沒有超過他。

王夫之哲學以辯證的「合」爲基本特徵。稽文甫說：

> 我們可以知道船山的根本思想只是八個大字，就是：天人合一，生生不息。由此推下去，則理與勢合，常與變合，動與靜合，體與用合，博與約合成爲一貫的體系。〔註5〕

> 假如用辯證法的觀點來看，程朱是「正」，陸王是「反」，清代諸大師是「合」。陸王「揚棄」程朱，清代諸大師又來個「否定之否定」，而「揚棄」陸王。船山在這個「合」的潮流中，極力反對陸王以扶持道學的正統，但正統派的道學到船山的手裏，卻另變一副新面貌，帶上新時代的色彩了。〔註6〕

從王夫之哲學思想的內容和淵源兩個角度看，其特徵都是合，是不偏於一面的一元論或合一論。在各種對立的因素中，他要力求其偏中之全，對立中之統一。他的一元論，不是孤立的單一的一元論，而是一種和諧的調解對立、體用兼賅的全體論或合一論。王夫之對陸王心學的批判並非全盤否定，而是揚棄。與稽文甫同處一個時代的賀麟注意到王夫之學術思想中的心學因素，視其學說爲心學和理學之大成：「表面上他是紹述橫渠，學脈比較接近程朱，然而骨子裏心學、理學的對立，已經被他消除了，程朱陸王間的矛盾，已經被他消融了。」〔註7〕心學有其認識論方面的迷誤，也有其體驗論方面的精髓，人們可以在建立審美的意象世界等方面從中深受啓示。

從王夫之哲學的合的特徵這一角度看，他的詩學至少具備以下三個特點：其一，王夫之論詩不像嚴羽、王士禎和王國維等人那樣標舉一家之說，他意識到詩歌創作的複雜性和佳作中各種因素的同一性，而不把妙悟（興會）、神韻和境界等視爲詩的惟一的決定性因素。其二，王夫之崇尚「渾成」（渾然成章），認爲詩歌佳作是文質合一的完整的藝術生命的有機體，佳作不在於個別字、句之巧，而在於體現化工之筆（合化無跡）的渾成篇章。所以

〔註5〕引自稽文甫：《王船山學術論叢》，三聯書店 1962 年版，第 98、121 頁。
〔註6〕同上書，第 121 頁。
〔註7〕參見賀麟：《文化與人生》，商務印書館 1988 年版，第 258 頁。

他對「推敲」、警句和詩眼等不以爲然。其三，王夫之論「興、觀、群、怨」，不像以往的經學家那樣把四者（「四情」）分割開來或孤立起來加以看待，他認爲詩歌佳作可以具備多種因素或功能，讀者的審美心理活動也具有多樣性或復合性，哀、樂這種看似對立的情感也可以同時存在於讀者的鑒賞活動中。王夫之突破儒家詩教的局限，賦予詩的纏綿悱惻之情以極爲寬泛而又豐富的心理學和美學意義，給讀者的鑒賞活動以極大的自由度和心理空間，旨在讓人情不執於一端，「導天下以廣心」，培養深邃而廣遠的審美心胸，營造「能興即謂之豪傑」的超越於庸常瑣事之上的人生境界。上述特點非常符合當代美學原則，富於當代意味和啓示。

王夫之通常被學界視爲張載氣學的繼承人，視爲樸素唯物主義的集大成者。賀麟不同意這種看法，他把王夫之詮釋爲宋明儒學的集大成者，在他看來，按照黑格爾的思維模式，程朱一派的理學偏重於客體性，可以說構成正題；陸王一派的心學偏重於主體性，可以說構成反題；而王夫之哲學主客體兼顧，正好構成二者的合題。從王夫之充分肯定天地萬物不以人的意志爲轉移的實存性（誠，道器合一，理氣合一）等方面看，以「唯物主義」指稱他的哲學大體上是不錯的，但有片面之嫌。王夫之關於心、神、想像和直覺等方面的理論曾長期在學界引起誤解或不被普遍重視，這與過去學界狹隘、機械地評價其哲學的「唯物」傾向有關。賀麟對王夫之哲學「主客體兼顧」的看法是符合實際的，避開了在「唯物」與「唯心」之間必居其一的狹隘評判。在中國古代，像王夫之那樣既充分肯定客體的實存性（誠）又充分高揚主體的能動性的人實屬罕見。在心物關係上，王夫之以「能」、「所」等提法說明人的認識活動離不開對客觀對象的感知。但他在認識論方面並非客觀對象決定論者。他在很多著作中強調和突出了人的內心條件和心智活動在認識活動中的積極作用。尤其值得注意的是，在王夫之詩學中，富於心理學和美學意義的體驗論是眞正切實可行的理論基礎，「含情而能達，會景而生心，體物而得神」這一原則被奉爲圭臬。

王夫之有言：自然者天地，主持者人。「天下無心外之理，而特夫人有理外之心。」（《四書訓義》卷六）他在哲學和詩學中充分高揚了人的主體性，天地之美、萬物之理在他看來是不能孤立存在的，而是由人去發現，去觀照的，他崇尚天人合一的人生與審美境界，但與董仲舒等漢儒不同，與王陽明等宋明理學家不同，他把心與物、人與自然明確規定爲相依存、相對待的主

客二分的存在，在這個背景下高揚人的主體性，注重心與物的感興，情與景的融洽。以此爲哲學基礎，王夫之在詩學中既把「身之所歷，目之所見」的自然審美或引起感興的生活視爲詩歌創作的源泉，又把人的心目（富於審美直覺的觀察力、感受力，靈心之眼）、靈府、性情或靈心巧手視爲詩人及其作品的主宰。

王夫之的辯證法思想達到了中國古代哲學的最高水平，影響到詩學，形成他本人特有的「藝術辯證法」。他以氤氳生化的基本觀點看待宇宙萬物的流變，認爲離開矛盾的一方，另一方也將失去依存的條件，矛盾雙方「相映相函以相運」，「相反而固會其通」。他兼顧「二分」與「合一」（對立統一），並在理論上闡明合一的途徑，如心與物、情與景合一的基本途徑是「興」（興會）。他論情景關係，反對將兩者彼此割裂，主張情景一體，「互藏其宅」；論詩中主賓，提出「立一主以待賓，賓無非主之賓者，乃俱有情而相浹洽」（《夕堂永日緒論內編》）。他的詩學範疇系列中有很多相互依存的「對子」，如情與景、文與質、雅與俗、哀與樂和才情與物理等。他把辯證法思想直接貫徹到具體的詩歌評論中，注重詩歌創作中各種對立因素的相輔相成，如遠與近、新與舊、粗與細、虛與實、剛與柔、疏與密和英爽與文弱等，要求詩人巧妙處理簡與繁、開與合、進與退、縱與斂、起與伏、繼與續、有意與無意和部分與整體等對立因素的辯證統一。

正如當代學者蕭馳所說，在中國文化史上，王夫之或許是集大哲學家與大文論家於一身的孤例。〔註8〕與哲學美學是哲學的一個分支不同，詩學與哲學屬於交叉學科，中國詩學與哲學在歷史上既相互影響又各有其獨立發展的脈絡。王夫之以詩解詩，而不以經生之理和邏輯概念之理解詩，他的詩學不是其哲學體系的一部分。儘管如此，王夫之詩學與哲學的密切關係是無可置疑的。研究王夫之詩學，不可不涉其哲學。然而，王夫之的思想博大精深，其詩學與哲學分別是中國古代詩學與哲學的理論總結的形態。兼通王夫之詩學與哲學的當代學者實屬難得，也很罕見。因而，多年來研究王夫之哲學的論著大多不涉及美學與詩學，即便偶有論及，往往也語焉不詳；而研究王夫之詩學的論著大多對哲學涉獵不深。對王夫之詩學與哲學的關係加以全面考察，是富於學術價值的宏大課題。但這不是本書的題中應有之義，筆者在這

〔註 8〕　參見蕭馳：《抒情傳統與中國思想——王夫之詩學發微》，上海古籍出版社 2003年版，第 4 頁。

方面也力所不能及。所以只能簡要探討王夫之詩學的哲學基礎，在研究具體的詩學專題時，也只能根據實際情況把相關的哲學思想納入視野。

四、王夫之詩學的儒家立場和道家影響

王夫之有自覺的儒家立場，他所考辨、注解、闡釋的國學經典大多是儒家的，他博大精深的思想在總體上以儒家傾向和觀念爲主。學界普遍公認他爲大儒。美學、詩學領域的研究者稱他的詩學爲「儒家詩教與審美詩學的匯流」，「儒家詩學的美學化」。筆者不否認王夫之詩學的儒家立場和傾向。問題是，儒家立場、觀念和傾向在王夫之的哲學與詩學中有程度上的甚或實質上的不同。在哲學上，王夫之闡發六經，繼承張載的氣化論學說，改造心學和理學，對老莊和佛學基本上持批判和否定的態度，如他在一些哲學著作中試圖「闢釋氏幻妄起滅、老莊有生於無之陋說，而示學者不得離皆備之實體以求見性也」（《張子正蒙注》卷九）。他對佛學有所肯定的只在現量這方面：「釋氏唯以現量爲大且貴，則始於現量者，終必緣物。」（《讀四書大全說》卷十）他當之無愧爲大儒。而在詩學上，王夫之的思想觀念則相對地具有很明顯的儒、道、釋互補融合的特徵，其中「道」的成分遠比「釋」更突出。

據王敔說，王夫之「中歲稱一瓠道人，更名壺」，在隱居石船山「觀生居」後，著有《老子衍》、《相宗》、《論贊》，「山中時著道冠，歌愚鼓」，「又時藉浮屠往來，……相爲唱和」，以文章之變化莫妙於《南華》（《莊子》），「更別作《莊子通》，以引漆園之旨於正」（《大行府君行述》）。王夫之認爲司馬遷所說的「老聃無爲自化，清淨自正」切近於老子，老子賢於釋氏（《老子衍·自序》）。他對莊子的讚賞則更多：

> 凡莊生之說，皆可因以通君子之道，類如此。（《莊子通·敘》）

> 莊子之學，初亦沿於老子，而「朝徹」「見獨」以後，寂寞變化，皆通於一，而兩行無礙，其妙可懷也，而不可與眾論論是非也；畢羅萬物，而無不可逍遙；故又自立一宗，而與老子有異焉。
> （《莊子解》卷三十二）

> 抑莊子之言，博大玄遠，與天同道，以齊天化，非區區以去知養神，守其玄默。（同上）

王夫之在理智層面上認定自己並非莊子之徒，但卻有意無意地在很多方面受

到莊子的影響。他寫《莊子解》，其出發點與《老子衍》一樣，如王孝魚所說：「船山評解莊子，志在去除前人以儒、佛兩家之說對莊子的附會，清理出一副莊子的本來面目。」（《莊子解點校》）但他卻不由自主地融入莊子的境界。王天泰說：「今忽於讀先生之解《莊》，不啻《莊》之自爲之解，是又不知莊生之爲先生，先生之爲莊生矣。」（《湘西草堂本王天泰序》）在這樣的局面中，王夫之似有難解的困惑。兩漢以後，儒學式微，道、釋兩家同領風騷。魏晉玄學是弘揚道家的「玄理」，六朝與隋唐流行的是佛教的「空理」，而儒學到宋明能夠再振，可以看作是思想史上的辯證過程。儒學人士闢佛，闢禪，闢老莊，他們彼此之間也互控對方爲邪說，爭持儒家正統。他們大多出入佛老，初衷各異，但卻或多或少受其影響，客觀上豐富了儒學的規模。但因此也受到佛道兩家的攻擊，指責他們是「陽儒陰道」或「陽儒陰釋」，甚至他們彼此也懷疑對方思想是出於老莊，或源於禪宗。〔註9〕王夫之一方面站在儒家正統的立場，痛斥佛老，指責陸王的言論是打著儒家的招牌而宣揚佛老的邪說。一方面批評宋明儒的出入佛老不過是「互爲綴合」，「以相糅雜」，所涉並不深。至於他本人，在從哲學角度闢佛方面較爲徹底，在對待道家思想方面出入較大。

　　王夫之的詩學中的道家影響主要體現在以下三個方面。其一，他從道家經典中直接受到理論啓示和觀念薰陶。從他常用的詩學範疇中可以看出這一點，如道、氣、象、有、無、虛、實、美、妙、味、心、神、化、素、樸、巧、拙、清、靜、淡、從容和自然等。他受到其中崇尚天籟、大音希聲，注重直覺，追求以天合天和無言之美的藝術精神的影響，也受到其中豐富的辯證法思想的影響。其二，王夫之從含有道家思想的哲學、詩學論著中間接受到道家的影響。《周易》雖是儒家經典，但《易傳》的自然觀和辯證法思想則在一定程度上來自道家。王夫之寫過四本研究《周易》的專著，視《周易》爲天道之顯、性之藏、聖功之牖等，可謂心儀。他自覺繼承張載哲學，寫過《張子正蒙注》，而在他看來，「張子之學，無非《易》也」。所以說，他繼承了從《周易》到張載的氣化論、自然觀和辯證法等方面的思想，是在儒道互補的局面中間接受到道家的影響的。此外，《樂記》、《詩品》、《文心雕龍》和《二十四詩品》等論著在不同程度上包含著道家思想，會影響到王夫之。例

〔註 9〕　參見唐亦男：《王夫之通解莊子「兩行」說及其現代意義》，《湖南大學學報》
　　　　2004 年第 6 期。

如，他從司空圖等人關於「象外、環中」等方面的詩學理論中受益匪淺，而「象外、環中」的學說源於《莊子》。其三，六朝以降，詩人及其作品中體現的道家傳統的藝術精神潛移默化地影響著王夫之。他批杜毫不留情，卻對謝靈運、李白等人讚譽有加，對平淡、自然的詩風和柔婉、清遠的「晉宋風流」的審美傾向情有獨鍾，對體現「超以象外」、「大音希聲」特質的詩關注備至。這種源於道家的影響，並未停留在理智的層面上，而滲透於王夫之本人的美學原則、批評標準、審美趣味和藝術理想中。

王夫之詩學中的儒家觀念主要體現在他對詩的特性（詩道性情）、宗旨（詩教）和功能（「興、觀、群、怨」）的闡釋上，他的闡釋非常開明，在很大程度上突破了傳統儒家的樊籬。他論「性情」，並不拘泥於仁、義、禮、智之性對喜、怒、哀、樂之情的制約，而突出強調詩中的血性真情，彰顯了「情」的社會學、倫理學意義，強化了「情」的心理學、美學意義，他正視人的自然情感，崇尚人的審美情感，既要克服宋儒揚理抑情的失誤，又要糾正晚明主情論思潮中情、欲混淆的偏向，從而使他的性情論帶有鮮明的時代特徵。他論「詩教」，在繼承溫柔敦厚和怨而不怒、哀而不傷之說的前提下，本著含蓄蘊藉的美學原則，強調「聞之者足悟，言之者無罪，此真詩教也」（《古詩評選》卷五），把「託事物以興起人心」、「導天下以廣心」視為《詩經》以來中國詩優秀的抒情傳統，認為「長言咏歎，以寫纏綿悱惻之情，詩本教也」（《夕堂永日緒論內編》）。這在很大程度上是以審美詩學的眼光解釋儒家詩教，擯棄了其中保守的、政治教化的內涵。他論「興、觀、群、怨」，突破了孔子的局限和歷代經學家的狹隘說教，賦予其以心理學、審美詩學的新的涵義，充分高揚作者、讀者的自由度和主體性。

值得一提的是，除《老子衍》一書寫得較早（1655 年）外，王夫之研究莊子和他寫《夕堂永日緒論》、古近體詩評選諸作均在晚年。他 61 歲著《莊子通》（根據他的自序，此書是在 1679 年避兵於山中時寫的，對莊子的兩行說深有默契），63 歲著《莊子解》，72 歲寫成《夕堂永日緒論》（1690 年），在 1690 年以前的幾年，乘山中孤寂之暇，他點定《古詩評選》等詩文評論著約十種（其中一些已佚）。他研究老莊在前，從事詩文評論活動在後，這就使得老莊思想的精華融會到他對詩學問題的思考中去。王夫之詩學中有突出的超功利、尚自然、貴空靈、重神韻的審美詩學精神，但在探索藝術內在規律和特徵的過程中，他並未走上一條和傳統儒家詩論截然相反的道路。因此，我

們說王夫之的詩學不是道家的、佛學的，也不是正統儒家的，而是在王夫之本人的思想原則的統攝下整合多家學說的產物，仍以「合」爲主要特徵。那些單向度地指稱他爲某家某派或某某主義的貼標籤式的做法，只能造成混淆是非的誤讀。

五、王夫之詩學的範疇系列

王夫之詩學中常用的範疇不下數百個，僅核心範疇如情、景、心、神、意、勢、理、興、象、境、氣、韻、味、風、雅、才、觀、群、怨等就有數十個。他以「雅」評詩的次數不少於 300 次，以「情」、「理」、「興」、「妙」、「平」、「風」、「清」、「遠」等範疇評詩的次數都超過百次。其核心範疇大多有一系列子範疇，如「風」包括風味、風光、風華、風度、風骨、風旨、風力、風致、風局、風神、風範、風韻、風藻、風裁、風流、風雅和風采等，「風味」一詞出現的次數相對較多；「氣」包括氣勢、氣局、氣格、氣脈、氣骨和氣韻等；「雅」包括溫雅、風雅、典雅、高雅、秀雅、雅度和雅量等；「平」包括平遠、平緩、平妙、平善、平情、平敘、平浹、平靜、平淡、平雅、平好和平夷等；「清」包括清和、清直、清靡、清新、清曠、清安、清平、清幽、清韻、清適、清貴、清音、清微、清勁、清姿、清純、清整、清列和清光等；「韻」包括神韻、氣韻、風韻、丰韻、聲韻、高韻、仙韻、遠韻、逸韻和緩韻等。很多範疇之間存在著內在的、有機的聯繫，這主要體現在復合範疇上，如神與理合成「神理」，神與韻合成「神韻」，才與情合成「才情」，性與情合成「性情」，心與目合成「心目」，風與味合成「風味」，平與雅合成「平雅」等。從上面所舉的例子可以看出，王夫之詩學中的概念、範疇大多是以往詩學中常見的，都有其思想淵源，他本人獨創的範疇大概只有「現量」，卻也是從佛教中借鑒、轉換過來的。但這並不表明王夫之詩學是對前人的重複或簡單綜合。原因大致有三：一是很多範疇所能具有的詩學意義和重要性在王夫之那裡得以強化，也就是說，心、神、氣、象、興、化、妙、雅、情、理、平、淡、自然、風味和神韻等範疇通過王夫之深刻、精闢的闡釋和發揮，彰顯出王夫之詩學乃至中國詩學的基本觀念和審美理想。二是王夫之對很多範疇如性、情、欲、心、神、理、氣、象、微、妙、文、質、興、觀、群、怨等加以較充分的哲學論證，使之在內涵上更豐富，更明確，澄清了文藝、人生中一些難以把握的觀念和理論問題，提高了詩學評論的思想性和影響力，

強化了詩學的理論思辨形態。三是王夫之賦予很多範疇如神理、興會（現量或即景會心）、心目、聲情和神韻等以新的涵義，顯示出他的詩學思想的個性特徵，作出卓越的理論貢獻。

在中國詩學史上，很多範疇從提出的時候起就缺乏明確的界定，在流傳的過程中，其內涵往往有所變化。使用那些範疇的人也不一定嚴格遵守同一律的要求，同一範疇在不同的人那裡也往往各有用意。相近、類似的範疇之間的差異通常較微妙，難以言表。王夫之對所用範疇大多也不加以明確界定，常在約定俗成的意義上使用它們，有時並未嚴格保持範疇內涵的同一性。在他那裡，興、氣、韻、神和神理等範疇具有多層次的涵義，在不同的語境中往往各有所指。他自知在運用某些範疇時「統此一字，隨所用而別」，但「熟繹上下文，涵泳以求其立言之指」（《夕堂永日緒論外編》）。

在明末清初，由核心範疇派生出的子範疇和不同範疇之間形成的復合範疇比以往增加很多，顯得零散、豐富和複雜。一些原本流行的範疇逐漸沉落，另一些曾被忽視的範疇與新範疇一起涌現出來。王夫之著重闡發的神理、興會、才情、聲情和神韻等範疇具有鮮明的時代特徵。他也著重把握一些關涉詩歌本質特徵的傳統範疇如情、景、興、氣、象、勢、神、理、境和韻等，使它們內涵更豐富，理論性更強，詩學價值更高。同時，他針對不同的作品隨意運用多種子範疇或復合範疇，機動靈活，不拘一格，如他在評詩時曾用化境、聖境、絕境、佳境、妙境等術語，不總是籠統地談境界（意境），體現出意境論的深化、具體化。他所使用的範疇在數量上大，在詞語及內涵的豐富程度上高。王夫之的詩學範疇系列具有多層次性、有機性和復合性等方面的特點，並無外在的邏輯體系，我們從中可以按不同視角歸納出幾個相互交叉的範疇群，但難以歸納出一個格式化、邏輯化的圖表。這裡暫且分而論之。其一，王夫之的詩學體系有一個邏輯起點，即詩以道性情，這是王夫之對詩的本質特性的看法。由此引出性、情、欲等範疇，情有雅、俗之分，從雅又派生出若干子範疇。其二，從創作論的角度看，詩導源於心物之間的興發感動，由此引出興、心、目、神、氣、情、理和才等核心範疇，其中，心與目、才與情、神與理等各自形成復合範疇，興包括興會、現量和即景會心等相似範疇。其三，從詩歌本體構成的角度看，主要範疇有體、文、質、情、景、意、勢、象、境、理、化、妙、格、風、韻、雅、俗等。其四，從風格的角度看，主要範疇有高、雅、渾、密、清、遠、從容、含蓄、自然、平淡、悲

壯、雄豪、綺麗、簡約和空微等。其五，從詩的功能和讀者接受的角度看，主要範疇有性、情、味、興、觀、群、怨、哀、樂和詩教等。其六，從藝術手法的角度看，主要範疇有法、興、比、賦等。顯然，上述劃分是相對的。一些範疇如性、情、理、神、興、雅等因具有多層次的內涵而在上述系列中重複出現。系列中的核心範疇大多有其子範疇，如高包括高朗、高雅、高健、高古、高潤等。王夫之的詩學範疇系列並非中國古代詩學範疇的全面展示，不同範疇有主次之分，範疇間的關係微妙複雜，這與詩的本質特性、範疇的歷史演變、時代風尚和個人趣味密切相關。

六、王夫之詩學研究的意義

研究王夫之詩學是具有多方面的重要意義的。以下僅從三個方面作簡要說明。其一，有助於把握王夫之詩學的真面貌。王夫之是明末清初乃至中國古代最重要的詩學家之一。美學、詩學界對他的重視程度日漸提高。從很多學者的論著和觀念中可以看出，他的詩學的地位和影響日漸彰顯。

其二，有助於認清中國詩學的基本精神、總體特徵和審美理想。王夫之詩學是中國古代詩學的高峰，是理論總結的形態。此前，只有劉勰《文心雕龍》是體大思精的理論總結的形態，但劉勰所總結的從先秦到漢魏六朝的文學特徵，著眼於包括詩在內的各種體裁，其文論比詩論更寬泛。所以，從狹義的詩學（廣義的詩學與文論基本上是同義詞）的角度看，王夫之建立集大成式的潛在詩學體系，可謂前無古人。明末清初葉燮的《原詩》是中國詩學理論的總結形態，但在博大精深的程度上稍遜於王夫之。此後，詩話、詞話之類的詩學著作有很多，在清代僅詩話就有三四百種，但在學術價值上未超過王夫之的詩學。造成這種局面的原因有很多，除集大成式的理論形態外，王夫之詩學富於創見和理論建樹，從視域之開闊、品藝之精微和論風之痛快淩厲等個性方面看實屬罕見。

其三，有助於當代詩學的建設及其與古代詩學的貫通。中國古代詩學的一大特徵是經驗形態與理論思辨形態的統一。很多詩學家如鍾嶸、陸機、司空圖、劉禹錫、蘇軾、歐陽修、楊慎和袁枚等人都是在創作和品味的基礎上展開詩歌評論的，王夫之也是詩人兼鑒賞家。這不僅是理論聯繫實際，而且是理論源於實際，運用於實際，理論與實際互相推助。這種理論的經驗形態主要體現為諸多概念、範疇、術語具有感性直觀、約定俗成的色彩，往往在

不經過詳細論證的情況下就有不言自明、觸類旁通的效果，富於通俗性、實效性和影響力。中國詩學與哲學密切相關，很多概念、範疇、術語都是從哲學領域借鑒、轉換過來的，不少詩學家都因兼通哲學而有較強的理論思辨能力。作爲大哲學家，王夫之在這方面是首屈一指的，哲學思維直接滲入到他對詩學問題的思考中，高強的理論思辨能力使他的詩學在很大程度上突破了傳統詩話零散的隨感錄式文體的局限，超越了一般詩話的賞析與直觀點悟的水平。王夫之詩學在經驗形態與理論思辨形態的統一這方面堪稱楷模。在當代詩學的建設中，有一種矛盾難以解決：爲了理論的深刻和體系的完備而拋開經驗形態，理論與實踐的疏離進一步造成理論活力的降低；反之，理論高度的不足又常使某種詩學建設不具備眞正的學科特質。王夫之詩學中具有哲學高度的豐富思想和內在體系，值得我們深入探討，其別開生面的啓示意義不可低估。

與中國優秀詩歌的永恒魅力相關，中國古代詩學中有許多富於東方智慧和民族個性的理論，並不隨時代的變換而失去其價值和意味。中國古代詩學是個遠未全部打開的寶庫，需要我們不斷地去發現、審視和評估。古代詩學精神不僅體現在流傳至今的佳作中，也或隱或顯地滲透在當代人的審美意識中，但是若不經過大力弘揚，它有可能日益淡化和沉落。因此，我們應大力探究中國古代詩學中有價值的理論，通過當代詩學或文論建設弘揚富於美學價值、民族個性和生命活力的詩學精神。作爲理論總結形態的王夫之詩學，正處於古代詩學與現當代詩學的轉折點上，需要我們給予充分重視。

七、本文工作簡介

有學者曾說，迄今爲止，對王夫之詩學的研究還停留在比較膚淺的層次上。這話並不算太過分。目前學界在這個研究領域的不足之處和薄弱環節比比皆是。從宏觀研究看，學界對王夫之的詩學體系、思想價值、理論特色和學術個性的把握雖在大體上有不少共識，但仍有很多不夠準確、眞實、全面和深刻之處。從微觀研究看，一方面學者們對王夫之詩學的諸多概念、範疇和命題的闡釋有不準確、不恰當或不一致之處；另一方面，對一些重要問題如神韻論、雅俗論、感興論、詩教論、心目論、聲情論、悲壯論、平淡論、自然論、清新論和飛動論等有所忽略或重視得很不夠。

從王夫之詩學的重要性和相關研究的局限性這兩個層面看，把它作爲博

士後科研項目有較充分的理由和學術價值。我對這個領域比較熟悉，從 1998
年起，我把王夫之詩學作爲博士論文選題加以研討，後來在北京師大中文系
通過了以《王夫之詩學範疇論》爲題的論文答辯。在那個階段，我的複雜感
受有三點值得一提。一是選題太難，王夫之的詩學思想散見於《薑齋詩話》、
《古詩評選》、《唐詩評選》和《明詩評選》等著作中，沒有明晰的邏輯體系，
又與其哲學等方面的思想密切相關，這就需要研究者對王夫之的各方面思想
作整體把握，而其思想博大精深，著作卷帙浩繁，現存的王夫之著作大約有
800 萬字。此外，王夫之詩學是集大成式的理論總結的形態，這就需要研究者
對中國古代詩學和明清文藝思潮有相當程度的瞭解。說句心裏話，我對「望
洋興歎」這一成語有了深刻體會，不是因爲看海，而是因爲研究王夫之詩學。
二是選題太有意義了。清初三大儒（王、顧、黃）中，唯有王夫之的詩學成
就大。王夫之和葉燮的詩學都具有理論深度和廣度，而對後者，學界很難再
挖掘更多的新選題，對劉勰和王國維也可以說是這樣。王夫之的詩學具有包
容性和普遍意義，既不單單是儒家的，也不單單是道家的，超越了流派、時
代思潮和單一美學原則的局限。王夫之以詩解詩，又以不同於道學家的富於
創見的理論眼光看詩，這在很大程度上符合今人的趣味和傾向。三是到目前
爲止，我對王夫之詩學的研究剛剛開了個頭。在博士論文答辯那年，北京師
大中文系一位老師說我這個選題很有意義，再幹 10 年應是學有所成。當時我
心想：十年磨一劍，雖不能說漫長，但卻要吃多少苦，要有多大毅力呵！就
算我已進入王夫之詩學的世界，但若要從中超越出來，則有賴於自己的能力
或水平的大幅度提高。若把「入乎其內，出乎其外」視爲較高學術境界的標
誌，那麼我在王夫之詩學研究這個領域，還差得很遠。意識到自己和學界在
這個領域的缺點和不足，我就想多聽從專家的指導意見並且勤於求知和思
考，以便把工作做好。這是我選題的一個主要意圖。

　　雖然本課題「王夫之詩學思想研究」是個寬泛的大題目，但本人在研究
過程中並不求全，而要避免泛泛而論和面面俱到。在選擇大框架下的專題時，
主要有三點考慮。一是所選專題應在王夫之詩學中佔有重要地位並在當今具
有學術價值。二是所選專題應屬學界雖已關注但仍未解決的問題，凡是學界
已基本解決的問題，本文不再涉獵。三是本文有意選擇那些重要的但卻被學
界所忽視的問題，旨在拓展王夫之詩學研究的領域，在某種程度上塡補空白
點，確立創新點。

　　本課題側重從範疇、命題的角度開展研究，在研究方法上，注重原著解讀，避免誤解和歪曲，以實證的、人文的眼光看待研究對象，也就是以具體的、歷史的眼光看問題。

　　注意事項主要有：對本文所選取的範疇和命題的緣由作適當解釋，揭示主要範疇間的內在聯繫，對王夫之詩學範疇與其哲學思想的聯繫加以闡述，對具體範疇、命題的內涵如何體現王夫之詩學是儒家詩教與審美詩學的匯流這一總體特徵加以說明。對王夫之詩學的總體特徵要有把握和闡明。把王夫之詩學與中國詩學的複雜關係貫通起來，將其放置於社會歷史語境中加以考察。

　　詩教，歷來是學界關注的問題。傳統的詩教仍有積極的現代意義，持這種看法的學者日漸增多。一些內地學者認為肯定詩教就是有意無意宣揚封建思想，因此對它多持批判態度。海外學者對詩教基本上是肯定的，有論者指出：歪曲詩義的教化觀點是我們所要反對的，但我們不會對教化觀點全盤否定。王夫之的詩教論已引起學界的關注，但這方面的科研成果卻很少，我至今未見有專題論文面世。本文對王夫之詩學中「溫柔敦厚」的詩教觀加以探討，或許可以彌補學界在這方面的空缺。

　　關於孔子和王夫之的興觀群怨說，學界有較多的科研成果，其中不乏疏漏、誤解和爭議。本文試對從孔子到王夫之的興觀群怨說加以具體、細緻、深入的探討，在文獻引證、概念辨析、綜合評價等方面有獨到之處或新的見解。

　　中國詩學中的情景交融論，在王夫之那裡得到較充分的總結和闡發。情景交融的最高境界是情景妙合。情景妙合的理論依據是雙行說。王夫之詩學中的雙行說在很大程度上源於莊子的兩行說。本文試對學界所忽視的這個問題加以探討。

　　此外，王夫之的「以詩解詩」論、艷詩論、悲壯論等，都是學界關注得很不夠的問題，這方面的專題論文很少。本文的寫作，應驗著王夫之詩學研究深化、具體化的學術趨向。

第一章　從王夫之看「溫柔敦厚」的詩教觀

　　詩教，是中國最早、最重要的藝術教育方式之一，代表著儒家最基本的詩學觀念。詩教的基本理論，形成於孔子，在漢代的《毛詩序》等論著中得到較爲明確的表述。不少範疇和命題，如「溫柔敦厚」、「興觀群怨」、「思無邪」、「發乎情，止乎禮義」等，彰顯出詩教的豐富內涵及其在儒家政教詩學中的核心地位。王夫之生逢亂世，有感於詩教與世道人心的因應關係，試圖振興業已衰落的詩教。他的詩教論，既有鮮明的時代色彩，也有普遍的理論意義。從對詩教的重視程度、闡釋的系統性和創新性等方面看，他在這個學術領域的貢獻大於以往的詩學家。可以說，他使傳統的儒家詩教揚長避短、別開生面。

第一節　「溫柔敦厚」的提出

　　溫柔敦厚，作爲詩教〔註1〕的代稱，出自《禮記・經解》：

　　　　孔子曰：「入其國，其教可知也。其爲人也，溫柔敦厚，《詩》
　　教也；疏通知遠，《書》教也；廣博易良，《樂》教也；⋯⋯故《詩》
　　之失，愚；⋯⋯其爲人也，溫柔敦厚而不愚，則深於《詩》者也；⋯⋯

　　唐孔穎達《禮記正義》疏曰：「溫，謂顏色溫潤；柔，謂情性和柔。《詩》依

〔註1〕詩教之「詩」泛指歷代詩歌，在專指《詩經》時，詩教即《詩》教。廣義的
　　　溫柔敦厚，包括詩教論中的一系列概念、命題在內，是其在原典中的意蘊和
　　　歷代詮釋者的有效理解的統一，因而，可以說它是詩教的代稱。

違諷諫不指切事情，故云溫柔敦厚，是《詩》教也。……《詩》主敦厚，若不節之，則失在於愚。……此一經以《詩》化民，雖用敦厚，能以義節之。欲使民雖敦厚，不至於愚，則是在上深達於《詩》之義理，能以《詩》教民也，故云深於《詩》者也。」王夫之說：「『爲人』，謂學者言行趣尚之別也。『溫柔』，情之和也；『敦厚』，情之固也。……『愚』者，懦茸而不能斷之謂。……『深』者，擇之精而得其實之謂。《六經》之教，皆窮理盡性，本無有失，立教者得其精意以導學者於大中至正之矩，則人皆興起於至善而風俗完美，……」（《禮記章句》卷二十六）

作爲《詩》教功能的集中體現，溫柔敦厚是就人的言行趣尚、氣質情性或品德修養而言的，主要是指經過《詩》的陶冶，人們富有溫良的善意、誠樸寬厚的人格底蘊、溫厚和平的性情、從容深厚的風俗。溫柔敦厚雖然是具有共通性或普遍意義的性情基調，但並非性情和《詩》教的全部內涵，應與人的心靈的其他要素相輔相成，以免造成「愚」的偏失。《禮記·經解》意識到溫柔敦厚可能有所偏失，因而強調深於詩者「溫柔敦厚而不愚」，這是非常深刻的見解。後世不少論者在批評「溫柔敦厚」的《詩》教時忽視了「不愚」的一面，導致誤讀。

孔穎達借用《毛詩序》的觀點，以「依違諷諫不指切事情」來解釋溫柔敦厚，僅僅揭示《詩》的一大特徵及溫柔敦厚的一大動因，未從「《詩》可以興」、「上以風化下」等角度立論，有片面之嫌。他認爲使民眾不至於愚的關鍵是「以義節之」，施教者深達於《詩》之義理，能使溫柔敦厚的性情與禮義的節度相協調。「以義節之」，近於《荀子·不苟篇》所說的「以義變應，知當曲直故也」，大意是君子能以義隨變而應，其所知所行恰當於是非曲直。有論者指出：孔疏對「不愚」的解釋不完全對，《禮記·經解》所說的「不愚」意思非常明確，就是堅持自己的原則立場，不要愚忠。〔註2〕這似乎只是把握住了「不愚」的一個側面。

從根本上講，「不愚」就是明智、聰慧，有眞知。按照王夫之的注解，可以說，不愚意味著人能明斷眞假、善惡、美醜、是非。《荀子·修身篇》有言：是是、非非謂之知，非是、是非謂之愚。這段話的大意在於：明辨是非則不愚。朱熹在解釋《論語·先進》中「柴也愚」時說：愚者，知不足而厚有餘。

〔註2〕參見陳桐生《論〈詩〉教》，原載趙敏俐主編：《中國詩歌研究》第一輯，中華書局，2002年。

由此可見，人在溫柔敦厚的同時若有較豐富的知識或智慧則不愚。在這個問題上，王夫之的觀點與荀子和朱熹大致相同。

　　溫柔敦厚主要是德的體現，不愚是智的體現。「溫柔敦厚而不愚」的命題，著眼於健全人格的培養，彰顯出《詩》教在德育、智育兩大方面的功能，但缺乏審美的自覺，有待後人從審美的角度、通達的立場予以調整和改造。這個命題及《禮記・經解》中關於《詩》教的那段話未必出自孔子之口，但符合孔子的思想。《論語》中有里仁爲美、民德歸厚、溫良恭儉讓等說法，孔子注重《詩》在修身（涵養性情）、從政（通達事物情理）、交往（使於四方以《詩》專對）等方面的功用。據《論語・述而》記載，孔子「溫而厲，威而不猛，恭而安」。朱熹《論語集注》解釋說：「人之德性本無不備，而氣質所賦，鮮有不偏。惟聖人全體渾然，陰陽合德，故其中和之氣見於容貌之間者如此。」可以說，孔子的中和氣質就是溫柔敦厚。

　　溫柔敦厚是一種性情中和的基調，不是對人的性情的單向度的規定，不妨礙性情中其他因素的多樣呈現，這正如王夫之所說，溫柔、敦厚是情之和、情之固。情之和偏重於外在的精神風貌，情之固偏重於內在的人格底蘊。

　　關於《禮記》，有人說是戰國至西漢初年儒家論著的彙編，先有戴德輯本八十五篇在漢代流行，稱爲《大戴禮記》，後有戴德之侄戴聖的精選本四十九篇作爲定稿流傳至今，稱爲《小戴禮記》；也有人說《禮記》非成於一人、一時之手，其成書年代爲東漢末。可以肯定的是，《禮記》中不同篇章的定稿年代不一致。因而，我們難以確定《禮記・經解》出自何時。《淮南子・泰族訓》中有一段話與《禮記・經解》中的《詩》教論語義相近：

> 六藝異科而皆同道。溫惠柔良者，《詩》之風也。淳龐敦厚者，《書》之教也。清明條達者，《易》之義也。恭儉尊讓者，《禮》之爲也。寬裕簡易者，《樂》之化也。……故《易》之失鬼，《樂》之失淫，《詩》之失愚，《書》之失拘，……六者聖人兼用而財（裁）制之。失本則亂，得本則治。其美在調，其失在權。

這段話中所謂《詩》風的溫惠柔良與《書》教的淳龐敦厚若合在一起，正好是《禮記・經解》中所說的溫柔敦厚。朱自清《詩言志辨・詩教》認爲：《禮記・經解》似乎寫定在《淮南子》之後，所論六藝之教比《泰族訓》要確切些。〔註3〕《淮南子》的編者劉安（前179～前122）主要活躍於西漢前期景

〔註3〕參見朱自清：《朱自清說詩》，上海古籍出版社，1998年，第100頁。

帝、武帝當政的若干年間。《禮記・經解》可能寫定於此後，因其見解較成熟、清楚，後世廣爲流傳的溫柔敦厚的《詩》教觀就出自《禮記・經解》而不是《淮南子》。

第二節　「溫柔敦厚」的思想淵源

溫柔敦厚一語，未見於先秦文獻，其中所包含的思想觀念，卻有廣泛、久遠的淵源。《詩經》中有不少近似於這種觀念的詩句，如：溫溫恭人，如集於木（《小雅・小宛》）；溫溫恭人，維德之基（《大雅・抑》）；溫恭朝夕，執事有恪（《商頌・那》）。《老子》有言：敦兮其若樸；含德之厚，比於赤子。屈原《九章》：內厚質正兮，大人所盛。《易傳》：坤厚載物，德合無疆；君子以厚德載物。《中庸》指出：寬裕溫柔，足以有容；溫故而知新，敦厚以崇禮。〔註4〕《荀子・非十二子篇》說：古之所謂士仕者，厚敦者也，合群者也，樂富貴者也，……等等。以上諸多言論，用意不盡相同，但對溫恭、寬柔、敦厚都極爲推崇，在把溫恭、寬柔、敦厚視爲可貴的品德修養、氣質情性或精神風貌的層面上，其內涵與溫柔敦厚幾乎是一個意思。

溫柔敦厚的《詩》教觀，在很大程度上承傳著君子以玉比德的傳統。據《禮記・玉藻》記載，古之君子必佩玉，君子無故玉不去身，君子於玉比德焉。《詩經》中有一些相關的句子，如：青青子佩，悠悠我心（《鄭風・子衿》）；其人如玉（《小雅・白駒》）；言念君子，溫其如玉（《秦風・小戎》）。《荀子・法行篇》說：

> 孔子曰：……夫玉者，君子比德焉。溫潤而澤，仁也；栗而理，
> 知也；堅強而不屈，義也；廉而不劌，行也；折百不橈，勇也；瑕
> 適並見，情也；扣之，其聲清揚而遠聞，其止輟然，辭也。

這段話以玉的七種特性比喻君子的仁、知、義、行、勇、情、辭。所謂比德之「德」，不是指一般意義上的道德，而主要是指品行，涉及氣質情性、言行趣尚等方面，包括品德修養在內。《禮記・聘義》中有一段與上面引文非常相似的話：

> 孔子曰：……夫昔者君子比德於玉焉：溫潤而澤，仁也；縝密
> 以栗，知也；廉而不劌，義也；垂之如墜，禮也；叩之，其聲清越

〔註 4〕溫柔敦厚一語可能是直接從這段話中概括出來的。《中庸》被編入《禮記》中。

以長，其終詘然，樂也；瑕不掩瑜，瑜不掩瑕，忠也；孚尹旁達，
信也。

從《論語》看，孔子沒有說過與此類似的話，不知《荀子》和《禮記》的文獻依據何在。《禮記‧聘義》的寫定時間大概晚於《荀子》，但很難說兩者之間有直接的參照、借鑒的關係。《禮記‧聘義》由玉引申出君子的七德：仁、知、義、禮、樂、忠、信。前兩種與《荀子》的說法一致。《荀子》以堅強而不屈為義，以折百不撓為勇，傳承著《孟子》的精神。《荀子》所說的情、辭，與人物及藝術的審美相通。而《禮記‧聘義》所說的七德中沒有勇、情、辭，其中的義為廉而不劌，按清人王先謙的解釋，廉而不劌意為「雖有廉棱而不傷物」。難怪西漢劉向把廉而不劌說成是君子比仁。可以說，《禮記》以廉而不劌比義是不恰當的，其中的禮被形容為垂之如墜，令人聯想起低垂、俯首、順從；其中的樂為清越以長、其終詘然，「詘」字除指言語鈍詘外，也有彎曲的意思，引申為屈服，又通「黜」，很難想像叩玉的清越聲音在終止時是怎樣的「詘然」。

根據以上的分析，我以為，《禮記‧聘義》中的比德說是漢儒以較保守的經學眼光對仁、義、禮、知、信、忠、樂所作的比附，其中不乏牽強、穿鑿之處。荀子雖尊崇孔子，但在人性等重大問題上與孟子不一致。漢代以孔、孟為正宗，曾將《孟子》列於學官，設博士傳授，《荀子》則遭受冷遇。漢儒在編撰《禮記‧聘義》時，可能有針對性地對《荀子》的比德說加以經學的改造。相比之下，《荀子》的比德說有很高的學理價值或詩學意義。劉向編撰《說苑》，依照《荀子》的觀點，對以玉比德說加以重新闡發：

> 玉有六美，君子貴之：望之溫潤，近之栗理，聲近徐而聞遠，折而不撓，闕而不荏，廉而不劌，有瑕必示之於外，是以貴之。望之溫潤者，君子比德焉；近之栗理者，君子比智焉；聲近徐而聞遠者，君子比義焉；折而不撓，闕而不荏者，君子比勇焉；廉而不劌者，君子比仁焉；有瑕必見於外者，君子比情焉。（《說苑‧雜言》）

劉向從令人珍重的玉的六美，引申出君子的六種品質或性情的美：德、智、義、勇、仁、情。他的闡發是有創見的，使以玉比德說顯得更簡明、恰切，更有美學意味。

將以玉比德說與《詩》教的溫柔敦厚而不愚的命題加以對照，可以看出：溫柔即《荀子》所說的仁（溫潤而澤）和劉向所說的德（望之溫潤），敦厚近

於《荀子》和劉向所說的情（瑕適並見，有瑕必見於外），不愚即《荀子》所
說的知（栗而理）和劉向所說的智（近之栗理）。溫柔敦厚而不愚，與比德說
中的其他美德如義、勇、行、辭等並不矛盾，其間可以形成兼容、協調的關
係，因爲溫柔敦厚原是性情中和的狀態，在不同的人和時代等情況下會有或
隱或顯的差異，在具體的境遇中會呈現出變通性、多樣性和或大或小的張力。

溫柔敦厚，是儒家理想中的君子人格的底蘊及感性顯現。《荀子·榮辱篇》
指出，先王之道，仁義之統，爲天下生民謀福利，「其溫厚矣，其功盛遙遠矣」。
《管子·形勢》有言：人主者，溫良寬厚則民愛之。可見，溫柔敦厚的性情，
不是少數人所特有的，上至君主，下至臣子及百姓，都可具備這樣的涵養。
有論者認爲，漢儒完全放棄了孔子所建構的君子人格模式，他們所張揚的實
際上是一種臣子型人格，即喪失了士人獨立精神，在人格上順從、依附於專
制君主的畸型人格，將《詩》三百視爲「溫柔敦厚」的典型乃是後世儒生透
過特製的有色眼鏡所看到的情形。〔註5〕這種看法是有道理的，但漢儒並未完
全放棄君子人格模式，「溫柔敦厚」的詩教也並未歪曲《詩》三百中的許多作
品，未排擠大批抒發怨恨之作。

第三節　從溫柔敦厚到溫厚和平

溫柔敦厚的《詩》教觀提出後，在從六朝到唐以前這段時間，並未得到
大力張揚。難怪王夫之在評江淹《愛遠山》時說：「夕秀初含，朝華已啓，
庶幾溫柔寬厚之旨，曠百世而嗣音矣。」（《楚辭通釋》卷十四）江淹（444
～505）生活的年代，僅距漢末就已二百多年，距屈原的時代則更遠。梁簡
文帝蕭綱有一段名言：立身之道與文章異，立身先須謹重，文章且須放蕩。
這段名言在某種程度上體現了六朝時期文藝的主流觀念，與溫柔敦厚即便不
相反，也是相左的。可惜的是，蕭綱所處的齊梁時期的詩並未因此而真正繁
榮起來。

但正因爲溫柔敦厚有著廣遠深厚的思想淵源和基礎，後世在詩歌評論與
創作方面才總會有所響應。宋代以降，溫柔敦厚常被表述爲溫厚和平。北宋
張載認爲，置心平易，從容涵泳，然後可以言詩，求《詩》者貴平易，不要

〔註5〕參見孫明君：《「思無邪」與「溫柔敦厚」辨異》，原載《人文雜誌》，2000年
　　　　第2期。

崎嶇求合，蓋詩人之情性，溫厚平易老成，詩人之志至平易，故無艱險之言，大率所言皆目前事，而義理存乎其中。〔註6〕他所說的溫厚平易，既是對作者氣質情性的指認，也是對讀者的心態或心境的要求。朱熹《論語集注》對孔子所說的「不學《詩》，無以言」加以解釋：事理通達，而心氣和平，故能言。此外，他說：

　　　　古人情意溫厚寬和，道得言語自恁地好。（《朱子語類》卷八十）

　　　　《詩》本人情，該物理，可以驗風俗之盛衰，見政治之得失。

　　　　其言溫厚和平，長於風諭。故誦之者，必達於政而能言也。

　　（《論語集注》卷七）

溫厚寬和、溫厚平易與溫厚和平是一個意思，溫厚是溫柔敦厚的縮寫，和平可謂中和、平易，中和即中庸，〔註7〕不偏不倚，無過無不及。平易即心平氣和、從容大度。法國學者弗朗索瓦·於連認為，溫柔敦厚這個成語是用來說明《詩經》的特殊道德特點的，厚重回應柔順，內心的堅實回應外部的溫和，《詩》教因此限於迂迴的特點並且由譏諫疏通。這種看法是不錯的。但於連在談起由溫柔敦厚到溫厚和平的轉變時說：「古老的理想由於傳統的改造，失去它微妙的平衡，它最終搖擺傾向懦弱順從。」〔註8〕這個結論似有片面之嫌。與溫柔敦厚相比，溫厚和平並未附加多少政治方面的影響，不過是強化了作者心氣平易、藝術表現方式的中和、讀者因從容涵泳而自得等方面的因素，與宋代梅堯臣、歐陽修等人提倡的平淡詩風相因應。溫厚和平的觀念，雖與現實政治有或隱或顯的關聯，但主要是張載、朱熹等人在學理和詩藝的立場上有所自得的結果。儘管其中有濃重的理學氣息，但卻基本上承傳著抒情傳統，是自覺的，而非被動、壓抑的。

　　《易·繫辭下傳》有言：君子安其身而後動，易其心而後語。王夫之《周易內傳》解釋說：易，平也，易其心，不以極喜極憂而迫於言也。其《周易外傳》又說：其心易者其辭易，故《書》簡而直，《詩》至而和。「至而和」即至和，謂和順溫厚之至。易其心而後語，可以說是後世詩心寬和、平易觀

〔註6〕　參見朱熹《詩傳綱領》，朱杰人等主編：《朱子全書》第 1 冊，上海古籍出版社、安徽教育出版社，2000 年，第 349 頁。

〔註7〕　朱熹說：變「和」言「庸」者，游氏曰「以性情言之，則曰中和；以德行言之，則曰中庸」是也，然中庸之「中」，實兼「中和」之義。（《中庸章句》）

〔註8〕　參見弗朗索瓦·於連：《迂迴與進入》，杜小真譯，三聯書店，1998 年，第 130頁。

念的較早的思想淵源，而《中庸》則為溫厚和平提供了較充分的理論依據。在元、明、清時期，揭傒斯、高棅、李夢陽、胡應麟、胡震亨、陸時雍等人都在具體的詩歌評論中運用溫柔敦厚的詩教觀，使之與審美的藝術精神漸趨融合，他們常用優柔、柔厚、忠厚、溫厚和平、優游敦厚等詞語評詩。這些詞語是從溫柔敦厚中派生出來的，切近具體的評論對象的思想與藝術特徵，隨所用而在意義上略有差別。如胡應麟《詩藪·內編》說：《國風》、《雅》、《頌》，溫厚和平；優柔敦厚，周也。這裡所說的溫厚和平可能偏重於文體風格特徵，優柔敦厚則是指時代風格，其間的意義差別不明顯。

第四節　別開生面——王夫之的詩教觀

王夫之以博古通今的方式繼承了溫柔敦厚的詩教觀，較充分地吸取歷代審美詩學的理論成果和藝術精神，賦予詩教以豐富的審美意義，推崇委婉含蓄，反對直露促迫的詩風。他說：

> 微而婉，則《詩》教存矣。（《詩經稗疏》卷一）

> 可以直促處且不直促，故曰溫厚和平。結語又磬然而止，方合天籟。（《古詩評選》卷五謝靈運《道路憶山中》評語）

> 蓋詩自有教，或溫或慘，總不可以赤煩熱耳爭也。

（《古詩評選》卷二嵇康《酒會》評語）

這幾段評語主要是從詩的藝術表現方式上立論的，從中可以看出：溫厚和平與委婉含蓄、從容不迫並無二致，以這樣的方式抒寫喜怒哀樂，是詩教的應有之義。溫柔敦厚原是就《詩》教陶冶性情的效果而言的。張載、朱熹等人把溫柔敦厚的尺度從效果立場擴展開，兼顧作品、作者和評論家。如朱熹《詩序辨說》對毛詩《小序》把諸多詩篇解釋為美刺時君國政的做法不滿，認為「其輕躁險薄，尤有害於溫柔敦厚之教」。王夫之也把溫柔敦厚的尺度運用到詩的各個環節或領域中。他認為詩的關鍵不僅在於寫什麼，也在於怎麼寫。所以，他非常注重詩的藝術表現方式，將其視為詩教得以成立的基本前提，堅信詩的藝術價值與詩教是相輔相成的。這與黃庭堅等人的觀點一脈相承。黃庭堅推崇溫厚和平的君子之風和優游不迫的抒情方式，對那些「強諫爭於庭，怨忿詬於道，怒鄰罵座」及「訕謗侵凌，引頸以承戈，披襟而受矢，以快一朝之忿」的行徑不以為然，認為此舉違背詩歌藝術的特點和詩的本旨。

又如元好問認爲唐詩的一大長處是溫柔敦厚、藹然仁義之言多，他推崇這樣的藝術手法和效果：「責之愈深，其旨愈婉；怨之愈深，其辭愈緩；優柔饜飫，使人涵泳於先王之澤，情性之外，不知有文字。」（《楊叔能小亨集引》）在委婉、和緩中，無論「責」、「怨」的情感有多深，都不失溫柔敦厚之旨。正如王夫之所說：或溫或慘，總不可以赤煩熱耳爭也。從古至今，很多人認爲「詩可以怨」、「發憤以抒情」與溫柔敦厚有矛盾，其實不然。

本著溫柔敦厚的尺度，王夫之對出自杜甫的「健筆縱橫」說加以抨擊，他說：

> ……故聞溫柔之爲詩教，未聞其以健也。健筆者，酷吏以之成爰書而殺人。藝苑有健訟之言，不足爲人心憂乎？況乎縱橫云者，小人之技，初非雅士之所問津。
> （《古詩評選》卷五庾信《詠懷》之《日色臨平樂》評語）

杜甫《戲爲六絕句》云：「庾信文章老更成，凌雲健筆意縱橫。」杜甫以此對庾信晚年的創作成就予以高度評價，不贊成人們對庾信所作的「其意淺而繁，其文匿而采」、「亡國之音」和「詞賦之罪人」等指責。在王夫之看來，庾信情較深，才較大，晚歲經歷變故，感激發越，遂棄早年爲宮體所染的習氣，偶而狂吟，抒其悲憤，初不自立一宗，卻無端爲杜甫所推崇，被譽爲「清新」、「健筆縱橫」，被後人競相仿傚。王夫之並不一概反對清、新、健，他反對的是有違溫厚平易、和緩迂迴之旨的「趨新而僻、尚健而野、過清而寒、務縱橫而莽者」。他也不反對健訟之言，只是不希望詩如同訟言。他認爲顏延之「筆端自有清傲之氣，濯濯自賞。……又以其清傲者一致絞直，遂使風雅之壇有訟言之色」（《古詩評選》卷五）。

王夫之何以近乎偏激地批評「健筆縱橫」說、擔憂藝苑有健訟之言呢？除了政治方面的考慮（如他不希望詩人因「健筆」而受迫害）外，主要是因爲他要維護詩的相對獨立性或審美與藝術特質。明代楊慎說過，六經各有體，《詩》以道性情，「若詩者，其體其旨，與《易》、《書》、《春秋》判然矣」（《升菴詩話》）。與此相應，王夫之認爲詩不能容納、擔當一切，「如可窮六合，亘萬匯，而一之於詩，則言天不必《易》，言王不必《書》，權衡王道不必《春秋》，……斷獄不必律，敷陳不必箋奏，傳經不必注疏，彈劾不必章案，問罪不必符檄，稱述不必記序，但一詩而已足。既已有彼數者，則又何用夫詩？又況其離經破軌，率爾之談，調笑之說，咒詛之惡口，率以供其縱橫之用哉！」（《古詩評選》卷五）明清之際，文章體裁齊全，文藝門類豐富，僅純文學就

已形成詩歌、散文、小說、戲劇文學等較完備的系列。詩與其他體裁的文章各有所長，各盡其能，在表現方式、風格、功能等方面基本上不能混淆或替代。時過境遷，詩不可能也沒必要像先秦時期的《詩》那樣承擔政教或實用的諸多功能。那些功能並未完全失落，但終究不是詩的天職。人們樂於用審美與藝術的眼光看詩，但文學中的其他門類也具有很高的審美與藝術價值，而且大多比詩更通俗，更有娛樂性。詩在回歸自身、彰顯本色的同時似乎也面臨種種危機。詩歌創作的衰微之勢由來已久，「時詩」、「惡詩」層出不窮，詩壇的不良風氣此起彼伏，詩在很多人心目中的地位及其實際影響似乎微不足道。在這歷時性和共時性的境遇中，詩的獨特魅力與效能究竟是什麼？詩如何具備和發揮獨特的魅力與效能？王夫之既知其然，也要知其所以然。他重申詩以道性情的古訓，推崇審美情感和審美感興，以樂論詩，強調詩的委婉含蓄、優柔和緩的表現方式及藝術特性，把陶冶性情視爲詩的首要功能，把溫柔敦厚納入詩歌藝術美學的軌道。

近年來，有論者認爲，中國儘管有「陽剛」、「大美」、「風骨」、「雄渾」，但由於這些都被囚禁在「溫柔敦厚」的規範之中，其「雄渾」範疇當然不可能走向「反抗挑戰」、「野蠻」、「粗獷」的西方式崇高，而只能走向偏於平和敦厚的柔美。〔註9〕也有人說，溫厚和平是對不平之情的壓抑，優柔敦厚是在長期專制淫威下形成的順從、軟弱的性格。這些看法都是既有一定道理又失之偏頗。王夫之的觀點可以加深我們對有關問題的理解：

> 《小雅》《鶴鳴》之詩，全用比體，不道破一句，《三百篇》中創調也。要以俯仰物理而咏歎之，用見理隨物顯，唯人所感，皆可類通；初非有所指斥一人一事，不敢明言，而姑爲隱語也。若他詩有所指斥，則皇父、尹氏、暴公，不憚直斥其名，歷數其愿，而且自顯其爲家父，爲寺人孟子，無所規避。〔註10〕《詩》教雖云溫厚，

〔註 9〕 參見曹順慶、王南：《雄渾與沉鬱》，百花洲文藝出版社，2001 年，第 119 頁。
〔註10〕 《詩・小雅・十月之交》在長言咏歎中三次直指「皇父」之名，歷數其結黨營私之惡。《毛詩詁訓傳》以爲皇父時任卿士之官。
《小雅・節南山》三次直指「尹氏」之名，諷刺其胡作非爲。據說尹氏爲周代大師，高居三公之位。此詩末章作者自報名字及用意：「家父作誦，以究王詷。式訛爾心，以畜萬邦。」《毛詩詁訓傳》以爲家父是周代大夫。孔穎達《毛詩正義》說：「作詩刺王，而自稱字者，詩人之情，其道不一。或微加諷諭，或指斥愆咎，或隱匿姓名，或自顯官字，期於申寫下情，冀上改悟而已。此家父盡忠竭誠，不憚誅罰，故自載字焉。寺人孟子亦此類也。」

然光昭之志，無畏於天，無恤於人，揭日月而行，豈女子小人半含
不吐之態乎？《離騷》雖多引喻，而直言處亦無所諱。宋人騎兩頭
馬，欲博忠直之名，又畏禍及，多作影子語，巧相彈射，然以此受
禍者不少。既示人以可疑之端，則雖無所誹誚，亦可加以羅織。

（《薑齋詩話・夕堂永日緒論內編》）

　　似此方可云溫厚，可云元氣。近人以翁嫗囁嚅語爲溫厚，寒訥
莽撞語爲元氣，名惟其所自命，雖屈抑亦無可如何也。

（《古詩評選》卷四左思《詠史》之《皓天舒白日》評語）

在中國歷史上，常有政治嚴苛及文網繁密的年代，詩人常處於尷尬、困頓的
境地。白居易自稱「始得名於文章，終得罪於文章」（《與元九書》）。晚明陳
子龍感歎道：「稱人之美，未有不喜也。言人之非，未有不怒也。爲人所喜，
未有非誅也。爲人所怒，未有弗罪也。嗚呼！三代以後，文章之士，不亦難
乎！……後之儒者，則曰忠厚，又曰居下位不言上之非，以自文其縮。然自
儒者之言出，而小人以文章殺人也日益甚。」（《詩論》）忠厚，成了些文人
掩飾自身軟弱、退縮的藉口，也成了不少惡人以文章殺人的招牌。因而，溫
柔敦厚屢爲世人所詬病。其中的是非難以一概而論。詩人若因畏懼而不敢誠
心作詩，詩就成了畏途；反之，若在詩中肆意謾罵、誹謗，詩就成了佞府。
王夫之不贊成詩人因不敢明言而在詩中有所影射（「作影子語，巧相彈射」），
認爲那種做法既無益於詩的審美價值，又可能招來禍患。

　　詩向來以比、興見長，又具有長言咏歎的音樂性，從而形成「不道破一
句」的委婉含蓄的抒情傳統。王夫之說：

　　　　長言咏歎，以寫纏綿悱惻之情，詩本教也。

（《薑齋詩話・夕堂永日緒論內編》）

長言咏歎，即「俯仰物理而咏歎之」，語言凝煉，情意簡約而又深長，不言理

《小雅・何人斯》首章云：「彼何人斯？其心孔艱。胡逝我梁，不入我門？伊
誰云從？維暴之云。」毛詩《小序》說此詩爲蘇公刺暴公，「暴公爲卿士而譖
蘇公焉，故蘇公作是詩以絕之」。暴、蘇，皆畿內國名。
《小雅・巷伯》也是斥責「譖人」的詩，其中有近於詛咒的憤激之言，例如：
「彼譖人者，誰適與謀？取彼譖人，投畀豺虎。豺虎不食，投畀有北。有北
不受，投畀有昊。其末章云：「寺人孟子，作爲此詩。凡百君子，敬而聽之。」
作者自道其職位、姓氏而無所隱避。《毛詩詁訓傳》說：寺人而曰孟子者，罪
已定矣，而將踐刑，作此詩也。毛詩《小序》說此詩刺幽王，「寺人傷於讒，
故作是詩也」。

而理自至（「理隨物顯」），聲情動人。讀者在感興中盡可以引譬連類（「唯人所感，皆可類通」），也就是有廣闊的聯想和想像的空間。作者不道破一句，其言其情微而婉，其寄託或諷諭若有若無，這種溫厚、含蓄並非源於作者對權勢的畏懼，而主要是基於藝術的感性形式的要求。正如王夫之所說，眞正的詩人有光昭之志，無畏於天，無恤於人，揭日月而行。所以，溫厚不是「半含不吐之態」和「翁嫗囁嚅語」，不是對不平之情的壓抑，也基本上不是專制淫威或政治高壓的產物。詩中長言咏歎的纏綿俳惻之情並不都是柔情，體現在作品風格上也不見得偏重於優美。楊松年指出：溫柔敦厚一語，影響後世詩論不小，論者應以持平的態度對待，溫柔敦厚與豪邁的詩風並不相悖，詩風豪邁而有它的蘊藉的內涵，也應視爲溫柔敦厚；相反的，爲求溫柔敦厚，而故作忸怩之態，半吞不吐，反而會距離溫柔敦厚的目標越來越遠，基於此，可以說《三百篇》、屈原等人的感憤之作符合溫柔敦厚的標準，而一些詩人的婉約之作並不一定具備溫柔敦厚的條件。〔註11〕受王夫之的啓發，這種看法是從作品的藝術表現方式上立論的，把含蓄、自然當作溫柔敦厚的要義。

王夫之對溫柔敦厚的富於創見的闡釋與黃宗羲（1610～1695）若合符節。黃宗羲說：

今之論詩者，誰不言本於性情？顧非烹煉使銀銅鉛鐵之盡去，則性情不可出。彼以爲溫柔敦厚之詩教，必委蛇頹墮，有懷而不吐，將相趨於厭厭無氣而後已。若是，則四時之發斂寒暑，必發斂乃爲溫柔敦厚，寒暑則非矣。人之喜怒哀樂，必喜樂乃爲溫柔敦厚，怒哀則非矣。其人之爲詩者，亦必閒散放蕩，岩居川觀，無所事事而後可。亦必茗碗薰爐，法書名畫，位置雅潔，入其室者，蕭然如睹雲林海嶽之風而後可。然吾觀夫子所刪，〔註12〕非無《考槃》、《丘中》之什厝於其間，〔註13〕而諷之令人低徊而不能去者，必於變風

〔註11〕 參見楊松年：《中國古典文學批評論集》，三聯書店香港分店，1987年，第283頁。

〔註12〕 古代文獻中關於孔子刪詩正樂的論述很多，大致可分爲兩種觀點：一是孔子有正樂之功，而無刪古詩、編成《詩三百》之事；二是孔子有刪古詩、編成《詩三百》之事。馮浩菲認爲前一種觀點可信。參見馮浩菲：《歷代詩經論說述評》，中華書局，2003年，第136頁。

〔註13〕《考槃》，爲《詩·衛風》中的篇名，毛詩《小序》說此詩刺莊公，刺其「不能繼先公之業，使賢者退而窮處」。其中似有獨善其身之志。朱熹《詩序辨說》認爲「此爲美賢者窮處而能安其樂之詩」。

變雅歸焉。蓋其疾惡思古，指事陳情，不異薰風之南來，履冰之中骨，怒則掣電流虹，哀則淒楚蘊結，激揚以抵和平，方可謂之溫柔敦厚也。（《萬貞一詩序》）

黃宗羲側重從性情及作者創作的角度立論，反對狹隘的詩教觀，他明確強調：溫柔敦厚並不意味著「委蛇頹墮，有懷而不吐」和「厭厭無氣」，並不要求詩人只寫喜樂而不寫怒哀，並不等於詩人處在閒適、雅致的境遇中。在明清易代之際，他正當盛年，氣節剛正，不做清朝的官，心中常懷家國淪亡之痛。因而，他對《詩經》中的變風變雅之作深有共鳴之感，讚賞其「疾惡思古」、愛憎分明、胸懷坦蕩、「激揚以抵和平」的格調，認為這種性情和格調就是溫柔敦厚。他的立場與清初康熙皇帝玄燁截然不同。玄燁《御選唐詩序》云：

孔子曰：溫柔敦厚，詩教也。是編所取，雖風格不一，而皆以溫柔敦厚為宗。其憂思感憤、倩麗纖巧之作，雖工不錄。使覽者得宣志達情，以範於和平。蓋亦用古人以正聲感人之義。

玄燁以溫柔敦厚的名義排斥「憂思感憤」之作，即排斥變風變雅之音，他站在清王朝的立場上，擔心「憂思感憤」之作有礙長治久安。這看似無可厚非，問題在於，統治者的選詩標準反映出其文藝政策的傾向，直接影響社會風氣。這不僅無助於詩及文藝的繁榮，也不利於真正的開明盛世的實現與維持。這種政教觀，遠不如唐太宗李世民開明，與孔子、《毛詩序》相比，也顯得非常狹隘。黃宗羲通過對溫柔敦厚的新闡釋，有力地衝擊了狹隘的政教詩學觀，強化了溫柔敦厚在不平之情的抒發這個層面上的思想意義。他在談到變風變雅之作的「怒則掣電流虹，哀則淒楚蘊結」的抒情特色時，點出其「激揚以抵和平」的指歸。這樣，他在學理上仍未背離溫柔敦厚的和平之旨。而和平之旨恰恰是溫柔敦厚的基本要素。我們不能誤以為他注重哀怨憤怒之情的抒發就是提倡「不和平」。因而，我以為王夫之與黃宗羲的觀點在這方面若合符節。當然，兩人的詩學觀點有很多不同之處，比如：黃宗羲雖未忽視詩的藝術性，但遠不像王夫之那樣把詩教與詩的藝術性緊密聯繫起來並加以深入闡發。

《丘中》即《丘中有麻》，是《詩·王風》中的篇名。毛詩《小序》說此詩意在思賢，「莊王不明，賢人放逐，國人思之，而作是詩也」。朱熹《詩序辨說》認為此詩為「淫奔者之詞」。王夫之不贊成朱熹的看法。

黃宗羲大概本著毛詩《小序》所謂賢者生不逢時、不得其志的觀點，認為孔子連這類諷諭國室衰微的變風變雅之作都不刪，後世學者就沒有理由把溫柔敦厚的《詩》教理解得太狹隘。

第二章　興觀群怨說
——從孔子到王夫之

興觀群怨說出自《論語·陽貨》：

子曰：「小子，何莫學夫《詩》？《詩》可以興，可以觀，可以群，可以怨。邇之事父，遠之事君。〔註1〕多識於鳥獸草木之名。〔註2〕

〔註1〕　據《論語·顏淵》記載，齊景公曾問政於孔子，孔子對曰：「君君，臣臣，父父，子子。」（君要像君，臣要像臣，父要像父，子要像子）在孔子看來，君、臣、父、子各有應盡的責任和義務，父慈子孝，君使臣以禮，臣事君以忠，這才名符其實，才合乎仁義之道。

《中庸》（據說是孔子之孫子思所作）指出天下之達道有五，即：君臣、父子、夫婦、昆弟、朋友之交。孟子曾說：「人之有道也，飽食、暖衣，逸居而無教，則近於禽獸。聖人有憂之，使契為司徒，教以人倫：父子有親，君臣有義，夫婦有別，長幼有序，朋友有信。」（《孟子·滕文公》）

張載在解釋孔子所說的「事父」、「事君」時說：「入可事親，出可事君。但言君父，舉其重者也。」（《正蒙》卷八）朱熹說：「人倫之道，《詩》無不備，二者舉重而言。」（《論語集注》卷九）這就是說，對「事父」、「事君」不要理解得太狹隘，孔子只是未把後人所說的五種人倫（五倫）和盤托出而已，《詩》有助於人在各種社會關係或人倫道德方面的和諧。

王夫之說：「其相親以柔也，邇之事父者道在也；其相協以肅也，遠之事君者道在也。……事父即可事君，無己之情也；事君即以事父，不懈之敬均也。……可以興觀群怨者即可以事君父，忠孝善惡之本，而歆於善惡以定其情，子臣之極致也。」（《四書訓義》卷二十一）在「事父」、「事君」及「五倫」這個問題上，王夫之基本上承傳著中國傳統的倫理觀念。這種觀念在當代雖有些不合時宜，但我們不應抹殺其中的合理因素。無論古今，對父母相親以柔，都是親情之首。

王夫之說「可以興觀群怨者即可以事君父」，並未排斥「怨」的因素，他的看法是比較達觀的。而且他在詩學論著中只從孔子那裡拈出「興觀群怨」四字，並未圍於「事父」、「事君」的觀念。

這段話是孔子從學《詩》、用《詩》的角度對《詩》的社會作用的說明，與「興於《詩》」、「不學《詩》，無以言」等觀點共同組成較全面的《詩》教觀，旨在提高人文修養，注重《詩》在社會生活中的實用功能，具有濃重的德教或政教的意味。在孔子所處的春秋時期，原本三位一體的詩、樂、舞已經開始分離，詩既能合樂，也可作爲獨立文本供人欣賞和應用。孔子把《詩》與禮、樂分別開來加以討論，表明他較明確地意識到《詩》在思想內容等方面的獨特作用。同時，他把興列在興觀群怨的首位，表明他意識到《詩》與音樂相近的啓發聯想和想像、感動人心的功能，其中隱約包含著他對詩的審美與藝術價值的初步體認。但在《論語》中，孔子幾乎沒有對詩的審美與藝術價值加以討論。可以說，他即使意識到這種重要價值，也是將其作爲手段來看待的。

王夫之一面把孔子的興觀群怨說作爲經典加以詮釋，一面把興觀群怨作爲思想與藝術標準運用到詩歌評論中，經由這一過程，他賦予興觀群怨以新的涵義，同時將其提升到包括詩歌創作、作品本體、讀者鑒賞在內的詩的總綱領的地位，從而使興觀群怨在很大程度上成爲他本人的重要學說。興觀群怨，在孔子和王夫之那裡，可謂名同而實異。王夫之說：

> 「詩可以興，可以觀，可以群，可以怨。」盡矣。辨漢、魏、
> 唐、宋之雅俗得失以此，讀《三百篇》者必此也。
>
> （《薑齋詩話・詩譯》）
>
> 興、觀、群、怨，詩盡於是矣。
>
> （《薑齋詩話・夕堂永日緒論內編》）
>
> 奮發於爲善而通天下之志，群而貞，怨而節，盡己與人之道，

不少當代學者把「事父」、「事君」的觀念視爲孔子及王夫之詩論的嚴重的局限性，雖有一定道理，但似乎缺乏歷史地、具體地看問題的通變眼光。我以爲，不妨把《詩》的事父、事君的作用看成是當時《詩》「可以群」的應有之義。

〔註2〕 楊愼有言：「蓋詩之爲教，多識於鳥獸草木之名。」（《升菴詩話》卷五）
王夫之說：「聞鳥獸草木之名而不知其情狀，日用鳥獸草木之利而不知其名，《詩》多有焉。……鳥獸草木並育不害，萬物之情統於合矣。……鳥獸草木亦無非理之所著，而情亦不異矣。（《四書訓義》卷二十一）
歷代學者在解釋「多識於鳥獸草木之名」這句話時幾乎沒有分歧。「多識於鳥獸草木之名」可謂《詩》可以識，近乎《詩》可以觀。當代學者大多將其歸結爲詩的認識作用，這是正確的。

盡於是矣，事父事君以此，可以寡過，推以行之，天下無非中正和

平之節，故不可以不學。（《張子正蒙注》卷八）

這幾段話都強調興觀群怨可以盡括詩之要義和大旨。所謂辨《三百篇》及漢、魏、唐、宋之雅俗得失以此，是側重從作品的角度立論的；所謂奮發於爲善而通天下之志，主要是就作者而言的；所謂天下無非中正和平之節，則是著眼於詩教深遠廣大的功效或意義。

孔子的《詩》教觀囿於事父事君等人倫教化的視野，〔註3〕王夫之則在認同「盡己與人之道」的教化功能的基礎上，強調詩教由此「推以行之」的更寬泛的作用。孔子注重興觀群怨在人的品格修養和社會交際等方面的功能，也就是注重《詩》教有怎樣的效果。王夫之則在此基礎上，探討詩教怎樣達到應有的效果，也就是探討詩教得以實現的前提和途徑，因而他的著眼點不局限於詩的讀者，而時常落到作品和作者上，把詩歌審美活動這個系統中的諸多要素貫通起來。

王夫之論詩，一切拿「興觀群怨」那四個字爲主眼，以爲無論什麼作品，如果不能使人看了有所興感，那種作品就不足置論。這是半個多世紀前方孝岳在《中國文學批評》〔註4〕一書中提出的眞知灼見。但以興觀群怨爲主眼的批評標準卻並非王夫之的獨創。徐渭在致友人的信中說：

公之選詩，可謂一歸於正，復得其大矣。此事更無他端，即公

所謂可興、可觀、可群、可怨一訣盡之矣。試取所選者讀之，果能

如冷水澆背，陡然一驚，便是興、觀、群、怨之品；如其不然，便

不是矣。（《徐文長集》卷十七）

徐渭眼中的「興觀群怨」，已不局限於政教方面的意義，而切近於藝術審美的綜合價值。「冷水澆背，陡然一驚」的感受，與今人所說的審美驚奇相近。王

〔註3〕張節末指出：孔子詩論的核心就是「興、觀、群、怨」四個字，孔子認爲學詩的終極目的是「事父」、「事君」，連帶著也「多識於鳥獸草木之名」，這是一種純功利的觀點。參見張節末：《孔子詩論「興觀群怨」說新解》，原載《孔子研究》，1990 年第 1 期。

陶水平認爲：孔子在「興觀群怨」後拖了一個非常明確而又狹隘的尾巴，即把詩的興觀群怨的最終目的歸結爲「事父」、「事君」，這既顯示了孔子論詩的天才遠見，又露出了他的詩論的嚴重的局限性。參見陶水平：《船山詩學研究》，中國社會科學出版社，2001 年，第 65 頁。

〔註4〕方孝岳：《中國文學批評》，三聯書店根據上海世界書局 1934 年版本重印，1986 年。

夫之所說的「興、觀、群、怨，詩盡於是矣」與上面引文中的「可興、可觀、可群、可怨一訣盡之矣」簡直如出一轍。可見，最遲在晚明，興觀群怨已不僅是儒者或經學家所闡釋的對象，也成為詩學家選詩、評詩的首要標準。王夫之在這個領域之所以能遠遠的超越前人，主要是因為他的興觀群怨說既是切實可行的批評標準，又具有富於創見的、集大成式的理論形態。

第一節　詩可以興

對孔子所說的「《詩》可以興」，後人多有詮釋。其中有兩種觀點影響較大，一是三國魏朝的何晏《論語集解》引漢人孔安國的注解「引譬連類」，二是朱熹《論語集注》提出的「感發志意」。

「引譬連類」之說符合春秋時期包括孔子在內的人士賦詩、引詩的實際。隨著周室衰微，平王東遷，各諸侯國之間處於群雄無主、爭端不休的狀態，采詩、獻詩的事業無以為繼，詩歌創作的風氣日趨沉落，在複雜微妙的內政、外交等重要場合中，人們注重進退之禮儀、風度之文雅、應對之通達，賦詩喻志的風氣逐漸興起。在歌咏吟誦中，賦詩者不總是即興創作，往往借他人詩篇表達自己的情感、願望、想法或意圖，以斷章取義的方式把志意寄託、比附或暗示在詩篇中，或者說使志意與原作構成相類通的關係，主客雙方調動引譬連類（觸類旁通）的能力，在有意無意之間達成不言自明或心領神會的溝通。《論語·子路》有言：

> 子曰：「誦《詩》三百，授之以政，不達。使於四方，不能專對。
> 雖多，亦奚以為？」

在《論語》中，孔子與弟子引詩時的問答可謂妙語連珠，富於啟發、暗示、類比的效果，體現出達於政而能言、使於四方而能專對的能力。其中的一些事例表明，孔子常使弟子通過某些詩句領悟與詩句本意不符卻又相類通的道理，反過來也使弟子由他們所談論的道理聯想起原本與此不搭界卻又相類通的詩句。引譬連類基本上是一種類比思維和方法，在讀詩、賦詩時，其出發點是感性形態的，其導向及結果卻不一定是感性形態的。以引譬連類釋「興」，大概是指學詩可以培養人們由此及彼、由事及理的聯想和通悟能力，〔註5〕切

〔註5〕參見賈東城：《橫看成嶺側成峰──從春秋賦詩看孔子的「興觀群怨」說》，原載《河北師範大學學報》，1989年第4期。

近孔子「《詩》可以興」的本意。但時過境遷，引譬連類在後世詩歌鑒賞中的作用似乎不如以往。我以為，從學理上看，引譬連類只是詩可以興的部分內涵。

朱熹所說的「感發志意」主要是根據「興」的字義及《詩》的感物道情的特徵而得出的結論。在解釋《詩經》中興的手法和孔子所說的「興於《詩》」時，朱熹也曾說：興者，起也。興字的起源與遠古巫術儀式、祭祀活動有關，其古義主要是感動、生發、引起、宣泄。在先秦典籍的具體應用中，興字常有發動、啟發、發起、興起、引發的意思。《大學》有言：「所謂平天下在治其國者：上老老，而民興孝；上長長，而民興弟；上恤孤，而民不倍。」朱熹《大學章句》解釋這段話中的興字：「興，謂有所感發而興起也。」從古至今，感發志意和興起並非詩特有的功用，但的確是詩之「興」的基本內涵。後人不管怎樣對「興」加以闡發，都未背離這層內涵。在朱熹那裡，感發志意主要就是感發善心、善意，詩所興起的也不外乎勸善懲惡之情。這與孔子的思想幾乎完全一致。孔子和朱熹都看重興的以情動人的意義，但前者未把興與情及審美明確地聯繫起來並加以論述，後者的詩論較多地著眼於善和義理。

「引譬連類」與「感發志意」都是興的應有之義。我以為，後者與前者大體上是因果、本末的關係，因為後者是興的根本特徵，是詩的以情動人之所在。王夫之對這兩種詮釋基本認同，他認為詩人不應直接在詩中說理，而應做到理隨物顯，這樣，讀者才皆可類通。他說：

　　得其揚扢鼓舞之意則「可以興」，……（《四書箋解》卷四）

　　善學者，隨所感而皆有可通，而《詩》之為教，託事物以興起
　人心，尤其感人者也。（《四書訓義》卷七）

詩的緣起和宗旨都在於「感」，「興」即興起人心，生發揚扢鼓舞之意。詩教因而不是理性的灌輸，主要靠讀者在感興中自發、自動、自得。善學者可謂詩的知音，能夠達到「隨所感而皆有可通」的自由境界。

「感發志意」的說法，在中國詩學中具有承上啟下的意義。從承上的角度看，它與孔子所說的「興」的本意相符，與《樂記》、《毛詩序》、《文心雕龍》等論著中的有關論點相通，有利於儒家詩教的思想基礎的鞏固。從啟下的角度看，作為兼容詩言志與詩達情的中和概念，既不失其經學意義，又不妨礙藝術審美的精神，其中包含著後人所說的審美感興的意思在

內。審美感興原本不是狹隘的，在廣義上與「感發志意」並無太大區別。

與孔子、朱熹等人不同，王夫之在解釋「《詩》可以興」時把興與情緊扣在一起，他說：

> 詩之泳游以體情，可以興矣；……（《四書訓義》卷二十一）

「泳游」即「涵泳」。「涵泳」由朱熹等人提出，主要是指讀者通過深切體驗而把握作品意蘊的欣賞方法，其前提是作品應有生成意境的潛質。因而，「詩之泳游以體情」也是對作者提出的要求。王夫之說：

> 但從一切懷抱函攝處細密繚繞，此外一絲不犯。故曰「詩可以
> 興」，言其無不可興也，有所興則有所廢矣。
>
> （《明詩評選》卷四許繼《夜宿淨土寺》評語）

這段話的理論背景是賓主說，[註6] 要求詩人立主御賓，情為主，景為賓，在審美感興中寫眼前光景，只於心目相取處得景得句，也就是「取景從人取之，自然生動」（《古詩評選》卷六）。「懷抱」可謂審美心胸，要求詩人有博大寬廣的心胸、正直深厚的性情（性正情深）。王夫之說：「蓋詩之為教，相求於性情，固不當容淺人以耳目薦取。」（《古詩評選》卷四阮籍《詠懷》之《夜中不能寐》評語）詩教的宗旨是陶冶性情，這要求詩人富於性情並以巧妙的藝術審美方式表現性情。「但從一切懷抱函攝處細密繚繞」，可謂在審美感興中即景言情，因情寫景，遣興不雜，不枝不蔓。作者之意或隱或顯，讀者之感興意味無窮。

王夫之在詩歌評論中所討論的「興」，已深入藝術審美領域，淡化了其中的政教色彩。儘管那種色彩不因作品審美價值的提高而消失。事實上，無論哪個時代，只要承認詩教及其作用，就不能抹殺其中的政教色彩。因為除了美，真與善也有不可低估的價值，而且不能被美所掩蓋。我們不認同以往的政教或道德觀念，不等於狹隘地將其排斥在藝術審美之外。

第二節　詩可以觀

據何晏《論語集解》引東漢鄭玄注，觀指的是「觀風俗之盛衰」。朱熹《論語集注》把觀解釋為「考見得失」。把這兩種觀點合起來說就是：通過學《詩》可以觀察一個國家風俗的盛衰和政治的得失。班固的看法可以為證：「古有采

〔註6〕 參見拙著：《王夫之詩學範疇論》第三章《賓主說》，中國社會科學出版社，
　　　　2006年。

詩之官，王者所以觀風俗，知得失，自考證。」(《漢書‧藝文志》)《毛詩序》
說：一國之事繫一人之本，謂之風；言天下之事，形四方之風，謂之雅。孔
穎達《毛詩正義》疏曰：一國之政事善惡，皆繫屬於一人之本意，如此而作
詩者，謂之風；言道天下之政事，發見四方之風俗，如是而作詩者，謂之雅。

　　後人對漢儒的記載常持懷疑態度，但不能否認的是：西周時期，王室有
釆詩、獻詩、誦詩的制度，一些君王較自覺地以聲詩參時政。至於春秋，王
室衰微，「禮樂征伐，自諸侯出」(《論語‧季氏》)，諸侯大夫賦詩喻志之風日
盛，正如劉勰所說：「自王澤殄竭，風人輟采；春秋觀志，諷誦舊章，酬酢以
爲賓榮，吐納而成身文。」(《文心雕龍‧明詩》)孔子處在賦詩喻志之風日盛
的時代，因而有論者說，孔子提出的詩「可以觀」，是對當時賦詩喻志和觀志
這一社會交際活動的理論概括。這種觀點自然不錯，但「觀志」與「觀風俗
之盛衰」和「考見得失」並行不悖。班固有言：「古者，諸侯卿大夫交接鄰國，
以微言相感；當揖讓之時，必稱詩以喻其志。蓋以別賢不肖而觀盛衰焉。」(《漢
書‧藝文志》) 可見，通過別人賦詩、引詩或用詩，既可以觀志，也可以在知
人論世的過程中觀風俗之盛衰。學詩亦然。這大概符合孔子所謂詩「可以觀」
的本意。

　　王夫之從作者和作品的角度對詩爲何可以觀作了說明：

> 設身處地而觀於善敗得失之大，乃通天下之理而達古今之情，
> 然後可以爲《詩》。(《四書訓義》卷三十六)

> 褒刺以立義，可以觀矣；……(《四書訓義》卷二十一)

> 凡《詩》之教，即凡天下之在人、在物、在情、在感者，皆以
> 因其固然，而反之於實，則極乎流連淫泆之思，類以動人眞心之不
> 容已者，而非但侈容觀之美以失其純白也。三百篇之中，無往而不
> 遇之矣。(《四書訓義》卷七)

正像亞里士多德所說的那樣，詩比歷史更有哲學意味。眞正的詩人不是客觀的
社會歷史事件的記錄者，也未必親歷多少重大事件，但卻能對種種是非成敗加
以設身處地的觀照，能「通天下之理而達古今之情」，也就是通古今之變或通古
今而觀之。基於對天地間的人情物理的深刻體驗，詩人的作品有「因其固然」、
「反之於實」的特質，而不局限於「容觀之美」，其中「褒刺以立義」的豐富內
涵，一般不會使讀者一目了然，這就要求讀者「以我求古人之心」、「設身於古
人之所處」、「求其所以然之故」、「體其何以能然之實」。因而，王夫之說：

> 得其推見至隱之深則「可以觀」，……（《四書箋解》卷四）

> 夫子曰：夫人之誦習藝文，將欲何爲者也？豈徒侈博記之功，而遂自命爲學也哉？以《詩》言之，欲咏歎之，由繹之，誠不容已於誦也。……則三百之中，於《風》而得十五國治亂之原，於《雅》而得朝廷治教得失之故，於《頌》而得先王先公功德之實。

> （《四書訓義》卷十七）

可見，詩「可以觀」，不在於博記詩文及其中所涉及的人物事件，而在於通過涵泳玩索，自得於古今社會治亂得失之「原」、「故」、「實」，「得其推見至隱之深」。歷代詩人的作品，常有因受社會政治等問題的影響而不得不隱的情形。更主要的是，在劉勰前後，隱秀已成爲詩人較自覺的藝術追求。王夫之所說的「文外隱而文內自顯」，體現出詩歌創作自身的發展規律。所以，在作者「褒刺以立義」，賦予作品以「至隱之深」的意蘊的前提下，詩「可以觀」，有賴於讀者的涵泳玩索。

王夫之對詩「可以觀」的解釋與前人不同。他不僅解釋什麼是觀，而且闡明作品何以值得觀、讀者怎樣觀的問題。因而，他對詩人和讀者都提出了較高要求，即：詩人應以設身處地的方式把握古今勝敗得失，通天下之理而達古今之情；讀者對詩中的人情事理既要知其然，也要知其所以然，以免流於膚淺。在品評詩歌時，王夫之時常著眼於詩「可以觀」。例如：

> 古今人頂戴此一笑不起，只在空處寫出。詩可以觀，豈不賴此。

> 阮籍呼漢高爲孺子，定非漫然，畏此閒中覷破耳。

> （《明詩評選》卷八劉基《採蓮歌》〔註7〕評語）

> 只此已生光怪。李、藍、汪、胡之死，於此可覘。故曰：可以觀。（《明詩評選》卷八高啓《早至闕下候朝》〔註8〕評語）

> 不可作詩史看，饒有興觀。

> （《明詩評選》卷八徐渭《邊詞》〔註9〕評語）

〔註7〕劉基《採蓮歌》：「採得紅蓮愛白蓮，雙橈快轉怕人先。爭知要緊翻成慢，菱葉中間絆卻船。」

〔註8〕高啓《早至闕下候朝》：「月明立傍御溝橋，半啓宮門未放朝。騶吏忽傳丞相至，火城如畫曉寒銷。」

〔註9〕徐渭《邊詞》（五首之一）：「十八盤山北去賒，順川流水落南涯。眞憑一堵邊墻土，劃斷乾坤作兩家。」

劉基（1311～1375）和高啓（1336～1374）都是由元入明的詩人，在明初都曾被朝廷委以重任，各有顯赫經歷和不幸遭遇，死得都很悲慘。在不知其生平事跡，不瞭解相關詩作的具體背景、原旨的情況下，讀者即便可以觀，也難以像王夫之那樣「得其推見至隱之深」，好在盡可各以其情而自得。王夫之熟悉明代的人與事，在鑒賞明詩時，相對來說有知人論世的便利條件。上面提到的徐渭《邊詞》，既然「不可作詩史看」，讀者似乎更有審美觀照的餘地。

第三節　詩可以群

據何晏《論語集解》引孔安國注，群是指「群居相切磋」。一些論者據此認爲：群，指詩歌可使人們藉以交流思想，互相啓發，互相砥礪，促進感情融洽，起到協和群體的作用。〔註10〕孔安國大概只說對了一半，即只說明「群」是怎樣的，未說明「群」不應該是怎樣的。因爲孔子雖未正面解釋「群」是何意，但曾指出與眞正的「群」相反的狀態是什麼。《論語‧衛靈公》有言：

　　　子曰：「群居終日，言不及義，好行小慧，難矣哉！」

朱熹《論語集注》解釋說：言不及義，則放辟邪侈之心滋；好行小慧，則行險僥幸之機熟；難矣哉者，言其無以入德而將有患害也。顯然，這不是「群」所應有的狀態。在孔子那裡，「群」有君子、小人之別：

　　　子曰：「君子和而不同，小人同而不和。」（《論語‧子路》）

　　　子曰：「君子矜而不爭，群而不黨。」（《論語‧衛靈公》）

據朱熹《論語集注》，和者，無乖戾之心；同者，有阿比之意；莊以持己曰矜，然無乖戾之心，故不爭；和以處眾曰群，然無阿比之意，故不黨。可見，「群」意味著君子和以處眾、莊以持己，而無乖戾之心、阿比之意。

　　朱熹《論語集注》把孔子所謂《詩》「可以群」中的群字明確解釋爲「和而不流」，直接受《中庸》「君子和而不流」一語的啓發，大概又參照孔子「君子和而不同」、「群而不黨」等觀點，又採納孟子對「同乎流俗，合乎污世」、「閹然媚於世」的「鄉原」風氣所作的批判，依循和而不同、不同乎流俗這一思路，得出「和而不流」的結論。這一結論似比孔安國的詮釋更符合孔子的本意。

〔註10〕　參見郭紹虞主編：《中國歷代文論選》第 1 冊，上海古籍出版社，1979 年，第 20 頁。另見顧易生、蔣凡：《先秦兩漢文學批評史》，上海古籍出版社，1990 年，第 83 頁。

張載把《詩》可以群理解為「群而思無邪」。王夫之就此解釋說：群而貞。貞即正直、堅定、有節操、不失君子風度。此外，王夫之指出：

> 出其情以相示，可以群矣；……（《四書訓義》卷二十一）

> 得其溫柔正直之致則「可以群」，……（《四書箋解》卷四）

詩是以情動人的，無論是春秋時期的賦詩喻志，還是其他時期或場合的學詩、用詩，都以情感為紐帶。孔子、朱熹等人懂得詩的這一特性，卻未從這一角度解釋《詩》「可以群」。王夫之明解地把情感的陶冶和交流視為《詩》可以群的基礎，又把「得其溫柔正直之致」看作可以群的要義。如他在評詩時所說：可以群者，非狎笑也。這就顯示出，真正的可以群，不同於靠禮義等理性因素維繫的群體關係，也不同於受物欲或利益支配的群體關係。「得其溫柔正直之致」，符合《論語》所說的四海之內皆兄弟的理想，是溫柔敦厚的詩教的指歸。

第四節　詩可以怨

何晏《論語集解》引孔安國注：「怨謂刺上政。」邢昺疏：「有君政不善則風刺之。」孔、邢的注疏不錯，只是把「怨」的範圍理解得太窄。西周末年，君主昏聵，國勢沉落，怨聲載道，出現不少抨擊時政、諷刺君王的怨憤之作，如《毛詩序》所說：至於王道衰，禮義廢，政教失，國異政，家殊俗，而變風、變雅作矣。孔穎達《毛詩正義》認為：怨與刺皆自下怨上之辭，怨者，情所恚恨，刺者，責其愆咎，大同小異耳。實際上，當時詩歌裏怨、刺的對象不單是昏君和暴政，而是有著更為廣泛的社會內容。春秋時期的賦詩喻志之風也使怨、刺的對象變得更加豐富和複雜。

孔安國等人所說的「刺上政」在漢代是一種較流行的觀念。陸賈曾勸說漢高祖劉邦行仁義、法先聖，開啟重《詩》《書》、興文教的風氣。西漢置諫大夫，掌議論，屬光祿勳，無定員，東漢改稱諫議大夫。臣子諫諍及君王納諫、從諫常被視為美德。漢文帝劉恒、漢明帝劉莊、漢和帝劉肇等人的納諫事跡被載入史冊。政治上的諫諍風氣和《禮記·曲禮》所謂「為人臣之禮不顯諫」的信條，影響到經學和詩學領域，就促成了詩可以「刺上政」的觀念。《毛詩序》說：「上以風化下，下以風刺上，主文而譎諫，言之者無罪，聞之者足以戒，故曰風。」這段話常因濃重的政教意味而為後人所詬病。平心而

論，其字裏行間流露出較爲開明通達、健康向上的態度，其中或多或少蘊含著可貴的平等、民主精神。詩若眞能實現這種「風旨」，即便成了「工具」，也不失根本，因爲詩終究不以自身爲目的，詩及詩教原是不拘一格的。王夫之評江淹《效阮公詩》：「聞之者足悟，言之者無罪，此眞詩教也。唐以後詩亡，亡此而已。」（《古詩評選》卷五）所謂唐以後詩亡，不是說此後無詩，而是說像《毛詩序》所提倡的那種開明的社會政治風氣和健全的詩風幾乎不復存在。在苛政猛於虎的年代，詩人和詩極爲難堪。由此可見，「刺上政」的注解雖不夠全面，但很有價值。「言之者無罪，聞之者足以戒」的命題則至今仍具有政治和詩學等方面的多重意義。

孔子曾說，對父母的不當之處可加以微諫，「見志不從，又敬不違，勞而不怨」（《論語・里仁》）。在談到「微子去之，箕子爲之奴，比干諫而死」的事情時，他說：「殷有三仁焉。」〔註11〕（《論語・微子》）可見他對獨善其身和坦誠諫諍的做法都很敬佩。他未曾把《詩》與「刺上政」或諷諫聯繫起來加以討論。儘管如此，我們仍不妨把「刺上政」視爲《詩》「可以怨」的要義。在孔子那裡，「可以怨」的內涵遠不止於「刺上政」。黃宗羲《汪扶晨詩序》說：「怨亦不必專指上政。」這可以說是後人的共識。

朱熹《論語集注》把「怨」解釋爲「怨而不怒」。他可能從荀子那裡直接受到啓發。《荀子・大略篇》說：「爲人臣下者，有諫而無訕，有亡而無疾，有怨而無怒。」朱熹指出：

> 古人一篇詩，必有一篇意思，且要理會得這個。如《柏舟》之詩，只說到「靜言思之，不能奮飛」；《綠衣》之詩說「我思古人，實獲我心」，此可謂「止乎禮義」。所謂「可以怨」，便是「喜怒哀樂發而皆中節」處。（《朱子語類》卷八十）

> 讀《詩》者須當諷味，看他詩人之意是在甚處。如《柏舟》，〔註12〕

〔註11〕朱熹《論語集注》云：「微、箕，二國名。子，爵也。微子，紂庶兄。箕子、比干，紂諸父。微子見紂無道，去之以存宗祀。箕子、比干皆諫，紂殺比干，囚箕子以爲奴，箕子因佯狂而受辱。三人之行不同，而同出於至誠惻怛之意，……楊氏曰：『此三人者，各得其本心，故同謂之仁。』」

〔註12〕不知是朱熹的口誤還是弟子記錄時的筆誤，此處《柏舟》應爲《綠衣》，其下所引的「靜言思之，不能奮飛」則是《柏舟》中的詩句。誤把兩首詩中的句子歸結到一首詩的名下了。毛詩《小序》說：「《綠衣》，衛莊姜傷己也，妾上僭，夫人失位而作是詩。」朱熹採納了這種觀點。

> 婦人不得於其夫，宜其怨之深矣。而其言曰：「我思古人，實獲我心。」
> 又曰：「靜言思之，不能奮飛。」其詞氣忠厚惻怛，怨而不過如此，
> 所謂「止乎禮義」而中喜怒哀樂之節者。……臣之不得於其君，子之
> 不得於其父，弟之不得於其兄，朋友之不相信，處之皆當以此方法。
>
> （《朱子語類》卷八十一）

這兩段話的意思幾乎是一樣的。從中可以看出，怨而不怒即「止乎禮義」。
《毛詩序》說「變風發乎情，止乎禮義」，意指詩人在時世艱難、人心不古
的境遇中，抒發哀怨之情，仍然不失其本心而能止乎禮義。朱熹接受了這
種觀點並將其作為品評怨情詩的重要尺度。怨而不怒也指詩人在抒發怨情
時能夠做到無過無不及，即「中節」。《中庸》裏有一段被宋明儒者津津樂
道的名言：

> 喜怒哀樂之未發，謂之中；發而皆中節，謂之和。中也者，天
> 下之大本也；和也者，天下之達道也。

朱熹《中庸章句》解釋說：「喜、怒、哀、樂，情也。其未發，則性也，無所
偏倚，故謂之中。發皆中節，情之正也，無所乖戾，故謂之和。」中節意味
著恰如其分或恰到好處，這種中和（中庸）原則符合孔子的思想。孔子說：「中
庸之為德也，其至矣乎！民鮮久矣。」（《論語·雍也》）基於此，孔子對《關
雎》作出「樂而不淫，哀而不傷」的高度評價。這種觀點未必是孔子的獨創。
據《左傳》記載，吳公子季札在觀樂時曾用過「樂而不淫」、「怨而不言」、「哀
而不愁」等評語。孔子承傳了以往的中和原則及相應的審美標準。從季札、
孔子，到《中庸》、《毛詩序》、朱熹等，中和原則形成源遠流長的詩學傳統。
因而，朱熹把「怨」解釋為「怨而不怒」，不單是在宋儒偏愛《中庸》的語境
中得出的結論，而實在是應和著古老的體現中國藝術精神的傳統。

　　毫不誇張地說，「怨而不怒」的解釋幾乎與孔子的本意完全一致。怨而不
怒，不是要壓抑或取消憤怒之情，而是講究抒情的中節之度。它雖然在很大
程度上是出於政治、倫理的考慮，卻有不可低估的生理學、心理學、美學等
方面的意義。它與「發憤著書」、「不平則鳴」的傳統不僅不矛盾，而且是可
以相得益彰的，因為後者在情思的抒發或藝術表現方式上總會涉及到尺度問
題。俗話說過猶不及，從古至今，失去節制的怨憤之作在情思和藝術表現的
效果上常常適得其反。

　　王夫之不曾對孔安國所說的「刺上政」直接加以評價，但他對詩「可以

怨」及「刺上政」持認同態度。〔註13〕孔子曾說:「以直報怨,以德報德。」
(《論語‧憲問》)《禮記‧表記》有言:「子曰:『以德報德,則民有所勸。以
怨報怨,則民有所懲。」王夫之解釋說:

> 此一節孔子之言。「以怨報怨」,如其怨而報之,即所謂直也。
> 君子之於怨,審其可怨不可怨而已矣。義之所得怨者而矯情以忘之,
> 斯匿怨之所以可恥也。(《禮記章句》卷三十二)

這段話說得很明確。並非所有的怨都合乎情理或時宜。君子不是不怨,而是
要看「可怨不可怨」,在義不容辭的情況下,以「矯情」和「匿怨」為可恥。
這與他在別的論著中所說的不應「匿情」是一致的。此外,他指出:

> 上不知下,下怨其上;下不知上,上怒其下。怒以報怨,怨以
> 益怒,始於不相知,而上下之交絕矣。夫詩以言情也,胥天下之情
> 於怨怒之中,而流不可反矣,奚其情哉!(《詩廣傳》卷一)

詩以言情,可使上下相知、相通,在釋放、泄導或疏通人情的過程中,聞之
者足以戒,原有的怨怒趨於平和。因而,他對怨情詩或諷刺詩基本上不抱什
麼偏見。〔註14〕他認為《詩》之教旨在導人於清貞而去其頑鄙,因而反對「恤
妻子之飢寒,悲居食之儉陋,憤交遊之炎涼,呼天責鬼」之類的詩。他特別
讚賞那種情深意遠、含蓄委婉的諷刺詩,常以「諷刺入微」、「深於諷刺,習
讀者不知」、「工於攝括,自有閒力,不廢諷刺」、「本色好詩,含諷尤曲」、「長
吉於諷刺直以聲情動今古」等詞語評詩。從這些評語的關鍵詞如微、深、曲、

〔註13〕 王夫之對以詩「刺上政」雖持認同態度,但卻是審慎的,不無矛盾困惑的。「刺
　　　 上政」的問題在學理上易於把握,在歷史上的實踐中卻很複雜,使古人和今
　　　 人都難以一概而論。

〔註14〕 孫立認為:王夫之忌諱譏刺現實的作品,源於根深蒂固的君權不可易、君臣
　　　 如父子的觀念,他反對人們之間的怨恨,貶斥怨詩,這體現出其思想中濃厚
　　　 的封建意識。參見孫立:《明末清初詩論研究》,廣東高等教育出版社,1999
　　　 年,第 224 頁。
　　　 張兵認為:王夫之儘管在理論上承認詩可以怨,卻在思想深處對諷刺詩和怨
　　　 詩深惡痛絕,以為怨詩不但不能調和矛盾,只能激化矛盾,釀成社會動亂,
　　　 所以「怨」不能隨便用;提倡「怨」而又節「怨」,在體現了王夫之興觀群怨
　　　 說的矛盾性與保守性的同時,也折射出儒家傳統詩論之流弊。參見張兵:《王
　　　 夫之興、觀、群、怨說再評價》,原載《西北師範大學學報》,1994 年第 5 期。
　　　 陶水平認為:王夫之囿於「忠孝」等倫理觀念排斥歷代的一些在他看來多少
　　　 有些越軌的怨刺詩,因而使其「興觀群怨」說仍未逸出傳統儒家的「溫柔敦
　　　 厚」詩教的軌道。參見陶水平:《船山詩學研究》,中國社會科學出版社,2001
　　　 年,第 72 頁。

聲情等可以看出，他主要是基於藝術審美的角度對諷刺詩作出評價的。可以說，在王夫之的心目中，優秀的諷刺詩不應局限於私人的恩怨或政治上的實用目的，而應在勸善懲惡的同時，具有聲情動人的藝術魅力，讀者即便不知其中的隱微之意也無妨。

對於《詩》「可以怨」，張載《正蒙》說「怨而止禮義」。王夫之把張載的這句話注解為「怨而節」。朱熹則在「止乎禮義」的層面上採納了張載的觀點。節即中節、中和，與止乎禮義相通。王夫之說：

> 怨誹而不傷，忠臣之極致也。(《楚辭通釋》卷四)

> 《詩》(按：此指《關雎》) 之文辭與歌之音節，皆得哀樂之和。
> (《四書箋解》卷三)

> 此與鄭雲叟《山居三首》幽細有度，庶幾哀而不傷，怨而不怒者矣。表聖忠孝情深，尤為韶令。
> (《唐詩評選》卷三司空圖《下方》評語)

這幾段話中的「怨誹而不傷」、「得哀樂之和」、「幽細有度」、「哀而不傷」等詞語表明王夫之幾乎完全接受了儒家傳統的「中和」的審美觀，並將其視為重要的批評標準。實際上，這種審美觀早已與道家傳統的藝術精神融匯在一起，令人難以嚴格區分。王夫之所說的「忠臣之極致」、「忠孝情深」表明他秉承著儒家最基本的倫理觀念並將其視為詩人及詩中的性情之正。當代學者對此時有非議。有人在對儒家傳統的忠孝觀念持批判態度的同時，又把古代的忠臣孝子等方面的事跡或故事奉為美談；有人一方面說王夫之固守著落後的政教觀念，另一方面又說他在推崇藝術審美時有唯美主義傾向。〔註 15〕矛盾何在？後人似乎樂於把矛盾推到前人身上。誰能說王夫之的思想中沒有內在矛盾呢？但若對其「矛盾」加以剖析，則又與王夫之的信條不符，因為在他看來，天下沒有截然分析而相對待者。較為通達而又有些籠統的說法是：王夫之詩學是儒家政教詩學與審美詩學的匯流。這在學界已成定論。前面引文中王夫之所說的「怨而不怒」，就是直接沿用了朱熹等人的說法。此乃王夫之與朱熹等人相同的一面。

〔註15〕王夫之的詩學比其哲學更具有通變、整合的特徵，不執一端，不標舉一家之說。不宜用某某「主義」對其加以界定。馮友蘭說過，對一個哲學家，僅僅說他是什麼「主義者」、什麼「論者」，所造成對他的誤解，會比對他增添的瞭解還更多。參見馮友蘭《中國哲學簡史》，新世界出版社，2004年，第349頁。

王夫之在直接解釋孔子的《詩》「可以怨」時說：

> 含其情而不盡於言，可以怨矣。（《四書訓義》卷二十一）

> 得其悱惻纏綿之情則「可以怨」（《四書箋解》卷四）

這兩段話的關鍵詞是情，切合詩的特質，不外乎詩教的宗旨，又沖淡了原典及歷代詮釋中的政治教化的意味。前一段話從作者、作品的角度立論，後一段話是就讀者接受而言的。這與孔子原典的本意有較大差別，是在盡可能準確地把握原典本意的基礎上，對其中可能有或應該有的蘊涵的闡發，是「究天人之際，通古今之變」的通儒的做法，體現出與朱熹等人不同的一面。在這個問題上，王夫之有相當自覺的觀念。他說：

> 蓋聖賢之微言大義，曲暢旁通，雖立言本有定指，而學者躬行
> 心得，各有契合，要以取益於身心，非如訓詁家拘文之小辨。讀者
> 就其異而察其同，斯得之矣。（《張子正蒙注》卷五）

原典本有定指，而學者各以其躬行心得而有所契合。這與王夫之在《詩譯》中提出的著名命題「作者用一致之思，讀者各以其情而自得」相印證。前者宜於讀書治學，後者宜於詩及文藝欣賞。

對「含其情而不盡於言」，若用嚴羽所說的「言有盡而意無窮」來加以參照，則大抵不錯，但未免有些寬泛。王夫之的一些詩評具體地表述了相關見解：

> 不待歷數往事而後興懷，故曰可以怨。
> （《明詩評選》卷二貝瓊《鳳凰山歌》評語）

> 不待詳言所以怨，而怨自深矣。（《楚辭通釋》卷八）

> 寬於用意，則尺幅萬里矣！誰能吟此而不悲？故曰：「可以怨」。
> （《唐詩評選》卷四杜甫《九日藍田宴崔氏莊》評語）

抒情詩通常借景抒情，又受篇幅等方面的限制，一般不直言哀怨，不宜「歷數往事」或「詳言所以怨」。而且，詩人的哀怨越是深切，就越是難以言傳，彷彿千言萬語也難以說清，可謂「而今盡識愁滋味，欲說還休」。於是優秀的詩人通常寬於用意，即景含情，不用言辭把哀怨具體說盡。作者的哀怨通過寫景狀物得以寄託，作品「尺幅萬里」的藝術空間也使讀者「得其纏綿悱惻之情」。例如李煜的一些後期作品原是抒發亡國之哀愁，作者藏情於景、寬於用意，讀者雖無作者的經歷和哀愁，但盡可各以其情而自得。王夫之所說的「含其情而不盡於言，可以怨矣」大概就是這個意思。

從古至今，「怨」在生活、文藝、學術等領域一直是個敏感、複雜而又頗有爭議的問題。也許正是考慮到這一點，王夫之對「怨」所作的探討遠多於「觀」和「群」。他的探討散見於諸多詩學、哲學論著中，缺乏統一的或系統性的表述，使後人對他的基本觀點和價值取向難以有全面、準確的把握，誤解因而難免。有人說他重「興」「群」而輕「觀」「怨」，這種看法似有未安。

王夫之不希望人們對怨情一概而論，主張通過以意逆志、知人論世等途徑體會詩人的用心，大致領略詩人怨什麼、何以怨、怎樣怨，然後再作價值判斷。他不贊成人們「見古今之暴君污吏，怒之怨之，長言而詆誹之」。從表面上看，這是反對「刺上政」，其實不然。他的主要理由是：「有志者，其量亦遠。伊尹當夏桀之世而樂，何屑與之爭得失乎！」（《俟解》）這個理由不乏依據。《易》稱天地閉，賢人隱。孔子推崇微子「見紂無道，去之以存宗祀」的做法。莊子在亂世中全生、避禍之餘，嚮往自由、至樂的境界。孔穎達說在政盡紛亂的年代「雖有智者，無復譏刺」，「陳靈公淫亂之後，其惡不復可言，故變風息也」（《毛詩正義》）。在暴君污吏的惡行無可遏止的情況下，以詩「刺上政」可能毫無意義，也可能使作者招致禍患。與此相應，王夫之說：「可以怨者，非詛咒也。……鄙躁者非笑不歡、非哭不戚耳。」（《古詩評選》卷一）人們在生活中對惡人的詛咒無可厚非。但在詩歌創作中，日常情感面臨著如何轉化為意味深長的審美情感的問題。王夫之特別關注「怨」的藝術表現方式，反對呼天搶地或「非哭不戚」般的直露，推崇「含怨微甚」的含蓄、微妙之作，認為「絕不似怨，乃可以怨」。這似乎有矯枉過正之嫌。但「絕不似怨，乃可以怨」之類的命題在王夫之那裡有深厚的理論背景，隸屬於「全不及情而情自無限」、「全不用意，字字是意」、「不言理而理自至」、「景中藏情」等美學原則，隱含著王夫之在中和、渾成、含蓄、即景會心、情景妙合、藝術辯證法等方面的思想精華。

第五節　隨所「以」而皆「可」

前面說過，在孔子那裡，興觀群怨是就讀者學詩、用詩而言的。而在王夫之那裡，興觀群怨是貫穿於包括作者、作品、讀者等環節在內的詩歌審美活動過程之中的。不少學者從讀者接受的角度解釋王夫之的興觀群怨說，〔註

〔註16〕郭紹虞在比較黃宗羲和王夫之對興觀群怨所作闡釋的區別時說：梨洲所講的是作詩者之興觀群怨，而船山所講的乃是讀者之興觀群怨；梨洲所言處處

16）這當然不錯，但卻有片面之嫌。王夫之曾提出「隨所『以』而皆『可』」的命題，這看上去是完全著眼於讀者接受的，其實也不盡然。他說：

> 經生家析《鹿鳴》、《嘉魚》爲群，《柏舟》、《小弁》爲怨，小人
> 一往之喜怒耳，何足以言詩？「可以」云者，隨所「以」而皆「可」
> 也。《詩三百篇》而下，唯《十九首》能然。李、杜亦彷彿遇之，然
> 其能俾人隨觸而皆可，亦不數數也。又下或一可焉，或無一可者。
> （《薑齋詩話・夕堂永日緒論內編》）

這段話是側重從作品的角度立論的，著眼於作品意蘊的豐富性或審美意象的多義性，抨擊經生或經學家以狹隘、片面的眼光解詩的做法，指出詩歌佳作具有使讀者「隨觸而皆可」的意義生成的無限可能性。王夫之以《詩經》、《古詩十九首》等作品爲理想範本，認爲這類佳作是讀者在鑒賞過程中隨所「以」而皆「可」的必要前提。他的命題無疑是深刻的，足以令人欣然接受。他心目中的理想範本卻未免太少，難道他的《古詩評選》等詩歌選本都是降低標準（退而求其次）的產物嗎？如果歷代詩歌中的絕大多數作品都缺乏使人「隨觸而皆可」的潛能，那對詩人和讀者來說，都是不幸。事實上，從他的詩歌選本的諸多評語看，有不少作品符合他的理想標準。常有這樣的情形，他在提出自己的理論觀點時，對一些詩人及其作品加以主觀的評價。後人接受他的理論觀點，卻不同意他的某些失之偏頗的主觀評價。

關於隨所「以」而皆「可」，王夫之有較多的論述。例如：

> 「可以」云者，隨所「以」而皆「可」也。於所興而可觀，其
> 興也深；於所觀而可興，其觀也審。以其群者而怨，怨愈不忘；以
> 其怨者而群，群乃益摯。出於四情之外，以生起四情；游於四情之
> 中，情無所窒。作者用一致之思，讀者各以其情而自得。……人情
> 之游也無涯，而各以其情遇，斯所貴於有詩。（《薑齋詩話・詩譯》）

在指示人如何作詩，如何學詩，所以要說明什麼是詩，船山所言則處處在指示人如何讀詩，如何去領悟詩，所以只說明詩是怎樣？參見郭紹虞：《中國文學批評史》下卷，百花文藝出版社，1999 年，第 461 頁。

張兵提出新的看法：王夫之將孔子的興觀群怨說的重點從「興觀群怨」本身轉移到「可以」二字上來，這貌似細微的轉移，正好體現了王夫之詩論的獨特與超人之處，也使他的興觀群怨說從表面看是在教讀者如何讀詩，而骨子裏卻是教作者如何寫詩。參見張兵：《王夫之興、觀、群、怨說再評價》，原載《西北師範大學學報》，1994 年第 5 期。

「可以」者，可以此而又可以彼也，不當分貼《詩》篇。

（《四書箋解》卷四）

小子學之，其可興者即其可觀，勸善之中而是非著；可群者即其可怨，得之樂則失之哀，失之哀則得之愈樂。……可以興觀者可以群怨，哀樂之外無是非；……「可以」者，無不可焉，隨所以而皆可焉。古之爲《詩》者，原立於博通四達之途，以一性一情周人倫物理之變而得其妙，是故學焉而所益者無涯也。

（《四書訓義》卷二十一）

……方其群而不忘夫怨，而其怨也旁寓而不觸，則方怨而固不失其群，於是其群也深植而不昧。夫怨而可以群，群而可以怨，唯三代之詩人爲能，無他，君子辭焉耳。（《詩廣傳》卷四）

《詩譯》和《詩廣傳》〔註 17〕都是圍繞《詩經》展開論述的，有很高的詩學價值。所以，我們通常將其視爲詩學著作。而從《詩經》作爲儒家經典及王夫之尊崇《詩經》的角度看，《詩譯》和《詩廣傳》原是經學著作。可以說，以上引文出自四種經學著作。王夫之在年少時作爲經生，研讀儒家經典，學養很深，後來遍注群經，成爲傑出的經學家。而在談論《詩經》的時候，經生或經學家成了他挖苦、抨擊的對象。這表明他在《詩經》這個領域已達到了入乎其內、出乎其外的境界。從他對隨所「以」而皆「可」這一命題的反覆強調，可以看出，詩在他的心目中是意義開放的結構，他賦予讀者鑒賞以極大的自由。這在他的思想中是根深蒂固的信念。他的思想鋒芒因而極爲銳利、鮮明。由於不少經生、塾師和經學家見識淺陋、因循守舊，科舉考試也常束縛人們的思想，在宋明時期，學界對孔子興觀群怨說的詮釋仍未取得實質性的突破，因而與明代日漸興起的側重從藝術審美角度解讀《詩經》的思潮相牴觸。王夫之在這個領域的獨創之處在於：既不拘泥於孔子的原典，又突破了經學的樊籬。以上引文雖集中在一個話題上，卻有多方面的詩學意義。我們在此只談兩點。

其一，四情及其相互關係。在中國古代，人們一般以喜怒哀樂泛指情的

────────────

〔註17〕《詩廣傳》是王夫之讀《詩經》時寫下的一些雜感性文字，對《詩經》各篇加以引申發揮，包含著哲學、歷史、政治、倫理和詩學等方面的觀點。已有不少學者從詩學角度對其加以探討，如袁愈宗寫出博士論文《〈詩廣傳〉詩學思想研究》（山東師範大學，2006 年）。

各種類型，王夫之也常在這個意義上使用「情」的概念。當他把興觀群怨視爲四情，大概是強調詩歌的各種要素和功能都集中體現在情上，都是審美情感活動的緣由和產物。興，兼容各種情感類型和傾向。怨是一種情感態度。觀和群原本不是情感，但卻在詩歌情感活動中生發出來，始終與情感相因應，呈現爲感性直觀和審美體驗的狀態，而非理性認識的狀態。詩以道情，詩以情動人，王夫之把詩的這種本質特性奉爲圭臬，從情的角度把興觀群怨貫通起來，以辯證的眼光看待四情之間的關係，也就是在肯定興具有感發、統攝的支配作用的同時，明確強調四情之間相輔相成或相得益彰的關係，充分認定四情通過讀者的鑒賞而生成並可以相互轉化。與以往的詩學觀念相比，這起碼是前進了一大步。如他有感於唐代以後詩壇怨而不能群、群而難以怨的局面，重申「怨而可以群，群而可以怨」的宗旨，體現出比鍾嶸《詩品序》所說的「嘉會寄詩以親，離群託詩以怨」更通達的視野。王夫之在這方面所作的理論貢獻，早已得到當代學者的高度評價。如姚文放指出，與儒家傳統的文藝功用觀所不同的是，王夫之較少張揚道德教化和政治功用，更多地強調情感陶冶、直覺把握的意義，突出了詩歌「體情」、「含情」、「搖蕩性情」的作用，把情感陶冶過程與「興觀群怨」結合起來。〔註18〕

　　其二，隨所「以」而皆「可」。在這個命題中，「以」有「從」、「於」之義。就讀者的涵泳玩索而言，讀者從個人的視角和情懷出發，於其所切合處獲得審美享受，也就是各以其情遇，隨所觸而皆可，哀樂之外無是非。前面說過，王夫之賦予讀者以極大的自由，可謂無以復加。「哀樂之外無是非」這句話，在今天聽起來都令人覺得開朗、達觀、爽快。常有學者把王夫之的讀者理論與西方的接受美學、哲學釋義學等聯繫起來。如宇文所安認爲：在王夫之看來，一首詩所具有的「興觀群怨」之情發生在閱讀之中，它不是等待讀者去發現的原有特性，而是原有特性與讀者所在情境的關係，這個立場與加達默爾的立場何其相似，在《眞理與方法》中加達默爾認同讀者的「偏見」，拒絕施萊爾馬赫試圖恢覆文本的原有意圖的解釋學目標。〔註19〕蕭馳指出，興觀群怨之於王夫之，不僅是讀者的「四情」，且是作者的「四情」，王夫之

〔註18〕參見姚文放：《論王夫之的詩歌美學》，原載《揚州師範學院學報》，1987年第3期。

〔註19〕參見宇文所安：《中國文論：英譯與評論》，上海社會科學院出版社，2003年，第506頁。作者在把王夫之與加達默爾相類比的同時，意識到王夫之《詩譯》中關於興觀群怨的那段話可作爲判斷詩人、時代和批評家的標準。

不僅要求讀者「隨所『以』而皆『可』」，也要求詩人以其作品「能俾人隨觸而皆可」；儘管王夫之強調讀者作爲詮釋的主體，「興觀群怨」卻已同時成爲評估詩歌思想藝術價值的理論術語，這是以往僅以讀者反應理論解釋王夫之這一觀念的學者未暇看到或不願看到的事實，它也說明只以王夫之類比加達默爾是一種片面認識。〔註 20〕在王夫之那裡，詩的宗旨是陶冶性情、動人興觀群怨，興觀群怨的要義是讀者隨所「以」而皆「可」，讀者處於詩歌鑒賞活動的主體地位。基於此，人們在探討王夫之的興觀群怨說時大多著眼於鑒賞接受論或將其與西方的相關學說加以比較，取得不少成果。詩以道性情，詩人是創作活動的主體，王夫之從這個角度賦予興觀群怨以詩歌創作的豐富意義，使得興觀群怨說的著眼點既在於讀者，也在於作者。隨所「以」而皆「可」這一命題實際上兼指讀者和作者兩方面而言，王夫之對這兩方面幾乎同樣重視。一些學者早已意識到興觀群怨說的這種獨特性。

讀者的鑒賞自由是沒有止境的，但卻不是無條件的。讀者應該有所自得，即進入自得之境。從這個角度看，隨所「以」而皆「可」，就是讀者「各以其情而自得」。自得是在讀者與作品之間的交通和合中生成的，讀者熟繹上下文，涵泳以求作者的「一致之思」，在把握作者的用心和作品的意蘊的過程中，興發感動，展開豐富的聯想和想像，從而有所領悟，即有獨特的心得體會。宋代梅堯臣曾說：作者得於心，覽者會以意。讀者的自得與作者的用心常在合與不合之間。讀者不必刻意揣摩作者的用心，只要在欣賞過程中有所觸動感發，就無所不可，正如晚清譚獻所說：作者之用心未必然，而讀者之用心何必不然。因而，隨所「以」而皆「可」，也就是自得即可。

含蓄蘊藉的作品，是讀者隨所「以」而皆「可」的前提。王夫之評徐渭《漫曲》〔註 21〕：「意外意中，人各遇之，所謂眇眾慮而爲言也。」（《明詩評選》卷八）徐渭的這首詩可謂即景言情，含而不露，意伏象外，具有「人各遇之」的藝術效果。這有賴於詩人出色的藝術感受力和藝術表現力。在王夫之看來，古之爲《詩》者，原立於博通四達之途，以一性一情「周人倫物理之變而得其妙」。這是對《詩經》作者的高度評價，也間接地提出了衡量作品

〔註 20〕 參見蕭馳：《抒情傳統與中國思想——王夫之詩學發微》，上海古籍出版社，2003 年，第 143、144 頁。

〔註 21〕 徐渭《漫曲》：「聞道張家燕子樓，青羅小帽急梳頭。花枝誰肯先春老，無奈風吹雨打愁。」

優劣的尺度。據此可以說，讀者隨所「以」而皆「可」的前提是：詩人有博通四達的審美心胸，其作品妙在人情物理上。

第六節　攝興觀群怨於一爐錘

王夫之基於詩教的宗旨和對讀者「各以其情而自得」的考慮，對詩歌創作提出了最高要求和終極理想，即：攝興觀群怨於一爐錘。他認爲杜甫的《野望》是絕佳寫景詩，「只咏得現量分明，則以之怡神，以之寄怨，無所不可。方是攝興觀群怨於一爐錘，爲風雅之合調」（《唐詩評選》卷三）。現量與興會和即景會心基本上是一個意思。只咏得現量分明，是指作者在直接的審美感興中從容涵泳，融情於景。風雅之合調，意味著作品既委婉動人，又有正言得失的隱喻。這種能使讀者隨所觸而皆可的作品堪稱「攝興觀群怨於一爐錘」，審美感興是其得以產生的必要條件。

詩人抒寫纏綿悱惻之情，作品情深意長，可謂充實，又因其融情於景、意伏象外而使作品顯得超曠空靈。王夫之說：

> 《十九首》該情一切，群、怨俱宜，詩教良然，不以言著。入興易韻，不法之法。
>
> （《古詩評選》卷四《古詩十九首》之《行行重行行》評語）

> 唯此宵宵搖搖之中，有一切眞情在內，可興，可觀，可群，可怨，是以有取於詩。然因此而詩，則又往往緣景，緣事，緣已往，緣未來，終年苦吟而不能自道。以追光躡景之筆，寫通天盡人之懷，是詩家正法眼藏。〔註22〕
>
> （《古詩評選》卷四阮籍《咏懷》之《開秋兆涼氣》評語）

所謂「該情一切」即「有一切眞情在內」，「該」是指包容、括盡。「不以言著」近於司空圖所說的「不著一字」，意即詩中沒有一字是直接言情的，同時又有景中藏情的藝術效應。這是含蓄蘊藉的極致，是一般的詩人難以達到的高境界。王夫之深知這種難度之所在。有時，詩人在主觀上爲使自己的作品可以興、觀、群、怨，就刻意增添作品的意蘊，恨不得把事情的來龍去脈都說出

〔註22〕宗白華指出：這段精深微妙的話，可使我們領悟「中國藝術意境之誕生」的終極根據；「以追光躡景之筆，寫通天盡人之懷」，這兩句話表出中國藝術的最後理想和最高成就；唐、宋人詩詞是這樣，宋、元人的繪畫也是這樣。參見宗白華：《藝境》，北京大學出版社，1987年，第162頁。

來，卻仍然擺脫不了「終年苦吟而不能自道」的窘境。而偉大的詩人卻能以追光躡景之筆，寫通天盡人之懷。所謂「窅窅搖搖」，用蕭馳的話說，意味著詩境的幽深迷茫、意義的撲朔迷離，這種境界的極致亦即王夫之偏愛的詩的音樂境界。〔註23〕窅窅，意為精妙、深遠之致；搖搖，有搖蕩性情、鼓舞人心之意。窅窅搖搖，近於鍾嶸《詩品序》所說的「氣之動物，物之感人，故搖蕩性情，形諸舞詠」，其本原是詩人的審美感興，其狀態和效果趨向聲情動人的音樂境界。

　　王夫之在晚年自撰的墓誌銘中有一句話：希張橫渠之正學而力不能企。他對張載的學問可謂推崇備至，他注意到其《正蒙‧樂器篇》雖旨在闡釋《詩》、《書》之義，卻在說《詩》之前先論《樂》，因而，他抱定了《樂》與《詩》相為體用的信念，認為孟子的美中不足之處在於說《詩》多而論《樂》少。他的詩學因以樂論詩而有鮮明特色，這種特色不完全是來自明代前後七子派以樂論詩的影響。他認為偉大的詩人能以吟魂罩定一時風物情理。吟魂，彰顯出詩人的音樂感和詩的音樂性，直接影響作品價值的高低。他說：「用事不用事，總以曲寫心靈，動人興觀群怨，卻使陋人無從支借。」（《薑齋詩話‧夕堂永日緒論內編》）古人有「文貴曲」、「紆餘委曲」的傳統觀念，曲指曲折、迂迴，紆餘是迂迴曲折的樣子。王夫之所說的「曲寫心靈」就是以委婉曲折的方式抒情，以曲感人心。這裡的「曲」，看似與音樂沒有多大關係。但我認為，委婉曲折的方式合乎音樂的節奏，通常富於樂感和韻味。實際上，在真正的詩人仰觀俯察、感物動心之際，吟魂、樂感或情調已應運而生。王夫之說：「元韻之機，兆在人心，流連泆宕，一出一入，均此情之哀樂，必永於言者也。」（《薑齋詩話‧詩譯》）在這段話中，「元」指本然、本原，「元韻」與天籟、天韻（本然之韻）相近，「永」即「詠」，意思是長言詠嘆或聲調抑揚地歌吟。詩歌「動人興觀群怨」的一大前提是曲寫心靈，在委婉曲折的吟詠中，詩人的樂魂、詩的韻律、天地萬物的節奏互相因應，妙合為一。

　　王夫之提出「詩無達志」的命題，進一步交待作品動人興觀群怨的緣由。他說：

〔註23〕蕭馳認為，「窅窅搖搖」之說可印證王夫之為其詩集所寫序言一類文字中「搖蕩聲情而驪括於興觀群怨」一語，它說明王夫之重視「興觀群怨」與「聲情」的關聯。參見蕭馳：《抒情傳統與中國思想──王夫之詩學發微》，上海古籍出版社，2003年，第145、146頁。

只平敍去，可以廣通諸情，故曰「詩無達志」。

（《唐詩評選》卷四楊巨源《長安春遊》評語）

爲獎爲激，都無達言，而相動自至。

（《古詩評選》卷二劉琨《答盧諶》之《虛滿伊何》評語）

全含一琴室在裏。詩本無達言，況短章乎？

（《古詩評選》卷三王融《移席琴室應司徒教》評語）

這幾段話中所說的「達」是指表明、通曉。「詩無達志」，意味著詩人的情志往往不是直接、明確地表露的，而是借比、興等藝術手段隱含在作品中的。在王夫之看來，重用興比，非但漢人遺旨，亦《三百篇》之流風也。詩人的情志本身就具有模糊性和難以言傳的特點，在作品中又由於即景含情、意伏象外等因素而增強了寬泛性和不確定性。詩「無達言」，是指詩人的用心或情意沒有通過語言明確地傳達出來，作品具有不道破一句或意在言外的特點。南宋詞人劉辰翁曾評點杜甫等人的詩作，他說：「凡大人（按：此指杜甫）語不拘一義，亦其通脫透活自然。觀詩各隨所得，或與此語本無義涉。」（《須溪集》卷六）他對讀者在鑒賞過程中可能產生與原作本無義涉的感受加以明確肯定。「觀詩各隨所得」的說法，對王夫之提出「作者用一致之思，讀者各以其情而自得」的命題可能有直接的啓發。借用劉辰翁的話說，詩無達言是指詩的語言「不拘一義」。詩無達志與詩無達言，雖然角度不同，但意思是差不多的，都指稱作品的含蓄蘊藉，說明作品何以具有被讀者靈活領會和理解的可能性。

有論者認爲，王夫之因強調詩無達志而全盤否定議論入詩。這種看法很有道理。但問題沒這麼簡單，也就是說，王夫之並未把議論完全排斥在詩的意象世界之外。如他評張載《招隱》：「議論入詩，自成背戾。蓋詩立風旨，以生議論，故說詩者於興、觀、群、怨而皆可，若先爲之論，則言未窮而意已先竭；在我已竭，而欲以生人之心，必不任矣。以鼓擊鼓，鼓不鳴；以桴擊桴，亦槁木之音而已。」（《古詩評選》卷四）風旨即比興之旨、委婉動人之旨，在這個前提下，作品巧妙、自然地生發議論，讀者隨所「以」而皆「可」。反之，若風旨未立，議論先行，則難以「生人之心」。也就是說，議論入詩，往往使作品帶有濃重的理性色彩，缺乏耐人尋味的詩情或言外之意，難以喚起讀者的審美感興。議論入詩的做法和風氣，早已被南宋嚴羽等人抨擊過。

王夫之不過是在接著講而已，他用「動人興觀群怨」的理想標準品評詩歌，〔註24〕自然會有種種不滿。被他指責過的詩、詩人、詩法、詩派、詩風等實在太多了，他的偏見也就難以避免。我們有時也難免把他的真知灼見視為偏見。詩無達志，人各遇之，偏見可以共存，在思想的長河中自然消長。

詩無達志意味著廣通諸情。何以至此呢？王夫之推崇「平」的藝術表現方式。他注意到鍾嶸言詩以平為貴，深知「平」在詩歌創作中具有非常重要的意義，於是以「平」論詩。他常用的相關詞語有平敘、平起、平情、平緩、平適、平夷、平好、平善、平雅、平靜、平妙、平遠、平淡等。僅在《明詩評選》中，他以「平」論詩就達40次左右。平，意味著詩人置心平易，語勢平和，從容涵泳，含而不露。換句話說，平是指詩人在寫景狀物、敘事言情時不動聲色，對自己的用心或情思既不刻意渲染也不故作掩飾。王夫之評貝瓊《晚眺》：「平平說去，乃使人不知其首尾。」（《明詩評選》卷四）又評袁象《遊仙》：

> 無端無委，如全匹成熟錦，首末一色。唯此，故令讀者可以其所感之端委為端委，而興觀群怨生焉。（《古詩評選》卷五）

詩若無端無委，使人不知其首尾，意義何在？〔註25〕參照王夫之的其他言論，可以說，抒情詩不同於敘事文學，沒必要詳盡地緣景、緣事、緣以往、緣未來，不講述一個完整的故事或情感歷程，不待歷數往事而後興懷；詩人以簡約、含蓄的筆調寫某個現量場景中的人、情、事，只於心目相取處得景得句，只從一切懷抱函攝處細密繚繞，此外一絲不犯，營造無字處皆其意，餘音繞梁般的藝術氛圍（境生於象外），引發讀者對作品不曾明示的端委、首尾的探尋，使讀者「可以其所感之端委為端委」，充分調動讀者在涵泳中進行再創造的主體性。「如全匹成熟錦，首末一色」的作品可謂渾然成章、不可句摘、超

〔註24〕 王夫之在三部詩歌評選著作中共選2492首（《古詩評選》821首，《唐詩評選》559首，《明詩評選》1112首）。歷代詩歌數量繁多，而他的著作篇幅有限，可想而知，他必須有一個用以衡量取捨的較高的總體標準，然後靈活地加以運用。

〔註25〕 蕭馳說，王夫之強調「無端無委」，「一絲不犯」，「無不可興」，強調「就空明中縱橫爛漫」，皆是彰顯詩人在創作時所賦予詩作意義的空靈、朦朧、歧義、不自覺和不確定，它相當於現代讀者反應理論的批評家伊瑟所說的「空白」或埃柯所說的「開放文本」。參見蕭馳：《抒情傳統與中國思想——王夫之詩學發微》，上海古籍出版社，2003年，第148頁。

曠空靈，通過讀者的鑒賞生成深遠廣大的意境。作者「攝興觀群怨於一爐錘」，讀者隨所觸而皆可，心胸日益廣遠而微至。

　　總的來說，王夫之著眼於「攝興觀群怨於一爐錘」的藝術理想，提出了「只咏得現量分明」、「該情一切」、「曲寫心靈」、「平平說出」、「詩無達志」、「以追光躡景之筆，寫通天盡人之懷」等富於創見的命題，兼顧作者和讀者的主體地位，探尋詩歌藝術的奧秘和理想得以實現的途徑。

　　王夫之用「情」把興、觀、群、怨貫通起來，用「興觀群怨」把詩人、作品、讀者貫通起來，用博古通今的眼光和心胸，把從孔子起發展演變著的興觀群怨說加以總結、調整、闡發，在有意無意之間創立了他本人的興觀群怨說。在孔子那個時代，中國詩方興未艾；在王夫之那個時代，中國詩已走過漫長的發展道路。孔子和王夫之的思想，具有傳承、通變的關聯；他們的興觀群怨說，集中體現出各自所處時代的思想成果和藝術精神。

第三章　從莊子的兩行說到王夫之
詩學中的雙行說

　　中國詩學中源遠流長的情景論，在明末清初的王夫之那裡達到集大成的理論總結的形態。多年來，學界對王夫之的情景論雖有較充分的關注和研究，但卻忽視了其中富於創見的雙行說。王夫之的雙行說主要是指詩歌情景妙合境界中的情景雙行，在情景交融達到極致狀態（妙合）時，景語即情語。王夫之的雙行說與莊子的兩行說有非常密切的淵源關係。本文試對這一重要問題加以探討。

第一節　莊子的兩行說

　　兩行說出自《莊子・齊物論》：

　　　　勞神明爲一，而不知其同也，謂之「朝三」。何謂「朝三」？狙
　　　公賦芧，曰：「朝三而暮四」。眾狙皆怒。曰：「然則朝四而暮三。」
　　　眾狙皆悅。名實未虧，而喜怒爲用，亦因是也。是以聖人和之以是
　　　非，而休乎天鈞，是之謂兩行。

參照上下文，這段話大意是說：儒墨等諸子百家，出於「成心」（主觀偏見），各執一端，互以對方爲非，爭論不休，而通達的人（達者）懂得萬物通而爲一（道通爲一）的道理，因任眾人的好惡，順其自然；辯者費盡心思以求一致，卻不知萬物在道的意義上原是同一的，這就是所謂「朝三」；在狙公賦芧

的事例中，名和實都沒有改變，而猴子卻喜怒不定，養猴的人則順應猴子的心思；達者通融是非，神合於自然均平之理，如同泥坯順應陶鈞的運轉而成器，這就是因任是非，物與我各得其所，類似於陶鈞向左向右運轉而無所不可，也就是所謂「兩行」。

天鈞，〔註1〕《莊子·寓言》亦言「天均」、「天倪」，喻天地萬物如天然的陶鈞（運鈞）運動變化、聚散離合、自然不息。天鈞的軸心（核心）稱爲「道樞」。

《莊子·齊物論》說：「彼是莫得其偶，謂之道樞。樞始得其環中，以應無窮。」樞原指門軸，環原指門用以承受樞之旋轉的上下兩橫檻之洞。樞入環中，便可旋轉自如，以應無窮。樞、環在此也可理解爲陶鈞的中軸、核心。道樞與環中都有根本、核心之義。在道樞、環中的立場上，事物的彼此、是非等相對待的關係得以消解、超越，即「彼是莫得其偶」，這樣，聖人和之以是非，「不譴是非，以與世俗處」（《莊子·天下》），休乎天鈞而順其自然，聽任各種物論隨自然之道而消長、均齊，自得於兩行之境。

兩行說以道爲視點和根據，以不執一端、是非兩可、順其自然爲原則和方法，以相對主義爲思想基礎，把萬物、人生置於無限宇宙的背景中加以參照，衝擊狹隘、偏執的獨斷論或絕對主義觀念，提醒人們擺脫一孔之見和「成心」的束縛，擴展人們的視域和心胸，引導人們趨向無所窒礙、心與物游的自由境界。無論在齊「物」還是齊「物論」的層面上，兩行說都具有多方面的啓示意義。如臺灣學者唐亦男指出，兩行說是一種因循是非、包容接納的智慧，面向當今開放多元的社會，各種不同的價值觀、意識形態、學術文化上的論述，紛然雜陳，一不小心就會造成難以挽回的後果，人們更需要「因其所是而是之，因其所非而非之」的兩行的智慧，開啓一條「道並行而不悖」的思維模式。〔註2〕

第二節　王夫之對莊子兩行說的解釋和接受

作爲儒學的集大成者，王夫之始終以發明儒家正學爲己任，他深究老莊

〔註1〕 天鈞與天均同義，本文依循不同引文的用法而不求字面上的一致。
〔註2〕 參見唐亦男：《王夫之通解莊子「兩行」說及其現代意義》，《湖南大學學報》，2004 年第 6 期。

學說，原是本著「見其瑕而後道可使復」的宗旨，但這並未妨礙他接受老莊學說的影響。他特別欣賞《莊子》，認爲「文章之變化莫妙於《南華》」。從他37歲時所作的《老子衍》（1655年）中，我們能看到不少莊子的言論和觀念。他在61歲時作《莊子通》（1679年），63歲時作《莊子解》（1681年）。在作《莊子通》之前大約5年裏，他避兵火於山中，處在「以不能言之心，行乎不相涉之世」的困境，幸好從莊子那裡獲得了應付亂世的方法和精神慰藉。他說：「然而予固非莊生之徒也。有所不可，『兩行』，不容不出乎此，因而通之，可以與心理不背；……心苟爲求仁之心，又奚不可！……凡莊生之說，皆可因以通君子之道，類如此。」（《莊子通‧敘》）他從莊子那裡所接受的，主要是兩行說，他自認這與儒者的求仁之心並行不悖。這也的確把握了莊子哲學的要點。他在《老子衍》中曾指出：「和是非而休之以天鈞，天下皆同乎道，而孰能賤之！」這種兩行的看法，來自莊子而非老子。在他看來，莊子之學可謂自立一宗：

> 莊子之學，初亦沿於老子，而「朝徹」、「見獨」以後，寂寞變化，皆通於一，而兩行無礙，其妙可懷也，而不可與衆論論是非也；
> 畢羅萬物，而無不可逍遙；故又自立一宗，而與老子有異焉。
> （《莊子解》卷三十三）

老子「知雄而守雌，知白而守黑」，有所守則有所滯（滯於一端），對因其自然的天鈞之運有所未逮。王夫之由此讚賞莊子以其兩行說「進不見有雄白，退不屈爲雌黑」，達到逍遙無礙的自由境界。

　　僅在《莊子解》中，王夫之直接使用「兩行」這個詞就多達十幾次。歷代注釋《莊子》的學者不曾像他那樣對兩行說給予充分的重視和闡發。莊子的兩行說是在戰國時期百家爭鳴的背景下提出的，儒墨兩家作爲當時的顯學，爭辯不休。《莊子‧齊物論》指出：「道隱於小成，言隱於榮華。故有儒墨之是非，以是其所非而非其所是。」爲超越各執一端的片面的爭辯，莊子主張從最高的出發點看事物，即「照之於天」。這就是處於得其環中的道樞，超越人爲的彼此、是非的對立，不像井底之蛙那樣把一角天空視爲無限整體，就是比照事物的本然（以本然之明照之），或者說照之於自然之道。用王夫之的話說，「照之而彼此皆休矣，皆均矣」（《莊子解》卷二）。

　　王夫之把莊子所說的兩行解釋爲「兩端皆可行也」，把「不出乎環中」視爲「和之以是非」的前提條件，而「環中」意味著「合於道樞」，「範圍衆有

而中虛曰環中」（《莊子解》卷二）。在莊子那裡，得其環中與道通爲一、照之於天、休乎天鈞基本上是一個意思。《莊子・齊物論》說：「唯達者知通爲一，爲是不用而寓諸庸。庸也者，用也；用也者，通也；通也者，得也，適得而幾矣，因是已。」所謂「不用」，即不用己是或不執己見。所謂「寓諸庸」，即置身於庸常俗世中，以通達的眼光因任眾人的好惡，不師成心，不強求事物的一致，由此達到適意、自得的境界。有論者把「庸」解釋爲「眾」、「因是因非」或「隨眾人之見」。王夫之的解釋則寬泛得多：庸爲用，用即「隨所用而用之」，用是相對於體而言的，體爲道、天鈞或渾天，自然者即謂之道，道無所不在，日月山川、天地人物皆「氣化所寓之庸」，道無定體，道是寓於物而又無跡可求的，體用不二。換句話說，道是寓庸（寓於天地萬物）的，體道基於體物，所以通達的人也是寓庸的。寓庸包括因任眾人的好惡這層意思，即「不譴是非」，但這不等於混淆是非，而是不落入各執一端的是非之辯的窠臼，是依循天鈞之齊、天倪之化。

　　莊子以道爲本，發展了關於事物相對性的理論。有些論者說莊子在相對主義立場上否定了事物內在的客觀規定性和事物之間的客觀界限，這是不確切的。莊子承認萬物的本性和天賦的能力各有不同，他說「萬物皆種也，以不同形相禪」（《莊子・寓言》），這是指萬物各依其種類而以不同形態生生不息。《莊子・駢拇》說「鳧脛雖短，續之則憂；鶴脛雖長，斷之則悲」，這是提倡因任性命之情，指明「小惑易方，大惑易性」等人爲的失誤。《莊子・應帝王》中有「日鑿一竅，七日而渾沌死」的寓言，喻示人以一己之成心（即便出於善意）苛求一致，造成傷物、傷於物甚或兩敗俱傷的後果。《莊子・至樂》講了一個寓言：有一隻鳥栖於魯郊，魯侯迎接並款待之於廟，奏《九韶》以爲樂，具太牢（牛羊豬三牲祭品齊備）以爲膳，「鳥乃眩視憂悲，不敢食一臠，不敢飲一杯，三日而死。此以己養養鳥也，非以鳥養養鳥也。……魚處水而生，人處水而死。彼必相與異，其好惡故異也。故先聖不一其能，不同其事。」這個寓言也出現在《莊子・達生》中，文字內容略有差異，主要寓意是萬物天性各異，人應該順乎天然，而不能以人爲逆天然。與上述觀念相契合，王夫之要求詩人無所枉於景物，不「以己所偏得」對景物「非分相推」。

　　《莊子・則陽》提出「合異以爲同，散同以爲異」的論點，認爲大道合則渾然一體，散則周遍萬物，如四時殊氣、萬物殊理，見道之同而異者不得執一以求，異而同者自然通於大化。《莊子・德充符》說：「自其異者視之，

肝膽，楚越也。自其同者視之，萬物皆一也。」從異的角度，莊子肯定事物之間的客觀界限；從同的角度，他消解了事物之間的差別。他的著眼點偏重於後者，即道通爲一的層面，但並不執於一端。《莊子・秋水》說：「以道觀之，物無貴賤；以物觀之，自貴而相賤；以俗觀之，貴賤不在己。以差觀之，因其所大而大之，則萬物莫不大；因其所小而小之，則萬物莫不小；知天地之爲稊米也，因其所有而有之，則差數睹矣。以功觀之，因其所有而有之，則萬物莫不有；因其所無而無之，則萬物莫不無；知東西之相反而不可以相無，則功分定矣。以趣觀之，因其所然而然之，則萬物莫不然；因其所非而非之，則萬物莫不非；知堯、桀之自然而相非，則趣操睹矣。」對此，王夫之解釋說：

> 若夫以道而觀者，非但通於一以成純，而兩行不礙，各得其逍遙也。……夫既大小、有無、是非之無定，而從乎差類、功能、趣向以觀，則又不妨大者自大，小者自小，貴者自貴，賤者自賤，各約其分而不必盡鏟除之，以明一致，此大小貴賤之名所自立存乎觀之者耳。觀之者因乎時，而不執成心以爲師，則物論可齊，而小大各得其逍遙矣。（《莊子解》卷十七）

莊子肯定了事物的多樣性和從多角度看問題的合理性。以道觀之，是強調事物合的一面，是求同。以差類、功能、趣向觀之，是強調事物不同的一面，是存異。無論求同還是存異，都是因其自然的，即因任天鈞之齊、天倪之化。《莊子・寓言》說：「始卒若環，莫得其倫，是謂天均。天均者，天倪也。」《莊子・養生主》和《莊子・寓言》中都有和之以天倪、因之以曼衍的說法。天倪指自然的分際，曼衍指自然的變化。和之以天倪，就是不強求一致，因任自然萬化，以兩行的眼光看待事物及人的觀念的差異，以寬容、通達的心胸觀照天人之際的萬千氣象。按王夫之的解釋來說，以道觀之，不僅是通於一（消解差別），而是兩行不礙，是對一本和萬殊的雙重體認，是因任萬物「各得其逍遙」。求同存異，合而不同，是莊子兩行說的應有之義。

《莊子・則陽》有言：「冉相氏得其環中以隨成，與物無終無始，無幾無時。」王夫之解釋說，天之體，渾然一環而已，物化其中，萬物隨運而成，「以人知人，以物知物，以知人知物知天，以知天知人知物，無不可隨之以成，……」（《莊子解》卷二十五）在他看來，莊子以「隨成」爲師天之大用，而寓庸以逍遙，莊子所說的「天鈞」、「以有形象無形」、「寓於無竟」、「參萬歲而一成

純」、「薪盡而火傳」等與「隨成」有很大關係，雜篇《則陽》有所合於《莊子》內篇之指。他把隨成說與《莊子‧外物》等篇中的有關論點貫通起來，強化其理論意義。他說：

> 隨成者，隨物而成。道無定，故無實。無實者，無根也。無根者，即以無根爲根，合宇宙而皆在。故言默兩無當，而言默皆可緣，以破成心之師，以游環中之無窮者也。……以人順人，以物順物，以言順言，自可無爲而無不爲，以大備乎德。(《莊子解》卷二十五)

> 道不可盡，盡之於物。故於道則默，於物則言。故丘里之言，聖人之所師，皆聖人之傳也。隨其言而成，乃謂之隨成，隨成而無不吻合。此莊子之宗旨，異於老子「三十輻」章及「道生一，一生二」之說：終日言而未嘗言，曼衍窮年，寓於無竟。(同上)

隨成，在宇宙觀上是指隨化而成、隨動而成，在人生觀上是指通天盡人、順其自然、各得其所，在言語觀上是指於道則默、於物則言。無定、無根、無體的道雖然不可盡，不可言，但道物合一，「合宇宙而皆在」，所以，人們即物體道，於物則言，物是言與道之間的中介。莊子自稱大辯不言卻又洋洋十萬言，這是否自相矛盾呢？可以說，王夫之替莊子作了簡明扼要的正面解釋：於道則默，於物則言，言默皆可緣。這也有助於我們理解孔子何以曾說予欲無言。隨成說在《莊子》中如同璞玉，未曾引起歷代學者的充分重視，經過王夫之的闡發，隨成說的意義彰顯在很多領域，與天鈞、環中、〔註3〕寓庸、兩行等說法貫通起來。

如前所述，隨成是得其環中以成，隨天鈞之運而成，「無不可隨之以成」，這樣，與其說兩行以隨成爲依據，不如說兩行就是隨成。莊子的隨成之宗旨，或隱或顯地體現在王夫之詩學的很多方面，這裡只列出一些概念、術語、命題，例如：順成，渾成，天授，天巧，合而成化，天造神運，得其環中，得自然之妙，體物而得神，外周物理，哀樂皆可，無字處皆其意，隨所「以」而皆「可」，讀者各以其情而自得。

〔註3〕 王夫之基本上接受了莊子的天鈞、環中說，他認爲：「讀《莊子》者，略其曼衍，尋其歸趣，以證合乎《大易》『精氣爲物，遊魂爲變』與《論語》『知生』之旨，實有取焉。」(《莊子解》卷十九) 他又指出：莊子的「環中」、「天均」說較老子的有關學說「特爲當理」，周敦頤《太極圖》、張載「清虛一大」之說亦未嘗非「環中之旨」(《莊子解》卷二十五)。

王夫之多次從總體上對莊子的學說給予高度評價，認爲莊子之所以「凌轢百家而冒其外」，原因在於：

> 以天爲照，以懷爲藏，以兩行爲機，以成純爲合，而去彼之所謂明，以用吾眞知之明：……（《莊子解》卷二）

> 莊子之學，雖云我耦俱喪，不以有涯之生殉無涯之知，而所存之神，照以天，寓諸庸，兩行而小大各得其逍遙，懷之含之，以有形象無形，而持之以愼，德不形而才自全，淵涵而天地萬物不出其宗：則所以密用其心者，固以心死爲悲。（《莊子解》卷十五）

這兩段話的要義除「以天爲照」和「寓諸庸」（前面已論及，這裡從略）外，大致有以下幾點，其一，以懷爲藏（懷之含之）。莊子說聖人對宇宙人生有所不論、不議、不辯，大道不稱，大辯不言，「聖人懷之，衆人辯之以相示也」（《莊子・齊物論》）。王夫之解釋說，聖人深知各執一端的百家物論於道終究無所損益，故以通一者懷之，而不以示，不像衆人那樣囿於是非之辯。以懷爲藏，是指聖人以道通爲一的眼光，以寬容的態度，兼懷萬物，因任百家物論各得其所而趨於自然分化或均衡。其二，以成純爲合。莊子說：「衆人役役，聖人愚芚；參萬歲而一成純，萬物盡然，而以是相蘊。」（《莊子・齊物論》）王夫之把「參萬歲而一成純」視爲一個重要命題，他解釋說，一者所謂天均也，一成純即通於一、合於一宙、合於一倫或渾然至一。參萬歲而一成純，是指人以宇宙爲逍遙之境，在素樸本眞的神游中合古今萬物而爲一。其三，以兩行爲機。王夫之認爲，《逍遙遊》篇「其神凝」三字是《莊子》大旨，意味著不驚大，不鄙小，物至而即物以物物，天地爲我乘，六氣爲我御，不因小大之殊而使心困於蓬蒿間。這也就是「兩行而小大各得其逍遙」，任物各自效其用，任物各得其所適。以兩行爲機，可謂以兩行爲觀物、處世、養生的機宜或關鍵。以上幾個要點互相兼容，體現出兩行說與莊子思想中諸多重要概念、命題的內在聯繫。「兩行」一詞在《莊子》中只出現一次，莊子未曾明確指出「兩行」與他的思想主旨密切相關。重視莊子的兩行說的歷代學者也不多。王夫之慧眼識珠，拈出「兩行」並將其納入莊子之學的總體中加以考量，也把莊子之學置於中國歷代哲學史中加以比照，經過他的闡發，兩行說在莊子思想中的意義和地位得以彰顯。

第三節　王夫之詩學中的雙行說

　　在哲學領域，王夫之有極為自覺、系統的辯證法思想或有機整體觀，以致有學者把他的辯證法思想視為中國之最，也有學者從辯證法的角度把他與黑格爾相提並論。他把陰陽、剛柔等相對待的因素的相均、相濟看作兩行的前提條件，認為「規於一致而昧於兩行者，庸人也。乘乎兩行而執為一致者，妄人也」（《周易外傳》卷七）。基於此，在詩學方面，他非常注重詩歌創作中情與景、意與言（詞、句）、哀與樂等相對待的因素的並行不悖、不偏不倚、有機統一。他把情與景視為詩的最基本的構成因素，所以，他的兩行（雙行）觀念集中體現在詩的情景交融問題上。

　　據我大致統計，王夫之直接以「雙行」論詩約 4 次，他也常用雙收、互出、雙起淡收、收入雙取、兩妙不倚等與雙行意義相同或相近的詞語論詩。他說：

> 一色。三四本情語，而命景正麗，此謂雙行。雙行者，古今文筆之絕技也。
>
> （《唐詩評選》卷二李白《古風七首》之一《我到巫山渚》〔註4〕評語）
>
> 情景互出，更不分疆界，非其人豈能有時洗濯而出？
>
> （《明詩評選》卷四張宇初《旅懷》評語）
>
> 雙起淡收，令人不知涯際。
>
> （《明詩評選》卷四劉基《咏史》評語）

雙行、互出、雙起，是指詩人突破先寫景後言情等情景二分的單調模式（「死法」），以高超的技藝使情與景在詩的詞句乃至篇章中不分疆界、融合為一。一色純著之謂章，「一色」即不雜亂，意味著情與景在詩的整個篇章中渾然一體。這樣，情語可謂景語，景語可謂情語。〔註5〕《莊子‧達生》說：梓慶削木為鐻，鐻成，見者驚猶鬼神，魯侯問梓慶有何術，梓慶說齊以靜心（心齋），

〔註4〕 李白《古風七首》之一：我到巫山渚，尋古登陽臺。天空彩雲滅，地遠清風來。神女去已久，襄王安在哉？荒淫竟淪替，樵牧徒悲哀。

〔註5〕 王國維《人間詞話》說：「昔人論詩詞有景語、情語之別。不知一切景語皆情語也。」這段話反對情景分割，強調情景交融的無差別境界，但未交待「一切景語皆情語」的前提條件。古人對景語、情語的相對劃分，是在總結詩歌創作經驗的過程中約定俗成的，其意義不可低估。若執於一端，則失之偏頗。

器之所以疑神者在於以天合天。《莊子・養生主》說：庖丁爲文惠君解牛，遊刃有餘，合乎音樂舞蹈的節奏，文惠君問庖丁技何以至此，庖丁說「臣之所好者道也，進乎技矣」，依乎天理，因其固然。以天合天（依乎天理，因其固然）意味著人對事物的自然本性的充分順應和把握，人、工具（或技術）、事物三者各得其所，心物合一，技術發揮到極致並得以昇華或超越。這是由技進道的「神」的境界。由技進道，技則堪稱絕技，詩人才會下筆如有神。王夫之以雙行爲古今文筆之絕技，所推崇的就是「道」或「神」的自由境界。他指出：

> 情景名爲二，而實不可離，神於詩者，妙合無垠。巧者則有情中景，景中情。（《薑齋詩話・夕堂永日緒論內編》）

情中景，景中情，作爲情景交融的尋常形態（「巧」），早已引起古人的關注。南宋姜夔《白石道人詩說》曾提到「意中有景，景中有意」，南宋范晞文《對床夜語》曾以「景中之情」、「情中之景」評價杜甫的某些詩句並提出「景無情不發，情無景不生」的原則。元代方回《瀛奎律髓》多從句法結構的角度劃分情景，但也談到杜詩中有難分四虛、四實的「虛中有實，實中有虛」的情形。他們的論述沒有展開，大多偏重於對句法結構等外在形式因素的探討。直到明清時，情景交融才成爲詩學中的主流觀念。在文質並重的前提下，王夫之多次從詩的抒情特性、審美感興、心物合一等方面對「情中景，景中情」及其相關問題加以闡明或探討。這是他的一大過人之處。

　　值得我們注意的是，在王夫之的心目中，「情中景，景中情」的形態不過是「巧」，難免人工雕琢痕；情景「妙合無垠」才算得上「神」，才是情景交融的最高境界。情景雙行的絕技不在「巧」，而在「神」，「雙行之巧，絕不見巧」（《古詩評選》卷二）。雙行之巧是大巧、天巧，雕琢入化，不見人工雕琢痕（小巧、人巧）。「神」體現出詩人遠超一般工巧的鬼斧神工（天授、神授、人力參天）般的藝術創造力，詩的出神入化的藝術境界（神境、化境、妙境、至境）由此生成。王夫之常以「妙合」論詩，如他評楊慎《折楊柳》〔註6〕：

> 亭勻。四十字耳，篇首十五字，又只作引子起，乃字裏含靈，不分賓主，眞鈞天之奏，非人間思路也。才說到折處便休，無限無窮，天流神動，全從《十九首》來。以古詩爲近體者，唯太白間能

〔註6〕楊慎《折楊柳》：白雲新年盡，東風昨夜驚。芳菲隨處滿，楊柳最多情。染作春衣色，吹爲玉笛聲。如何千里別，只贈一枝行。

之，尚有未純處，至用修而水乳妙合，即謂之千古第一詩人可也。

（《明詩評選》卷五）

亭勻即和諧、均勻，此指情與景在詩中水乳妙合，渾然一體（渾成），也就是不分賓主，或者說「賓主歷然，熔合一片」（《薑齋詩話‧夕堂永日緒論內編》）。賓為景，主為情（意）。在王夫之看來，詩文俱有主賓，無主之賓，謂之烏合，立一主以待賓（立主御賓），賓為主之賓（景為情之景），賓主妙合是詩的最高境界。在「鈞天之奏」（天鈞、天籟）的境界中，賓主不二，情語可謂景語，景語可謂情語，雙行無礙。

王夫之的妙合、雙行說有很明確的針對性。唐代以來，近體詩業已成熟，其社會用途日益增加，很多談論詩法的讀物和詩歌評選類的著作隨之陸續出現，各種名目的詩法和詩評大多把原本多樣統一的情景關係簡化或割裂為一情一景之說，這看似捷徑或方便法門，實為桎梏或樊籬。王夫之對情景二分的不良傾向持激烈的批判態度，他指出：

一虛一實，一情一景之說生，而詩遂為阱、為梏、為行尸。

（《古詩評選》卷五）

分疆情景，則真感無存，情懈感亡，無言詩矣。

（《明詩評選》卷四）

以一情一景為格律，以顏色言情為氣骨，雅人之不屑久矣。

（《明詩評選》卷五）

詩之為道，必當立主御賓，順寫現景。若一情一景，彼疆此界，
則賓主雜沓，皆不知作者為誰？（《明詩評選》卷三）

「立主御賓，順寫現景」是作詩之道，是克服情景二分的不良傾向的根本途徑。立主御賓，要求詩人所選取的景物為含情之景（即景含情），用王夫之的話說，就是取景從人取之，以寫景的心理言情，只於心目相取處得景得句。現景，即古人所說的眼前景物或眼前光景，是審美感興中主體視野範圍內的當下意會（興會）之景。順寫現景，要求詩人順其自然而不做作、不冥搜，抒寫身之所歷、目之所見、神之所遇的現景。用王夫之的話說，順寫現景就是抒寫當時現量情景，只詠得現量分明。在王夫之那裡，現量與興會和即景會心是一個意思。主要是指瞬間的創造性直覺，以直接的審美觀照為基礎。王夫之說：

一用興會標舉成詩，自然情景俱到。（《明詩評選》卷六）

若即景會心，則或推或敲，必居其一，因景因情，自然靈妙，

何勞擬議哉？（《薑齋詩話・夕堂永日緒論內編》）

在興會（即景會心）的會景而生心、體物而得神的境界中，既有觸景生情的感於物而動的情形（景生情），也有因情生景的「文情赴之」、「各視其所懷來而與景相迎」的情形（情生景），情景互動、相生，可謂「初不相離，唯意所適」。基於此，偉大的詩人以高超的技藝（天才）自然靈妙地使情與景在詩中融合得不偏不倚，這就是情景妙合，兩妙不倚，就是莊子所說的隨成，就是王夫之所崇尚的因景因情、雙行無礙。

正是因為在興會的境界中情景初不相離，所以王夫之說「情景雙收：更從何處分析？」（《薑齋詩話・夕堂永日緒論內編》）他反對情景二分，也有明確的哲學根據。在解釋莊子的「萬物與我為一」這個命題時，他說：「道合大小、長短、天人、物我而通於一，不能分析而為言者也。」（《莊子解》卷二）他認為陰陽於天道而言乃一體，不可相分，陰陽之周流變化，「和順因其自然，而不可限以截然分析之位者也」；「截然分析而必相對待者，天地無有也，萬物無有也，人心無有也」（《周易外傳》卷七）。在創作過程中，詩人若把源於感興、初不相離的情景截分為二，則情不足興，景非其景。感興與技藝不可偏廢。若缺乏感興，則情景不合；若缺乏技藝（藝術表現力），雙行便無從談起。雙行，是絕技與體道、得神的境界的有機統一。情景雙行的詩句和詩境，對作者和讀者來說，都是難以用邏輯思辨的語言加以剖析的。因其自然，由技進道，這是莊子和王夫之的共同看法。

《莊子・齊物論》提倡不師「成心」，不「以無有為有」。王夫之解釋說：

未有成理昭然於心，而豫設是非之辨，皆心所造作，非理本然

也。（《莊子解》卷二）

與物方接之時，即以當前之境，生其合時之宜，不豫設成心以

待之也。（《莊子解》卷五）

「豫設是非之辨」是指人未經即物達理而憑空生造一個是非標準，「豫設成心」是指不合時宜、先入為主的成見，這都與萬物本然的成理不相符，是王夫之《相宗絡索・三量》中所說的「比量」（以種種事比度種種理）和「非量」（情有理無之妄想）。因而，在詩學領域，王夫之把「身之所歷，目之所見」當作詩歌創作的前提條件，推崇詩人在即景會心之際「初無定景」、「初非想得」

的即興創作，反對「擬議」（模擬、議論）、「妄想揣摩」、「欺心以炫巧」、「強括狂搜，捨有而尋無」等違背詩理和人情物理的做法。這些做法大都是在費盡心思地強求情與景的一致，而不切合審美感興中情與景初不相離的實際，也與情景雙行的絕技無緣。王夫之直接從莊子那裡獲得了啟示。莊子不贊成「勞神明為一」的強求事物一致的做法，認為從道的觀點看，萬事萬物本來就是同一的。王夫之大概也受到宋人張戒的影響。張戒不贊成蘇軾、黃庭堅等人「以議論作詩」、「專以補綴奇字」的傾向和以雕鐫刻鏤為工的習氣，認為「詩人之工，特在一時情味，固不可預設法式也」（《歲寒堂詩話》）。

情景雙行，是從情景關係的角度來說的。而從言意關係的角度看，則有意詞雙行、意句雙收。王夫之說：

> 意一用，詞一用，合離雙行，不設蹊徑。閱此詩者，如聞他人述夢，全不知其相因之際，不亦宜乎！
>
> （《古詩評選》卷四郭璞《遊仙詩》之《雜縣寓魯門》評語）
>
> 「月明垂葉露」，險句出之平夷，即如末一語有兩轉意而混成不覺，方可謂意句雙收。
>
> （《唐詩評選》卷三杜甫《秦州雜詩二首》之《秦州城北寺》評語）

在不同的作品中，雙行各有緣由、特色，難以一概而論。從上面第一段話看，雙行主要出自合離相宜，不設蹊徑；從第二段話看，雙行主要出自平夷，混成不覺。大致說來，其一，言與意要有所合，言隨意遣，意至而詞隨，王夫之說大家之作言必有意，意必由衷，唯意所適，無所窒礙；同時，言與意要有所離，意在言外，唐、宋詩學中已不乏這方面的言論，王夫之主張意藏篇中，「意在言先，亦在言後」，他崇尚「無字處皆其意」、「全不入意，字字是意」的詩，認為阮籍《詠懷》在字後言前、眉端吻外有無盡藏之懷；但言與意過於合，則難免拘滯、直露、乏味，不能動人，過於離則情景二分、賓主不和，因而言與意之間應有若即若離的勢或張力，王夫之常說言情達意、起興取景要在合離、出入、遠近、有意無意之間。他嚮往合離雙行、意句雙收的境界，把「意致俱到」，「有意無意俱妙合」的詩視為傑作，如他評王廷幹《天壽山行宮》：「不著意以為高華，手筆江山，兩相遣作。」（《明詩評選》卷五）他崇尚巧奪天工的創造和聲律拘忌擺脫殆盡的大家氣象，所以對「不設蹊徑」的詩非常讚賞。其二，平夷與平淡的意思大致相同，夷指平適、平和，宋代詩學中已有明確的辭尚平淡、意尚幽遠或「辭意平淡」的觀念，如

梅堯臣把「平淡而到天然處」視爲理想境界。王夫之說：「詞益平，意益遠，但此括盡六合千秋。」（《古詩評選》卷四）在他看來，平淡之詩，佳句得之象外，令讀者如意中所必有，而初非其意之所及。「混成不覺」意味著詩人巧妙地把情與景融爲一體而不做作，不露雕琢痕。王夫之認爲杜甫《秦州城北寺》的末一語「清渭無情極，愁時獨向東」有兩轉意而混成不覺，杜甫的絕技在於能使情與景妙合無痕。王夫之常以無筆墨氣、不著刻畫跡、相形不著痕跡等詞語評詩，非常重視詩的渾成、含蓄、自然。總之，在他看來，言（字詞語句）與意、情與景應如天地之妙合不忌分，分不礙合，出入分合，巧而不琢。意詞雙行、意句雙收，以含蓄、平淡、渾成、自然爲前提。

　　詩以道性情，古今詩歌佳作大多體現出廣遠而微至的情懷或意致。王夫之說：

> 「日暮天無雲，春風扇微和」，摘出作景語，自是佳勝，然此又
> 非景語。雅人胸中勝概，天地山川，無不自我而成其榮觀，故知詩
> 非行墨埋頭人所辦也。

（《古詩評選》卷四陶潛《擬古》之《日暮天無雲》評語）

藏情於景，化情語、景語而爲一，這樣的絕技歸根結底是詩人的審美心胸或主觀能動性的體現。王夫之認爲詩人應以靈府爲逢徑，以吟魂咏歎人情物理，他說：

> 只在情上寫，了不及事。首尾無端。士衿吟魄，雙行一致，余
> 謂措大、山人本無詩分，以此。

（《明詩評選》卷四皇甫涍《代古》評語）

「士衿」，大概是指富於深思遠情或血性眞情的胸懷（情懷、襟懷、懷抱、胸次）。在王夫之看來，人應超越於日常瑣事之上，應有不爲物欲俗尚所奪的志氣，能興即謂之豪傑，深思遠情，正在素心者。素心，與莊子所說的心齋意思相近。莊子注重「獨與天地精神往來」、「游乎四海之外」的大視野、大胸懷，嚮往「得至美而游乎至樂」的不爲物役的自由境界，這種精神對王夫之有明顯的影響。所以，不應把「士衿」單方面地理解爲儒家意義上的修養或志趣。「吟魄」，似指富於樂感、從容涵泳的文心（爲文之用心），也可說是具有風流雅度、高情遠韻的氣魄或藝術表現力。吟魄（吟魂）意味著偉大的詩人內感心韻（元韻之機，兆在人心），外通天籟，以靈心巧手把內心、外物和詩的節奏韻律融合爲一。「士衿吟魄，雙行一致」，體現出廣遠而微至的胸懷

與從容涵泳的文心的兼長並美。王夫之注重詩的言與意、文與質的有機統一，推崇「以聲光動人魂魄」的藝術形式美，這是他與莊子的一大不同之處。

從廣義上講，雙行說也落實到創作和鑒賞中審美心理的領域，具體引申為哀樂雙行。王夫之說：

> 興在有意無意之間，……情景雖有在心在物之分，而景生情，情生景，哀樂之觸，榮悴之迎，互藏其宅。天情物理，可哀而可樂，用之無窮，流而不滯；窮且滯者不知爾。（《薑齋詩話·詩譯》）

景生情，即王夫之所說的會景而生心或不謀之物相值而生其心，偏重於外物對內心的激發；情生景，即主體灌注情感於外物，偏重於內心對外物的擇取。吳喬說：「景物無自生，惟情所化。情哀則景哀，情樂則景樂。」（《圍爐詩話》卷一）這段話突出強調情生景、情為主以及情景哀樂的順應關係，王夫之則把情景哀樂辯證地加以看待，認為在審美感興中，內心與外物交互作用，情景相生，哀樂相函（互藏其宅），景物與心情常有不相稱、不相準的狀況。他指出：

> 往戍，悲也；來歸，愉也。往而咏楊柳之依依，來而歎雨雪之霏霏。善用其情者，不斂天物之榮雕，以益己之悲愉而已矣。夫物其何定哉！……當吾之悲，有未嘗不可愉者焉；當吾之愉，有未嘗不可悲者焉；目營於一方者之所不見也。故吾以知不窮於情者之言矣：其悲也，不失物之可愉者焉，雖然，不失悲也；其愉也，不失物之可悲者焉，雖然，不失愉也。（《詩廣傳》卷三）

王夫之從莊子那裡接受了以人合天而不強天以從人的觀念，認為善用其情的詩人「不奔注於一情之發」，不苟求外物與情感單向度的一致，不以己所偏得武斷地對景物「非分相推」。與莊子所說的依乎天理、因其固然相應，王夫之希望詩人既得物態又得物理，即「不斂天物之榮雕，以益己之悲愉」。出於對情景哀樂相反相成的特性的深切體認，他說：「以樂景寫哀，以哀景寫樂，一倍增其哀樂。」（《薑齋詩話·詩譯》）這一富於創見的命題揭示了相反相成的辯證原理和反襯的藝術效應。基於此，他常以「苦思甘調」、「哀樂皆可」等詞語評詩。這也體現了他對讀者鑒賞的高度重視。

前面說過，莊子主張因其自然，寓庸隨成，任由人、物各得其所。王夫之賦予出自孔子的興觀群怨說的一大新義就是隨所「以」而皆「可」，突破儒家政教觀念的樊籬，不執一端。王夫之以自得這一即物達情、因物體道的境

界為指歸，無以復加地肯定讀者鑒賞的自由。他希望詩人寬於用意、藏情於景、以追光躡景之筆寫通天盡人之懷，希望作品意伏象外、含蓄蘊藉、文外隱而文內顯，以便最大限度地滿足讀者各以其情遇的需要。這與他的哀樂皆可（憂樂雙行）、導天下以廣心的觀念和旨趣有很大關係。「難分憂樂雙行裏，誰道窮通一夢中。」（《溪上晚步次閒來無日不從容韻》）王夫之所寫的這兩句詩發自內心感悟，暗含著作者對詩及人生的「憂樂雙行」多重意義的體認。

　　總之，王夫之詩學中的雙行說以情景妙合境界中的情景雙行為核心，兼及意句雙收和憂樂雙行等。在情景妙合的意義上，情與景的對待關係得以化解，可謂雙行；在言意合離相宜的意義上，言意各得其所，可謂雙行；在攝興觀群怨於一爐錘的意義上，作者有「一致之思」卻不奔注於一情之發，作品含蓄、自然，讀者各以其情而自得，哀樂皆可，可謂雙行。「雙行」的提法和觀念鮮見於中國歷代詩學論著。據我所知，宋人黃昇《花庵詞選》引姜夔論史達祖詞云：「融情景於一家，會句意於兩得。」明代謝榛《四溟詩話》中有「或因字得句，句由韻成，出乎天然，句意雙美」的論點。清初方以智（王夫之的友人）在《文章薪火》中說：「文章之開闔、主賓、曲直，盡變手眼之予奪。抑揚、敲唱、雙行，何非一在二中之幾乎？」他們的相關論點大多止於隻言片語，不像王夫之那樣從哲學高度和方法論意義上確立合一、雙行的基準，而後將其運用到詩學的若干領域。

　　莊子的兩行說是一種哲學智慧，是一種立身處世的態度和方法，原與詩學沒有直接關係。王夫之只是把握住莊子兩行說的基本精神，將其與詩學中的某些觀念貫通、整合起來。在很大程度上，王夫之的雙行說是莊子兩行說的基本精神在詩學領域的改造和拓展。

第四章　王夫之詩學中的「以詩解詩」論

　　「以詩解詩」是王夫之提出的詩歌解讀與評論的基本原則。半個多世紀前，郭紹虞曾說：王夫之沒有訓詁家、道學家的習氣，只用文學的眼光，善於指示人如何讀詩，如何去領悟詩，所以說來精警透澈。〔註1〕青木正兒認為：王夫之詩學中最值得注意的是提倡把《詩經》當作文學作品看，這在儒家尊崇《詩經》而將它附會於道義，和文學家因受彼等影響而不敢加與文學的評論傾向中，是頗足珍貴的。〔註2〕他們所讚賞的王夫之詩歌評論的傾向或原則，若進一步明確地概括一下，可以說就是「以詩解詩」。

第一節　「以詩解詩」的針對性

　　「以詩解詩」原是就《詩經》而言的，王夫之在探討《詩經》解讀的正確視角和方式時提出了這個命題，他說：

　　　　近有吳中顧夢麟者以帖括塾師之識說詩，遇轉則割裂別立一意，不以詩解詩，而以學究之陋解詩，令古人雅度微言，不相比附，陋子學詩，其弊必至於此。（《薑齋詩話·詩譯》）

　　　　古詩及歌行換韻者，必須韻意不雙轉。自《三百篇》以至庾鮑七言，皆不待鉤鎖，自然蟬連不絕。……近有顧夢麟者，作《詩經

〔註1〕　參見郭紹虞：《中國文學批評史》下卷，百花文藝出版社1999年版，第461頁。

〔註2〕　參見青木正兒：《清代文學評論史》，陳淑女譯，臺灣開明書店1969年版，第33頁。

塾講》，以轉韻立界限，劃斷意旨。劣經生桎梏古人，可惡孰甚焉！
（《薑齋詩話・夕堂永日緒論內編》）

王夫之指責顧夢麟 [註3] 在解詩時「遇轉則割裂別立一意」（「以轉韻立界限，劃斷意旨」），大致基於詩歌佳作是意脈貫通、渾然成章的有機整體的考慮。在他看來，通首渾成，方是作者，「一篇載一意，一意則自一氣，首尾順成，謂之成章」（《薑齋詩話・夕堂永日緒論外編》）。他常以「渾淪一色」、「一色神采」、「通首一純」、「通篇如一語」、「天然成章」、「首尾無端，合成一片」等詞語讚賞詩歌佳作，把成章視爲衡量詩歌優劣的重要尺度。因而，他要求解詩者以通觀（通悟）的方式把詩當作富於生命力的有機整體來加以看待。我們知道，除了格律詩（近體詩）以外，古詩（古體詩）和其他韻文中，每隔若干句就可轉換一種韻腳，整篇作品可由幾個押不同韻的部分組成。如果韻與意同時轉換（韻意雙轉），作品就難免氣絕神散如斷蛇剖瓜。王夫之在《薑齋詩話》、《楚辭通釋》等論著中曾反覆強調韻意不雙轉：句絕而語不絕，韻變而意不變，此詩家必不容昧之幾也；意已盡而韻引之以有餘，韻且變而意延之未艾，此古今藝苑妙合之樞機也；韻意不容雙轉，爲詞賦詩歌萬不可逆之理。從這個意義上說，顧夢麟以學究之陋解詩，令古人「雅度微言」不相比附，疏離了詩的整體意蘊和魅力。

王夫之提倡「以詩解詩」，針對的不是某一個人或某一種解詩方式，而是以帖括塾師之識說詩、以學究之陋解詩、劣經生桎梏古人的種種行徑。「以詩解詩」的視域，不局限於《詩經》，包括歷代詩歌在內。對此，我們從以下兩個方面加以探討。

其一，關於以帖括塾師之識說詩。帖括，又稱帖經和帖文，原爲唐代進士科考試項目，是把經文前後兩邊都遮蓋上，中間只留一行，再用紙把這一行中的三個字帖住，讓考生把被帖住的三個字讀出來。帖括氣，喻指按死法或僵化格式言情寫景、遣詞造句的創作習氣。王夫之指出：明萬曆以來，借古題寫時事，搜奇自賞者盛行，乃以帖括氣重，不知脫形寫影。他讚賞有題目詩不以帖括死講法做，如他評黃姬水《柳》：「通首一點，是大家舉止，措大帖括氣必此破除乃盡。」（《明詩評選》卷八）通首一點，即狀物言情不作實錄、不拘形似、點到爲止、委婉含蓄。在解詩方面，帖括氣表現在：一解

〔註 3〕顧夢麟（1585～1653），字麟士，江蘇太倉人，學者稱織簾先生，著有《詩經說約》、《織簾居詩文集》等。王夫之提到的顧氏所作《詩經塾講》存佚不詳。

詩便要把詩意說定說死，拘泥於故實，結果不鑿則妄。也就是說，拘於字面解詩則失之泥，拘於章法解詩則失之陋，拘於史蹟解詩則失之鑿。〔註4〕

　　王夫之曾指責數種「惡詩」，認爲其中有似鄉塾師者，鄉塾師大多侈於高談，識量短淺。鄉塾師又稱村學究，用以譏稱學識淺陋的讀書人。唐代科舉設有進士科和明經科等，明經科中又分爲學究一經、二經、三經等，人稱考學究一經這科的人爲學究，後以學究作爲對儒生的泛稱或對腐儒的譏稱。王夫之所說的「帖括塾師之識」與「學究之陋」的意思差別不大，都與科舉有很大關係。隋唐以降，科舉取士漸入正軌。唐高宗調露中，進士科不僅考時務策，也開始加試帖經和雜文。從唐中宗神龍年間到唐玄宗開元、天寶時期，以詩賦取士的風氣逐漸盛行，這對於盛唐和以後詩歌特別是格律詩的繁榮起了一定的促進作用。唐代科舉中有「行卷」風氣，報考進士科的士子常把自己最得意的詩賦作品寫成卷軸，託請權威人士薦舉自己，這是公開的所謂「行卷」。拜謁權威人士，叫做「求知己」。行卷之風促使士人在應考前切實提高文學修養，努力創作出高水平的作品來。直到北宋實行糊名考校，閱卷和錄取工作在很大程度上秘密進行時，行卷之風才逐漸停止。出於寫作的需要，唐人開始自覺地談論詩法，詩格、詩式一類的著作便應運而生。詩歌創作原是介於有法和無法之間的，是既可解又不可解的。談論詩法的人越是想把創作的法則或秘訣和盤托出，就越是容易偏離詩的實際或藝術規律，以致留下預設法式、束縛後人的嫌疑。王夫之注重詩的無定法可執和難以言傳的一面，所以唐人的詩法著作儘管有很大的積極意義，但仍遭到王夫之的強烈指責，其中皎然的《詩式》首當其衝。

　　宋、元、明、清時期，科舉考試偏重於經義、策論，大體上是以經義取士。明、清兩朝規定考生用八股文（制藝、時藝、時文）作文章。此時，雕版印刷術和手工造紙早已廣泛發展起來，書籍可以大量抄刻、印行，極大方便了各地考生和各階層的讀書人。適應科舉考試和一般詩歌創作的需要，各種詩法指南（寫作技巧手冊）、啓蒙性的詩文選本、私人編撰的通俗經學講義、官方頒行的經書等讀物充斥民間。詩法研究和經學傳承趨於大眾化、公式化或八股化。歷代科舉考試不總是考詩賦，卻總是離不開經義。因而，《詩經》始終是文人爲求取功名而刻苦研讀的經典之一。在明代，言《詩》之士極盛，

〔註4〕　參見郭紹虞：《中國文學批評史》下卷，百花文藝出版社 1999 年版，第 461頁。

選擇《詩經》爲專經而成爲進士的人數，占到了進士總數的三分之一強，遠高於選擇其他經典者。明代關於《詩經》的著述不下數百種，其中相當一部分是爲方便科舉而作的，既依循舊說或俗論，又互相蹈襲。這類著述的作者，與以經解《詩》的重訓詁的漢儒和重義理的宋儒不同，大多在講主意或章旨、節旨之餘，分析字、詞、句、章的技法，揣摩語氣，雖有不同程度的從藝術技巧、特徵方面以詩解《詩》的傾向，卻基本上是以時文的模式解《詩》，爲製作時文解《詩》，即爲寫八股文服務。換句話說，這類「高頭講章」的作者，大多拘牽文義，鈎剔字句，揣摩古人語氣，不脫時文之習，不外乎帖括塾師之識。平心而論，以帖括塾師之識說詩，從科舉考試的角度看不完全誤人子弟，在經學傳承和學術研究的意義上不見得一無是處，但其負面作用很大，對於眞正的詩歌創作和鑒賞來說，顯然是弊大於利。

明代詩壇的一大弊端是「時詩」，不少詩人困於其中。王夫之說：

> 時詩猶言時文也，認題目，認景認事，鑽研求肖，借客形主，以反跌正，皆科場文字手筆。竟陵以後體屢變，而要不出此，爲正其名曰時詩，明其非詩也。（《明詩評選》卷六）

在王夫之看來，出於「名利熱中」和「法制嚴酷」等原因，科場文字陋劣，隋、唐以詩賦取士，文場之賦無一傳者，詩唯「曲終人不見，江上數峰青」（錢起《省試湘靈鼓瑟》）一律而已。科場文字原本無可厚非，但時文終究不是妙文，時詩終究不等於眞詩。明代不以詩賦取士，明詩並未直接因此而繁榮或蕭條。但以受科舉影響的帖括塾師之識說詩，則意味著「古今上下哀樂了不相關」，在一定程度上促成了時詩習氣，或者說與時詩習氣有互爲因果的關係。王夫之推崇靈心巧手，認爲眞正的詩人舉止是「聲律拘忌，擺脫殆盡」（《明詩評選》卷六）。靈心是大胸懷，即通天盡人之懷，巧手是大手筆，即追光躡景之筆。作爲詩的知音，眞正的解詩人不一定有巧手，但一定有靈心。

其二，關於以經生思路脈理解詩。經生又稱儒生，在用作貶義時，與學究、腐儒、措大（醋大）意思相近。經生思路（經生法脈、經生之理等）泛指忽視詩的審美與藝術特性，以呆板俗套或邏輯思辨之理作詩、解詩的思路。

王夫之把褊狹或單向度地解詩的人稱爲「目營於一方者」、「一往人」。他說：

> 興、觀、群、怨，詩盡於是矣。經生家析《鹿鳴》、《嘉魚》爲

群，《柏舟》、《小弁》爲怨，小人一往之喜怒耳，何足以言詩？「可以」云者，隨所「以」而皆「可」也。

（《薑齋詩話・夕堂永日緒論內編》）

於所興而可觀，其興也深；於所觀而可興，其觀也審。以其群者而怨，怨愈不忘；以其怨者而群，群乃益摯。出於四情之外，以生起四情；游於四情之中，情無所窒。……人情之游也無涯，而各以其情遇，斯所貴於有詩。（《薑齋詩話・詩譯》）

歷代學者解釋孔子所說的興、觀、群、怨，大多拘牽字義，本著儒家道統辨別輕重主次，偏重於其社會倫理意義，未能以變化發展的眼光闡發其審美意義；或偏重於其間差異的一面，忽視其間共通的一面。與此相近，經生家以一往之見解詩，沒有通明眼力，既不會作整體把握（作一色參勘），也不懂得審美意象的多義性和藝術效應的豐富性，對原本使讀者各以其情遇的詩加以歪曲，「井畫而根掘之」，造成桎梏古人的後果。王夫之對前人機械割裂興、觀、群、怨的迂論不以爲然，他以開明通達的辯證眼光，充分意識到興、觀、群、怨四者之間相輔相成或相得益彰的內在聯繫，肯定其並行不悖的多樣性和一致性。他對詩可以興、可以觀、可以群、可以怨這一傳統觀念作出「隨所『以』而皆『可』的富於創見的解釋，可謂別開生面，其理論依據是多方面的。從作者的角度看，「古之爲詩者，原立於博通四達之途，以一性一情周人情物理之變，而得其妙」（《四書訓義》卷二十一）。大詩人有通天盡人之懷，內極才情，外周物理，其作品使讀者受益無窮，不止於興、觀、群、怨這「四情」中的某一端。從讀者的角度看，讀者有豐富的、無涯際的情感活動，在欣賞詩歌時往往各以其情而自得，能夠達到無所窒礙、不拘一格、哀樂皆可或百感交集的自由境界。從詩的宗旨和功能的角度看，眞正的詩人「導天下以廣心，而不奔注於一情之發，是以其思不困，其言不窮，而天下之人心和平矣」（《詩廣傳》卷三）。導天下以廣心的美學原則，要求解詩者克服執於一端或「目營於一方」的管見。

王夫之推崇藝術個性和獨創性，反對一些詩法著作中所標示的開闔收縱、關鎖喚應、情景虛實、起承轉合等畫地成牢以陷人的死法，他指出：「死法之立，總緣識量狹小。如演雜劇，在方丈臺上，故有花樣步位，稍移一步則錯亂。若馳騁康莊，取途千里，而用此步法，雖至愚者不爲也。」（《薑齋詩話・夕堂永日緒論內編》）王夫之並不一概反對詩法，他堅信無法無脈，則

不復成文字，但他明確認定：詩的法脈，不是教條化的經生法脈；詩的思路，不是落入俗套的經生思路；詩的條理，不是概念化、公式化的經生之理，「經生之理，不關詩理，猶浪子之情無當詩情」（《古詩評選》卷五）。佳作與經生思路脈理無緣，王夫之說：

> 遞換有神，非真作家不能。世人以經生法脈為詩，饒伊筆下如刀，正似割杜仲，無奈絲何。（《明詩評選》卷二）

> 出入遠近之間，總不入人思路脈理，必此乃可言詩。
> （《明詩評選》卷五蔡羽《諸友次高座寺》評語）

> 此公安頓節族，大抵以當念情起、即事先後為序，是詩家第一矩矱，神授之而天成之也。嗚呼！世無知此者，而《三百篇》之道泯矣；乃更以其矩矱矩矱《三百篇》，如經生之言詩，愚弗可瘳，亦將如之何哉！（《古詩評選》卷四庾闡《觀石鼓》評語）

> 以情事為起合。詩有真脈理，真局法，則此是也。立法自敝者，局亂脈亂，都不自知，哀哉！……知神理之中，自有關鎖，有照應。腐漢心不能靈，苦於行墨求耳。
> （《明詩評選》卷四錢宰《白野太守游賀監故居得水字》評語）

總不入人思路脈理，作品才有「意外意中，人各遇之」的藝術效應，才能給讀者以驚奇感、新鮮感，「令讀者如意中所必有，而初非其意之所及」（《古詩評選》卷四）。「以當念情起、即事先後為序」與「以情事為起合」是一個意思，意味著詩人在即景會心的審美感興之際，以寫景的心理言情，只於心目相取處得景得句，因任神理妙合的興會，達到「至文之於天壤，初終條理，自無待而成」的近於莊子所說的以天合天的藝術境界，而不刻意言情，不囿於關鎖、照應等死法。既然偉大詩人的創作是如此情形，以經生思路脈理解詩，勢必導致「立法自敝，局亂脈亂」的後果，所以王夫之說，經生言詩，以其死法桎梏《詩經》，愚魯得無可救藥，腐漢缺乏靈心，而不理解文章本天成、妙手偶得之（神授之而天成之）的藝術創造的秘密。

王夫之曾說，「忽念身本經生，十歲受之父」（《船山經義·序》），「余自束髮，受業經義，十六而學韻語，閱古今人所作詩不下十萬，經義亦數萬首」（《夕堂永日緒論·序》），他在晚年作經義數十首以補早年「雕蟲之悔」。他雖然斷定經生家、訓詁家大多不理解詩的微旨妙趣，但並未低估其學術研究的價值。他曾作《詩經稗疏》四卷，考證名物訓詁，以補先儒之所遺。他指出：

　　　　器服之制，若拘文臆度，浸使爲之，必失古人之精意。……益
　　以知古注疏之不可意爲增減，求俗學之易喻也。(《詩經稗疏》卷一)

　　　　義立於此而不通於彼，往往自相矛盾，則甚矣訓詁之不易也。
　　(《詩經稗疏》卷二)

　　　　義理可以日新，而訓詁必依古說。不然，未有不陷於流俗而失
　　實者也。(《詩經稗疏》卷三)

王夫之既不迷信舊說，也不採納朱熹等人廢棄《詩序》的觀念，而是以求實
的精神對《詩經》加以「精思而博證」，不「徇今以誣古」，僅對朱熹《詩集
傳》就提出近百處商榷意見，對前人的失誤無所迴避。據《欽定四庫全書總
目·卷十六》介紹，《詩經稗疏》「是書皆辨正名物訓詁，以補傳、箋諸說之
遺」。因此可以說，王夫之反對以經生思路脈理解詩，是出於學理的探究，大
體上不帶有個人的主觀偏見。

第二節　「以詩解詩」的思想淵源

　　中國傳統的解詩活動隨《詩經》被尊爲儒家經典而興起。漢代經學家大
多在訓詁方面成就突出，有齊、魯、韓、毛等不同的《詩經》學派，齊、魯、
韓三家詩在東漢以後逐漸衰亡，《毛詩》成了權威。《毛詩》有毛亨所作的《毛
詩詁訓傳》(簡稱《傳》)，有傳於子夏、成於漢儒的《詩序》(簡稱《序》)〔註
5〕，東漢鄭玄所作的注疏(簡稱《疏》)本於毛《傳》、鄭《箋》，也有新義。
至此，《詩經》學的《傳》、《序》、《箋》、《疏》齊備的漢學模式業已形成。《序》
包括《大序》和《小序》，《大序》置於《毛詩》首篇《關雎》之前，《小序》
置於《毛詩》各篇之前。作爲對詩義的權威性解說，《序》在宋代以前幾乎未
受過任何懷疑。宋代歐陽修、蘇轍、鄭樵等人對《毛詩》，尤其是對其中的《小
序》有所懷疑和批判，引發疑序和遵序兩派激烈的爭論。在疑序派或疑古思
潮中，朱熹最有影響，他上承歐陽修、蘇轍、鄭樵，下啓王質，其間受鄭樵
的啓發最明顯。朱熹說：

　　　　《詩序》實不足信，向見鄭漁仲有《詩辨妄》，力抵《詩序》，

〔註 5〕現代學者一般認爲，《詩序》不是一時一人之作，而是在漢代《毛詩》流傳過
　　　　程中既保存了部分先秦舊說，又由毛亨、毛萇、衛宏等人陸續增補而確定的。
　　　　參見夏傳才：《十三經概論》，天津人民出版社 1998 年版，第 166 頁。

> 其間言語太甚，以爲皆是村野妄人所作。始亦疑之，後來仔細看一
> 兩篇，因質之《史記》、《國語》，然後知《詩序》之果不足信。
>
> （《朱子語類》卷八十）

但是朱熹疑序，並非全因鄭樵而導致的，他有自己的感悟和發現：

> 某自二十歲時讀《詩》，便覺《小序》無意義，及去了《小序》，
> 只玩味詩詞，卻又覺得道理貫徹。當初亦嘗質問諸鄉先生，皆云《序》
> 不可廢，而某之疑終不可釋。後到三十歲，斷然知《小序》之出於
> 漢儒所作，其爲謬戾有不可勝言。（同上）

朱熹解《詩》的基本原則是「以《詩》說《詩》」。他指出：

> 今人不以《詩》說《詩》，卻以《序》解《詩》，是以委曲牽合，
> 必欲如序者之意，寧失詩人之本意不恤也。此是序者大害處！
>
> （同上）

這段話實爲經驗之談。朱熹解《詩》，親歷由以《序》解《詩》到以《詩》說
《詩》的轉變過程。他說：

> 某向作《詩解》，文字初用《小序》，至解不行處，亦曲爲之說。
> 後來覺得不安，第二次解者，雖存《小序》，間爲辨破，然終是不見
> 詩人本意。後來方知，只盡去《小序》，便自可通。於是盡滌舊說，
> 詩意方活。（同上）

通過對《詩》的熟讀涵泳和對《序》的反覆研究，朱熹多次發出《序》與《詩》
全不相合、《序》全不可信的感歎，給人以徹底廢《序》的印象。他在晚年編
寫《詩集傳》時，把分散的《序》文匯集起來並加以辨析，題爲《詩序辨說》，
列在《詩集傳》正文之前，使得《序》《詩》二分。據鄭玄說，《序》早於毛
《傳》而成，原是合爲一編的，到毛公作《傳》時，才將各詩之序分置於諸
篇之首。因而，朱熹在《詩序辨說》中指出，毛公引《序》入經，使《序》
文看上去如同經文，使詩篇看似因《序》命題而作，使讀者轉相尊信，無敢
擬議，在有所不通的情況下寧可委曲遷就、穿鑿附合，也不忍確認《小序》
出於漢儒。朱熹「病此久矣」，但仍考慮到《序》畢竟來歷久遠，其間或許眞
有傳授證驗而不可廢者，於是既採納《序》的部分內容以附《詩集傳》中，
又把《序》文合爲一編「以還其舊」並衡量其得失，即編寫出與《詩》的正
文分離的《詩序辨說》。

　　朱熹雖認爲《大序》有不滿人意處，但基本上認可《大序》對《詩經》

的性質、功用及意義的總體說明，即便對《小序》，他也並未完全廢棄。據一些專家分析，《詩集傳》中採納《小序》觀點解詩的地方約占詩篇總數的四分之一強，朱熹對《小序》的態度固然偏激，實際上卻是有所取捨，只是改變《小序》說法之處較多而已。這與他給人留下的廢《序》的印象不太相符，卻體現了他在具體研究工作中審慎、務實的學風。後人對朱熹廢《序》不徹底的情況多有詬病，卻未能從學理上證明《序》毫無可取之處。有學者意識到朱熹解《詩》的內在矛盾，如謝謙說：朱熹是經學家，即「以詩為經」，於是須求「聖人編詩之意」；他又是文學家，即「以詩為詩」，於是要見個「詩人作詩之意」。〔註6〕趙制陽也說：作詩唱詩的人，用心在「情」；采詩、獻詩的人，用心在「政」；說詩教詩的人，用心在「教」，詩序、傳、箋之失，即是以政教的目的為詩旨，抹殺了詩人原有的情意；朱熹說詩，在三者之間徘徊。〔註7〕這種內在矛盾使朱熹解詩的局限和偏差無可掩飾，如其「淫詩」觀念帶有明顯的道學烙印，其以詩之本意解詩的方式，也帶有明顯的宋學義理的色彩。但作為集大成式的學者，朱熹以其綜合性的思想，避免了執於一端的更大的偏差。

　　朱熹是中國古代哲學家中為數不多的真正懂詩的人之一。正如有人說過的那樣，在宋代理學家中，張載論詩長於「知詩」，二程論詩主於「用詩」，邵雍論詩頗有「作詩」之自得，而朱熹則以理學家兼詩人立場，既長於作詩、用詩，也長於知詩。朱熹以《詩》說《詩》，雖然本著儒家經學的立場和理學的視角，但旨在破除漢儒對詩之本意的遮蔽，在較大程度上把握詩的審美與藝術特性，把《詩經》當作文學作品看。這主要體現在以下幾個方面。其一，強調詩的「感物道情」的創作動因和審美特性。朱熹說：

　　　　大率古人作詩，與今人作詩一般，其間亦自有感物道情，吟咏情性，幾時盡是譏刺他人？只緣《序》立此例，篇篇要作美刺，將詩人的意思盡穿鑿壞了。（《朱子語類》卷八十）

　　　　聖人有法度之言，如《春秋》、《書》、《禮》是也，一字皆有理。如《詩》亦要逐字將理去讀，便都礙了。（同上）

〔註6〕參見謝謙：《論朱熹詩說與毛鄭之學的異同及歷史意義》，《四川師範學院學報》1985 年第 3 期。
〔註7〕參見林葉連：《中國歷代詩經學》，臺灣學生書局 1993 年版，第 295 頁。

聖人之言，在《春秋》、《易》、《書》無一字虛；至於《詩》，則
發乎情，不同。（《朱子語類》卷八十一）

朱熹自覺地意識到，《詩》與其他經典的本質區別在於感物道情，懂得詩意
的人從詩中看風土、習俗、人情、物態，在沉潛諷誦中玩味義理，咀嚼滋味，
而不是「逐字將理去讀」或生硬地從詩中「討義理」。因而，朱熹維護《詩》
的感物道情的審美特性，批評漢儒解《詩》的妄生美刺、附會史實、牽合穿
鑿、刻意說教等不良傾向。

其二，注重詩的興發感動的功能或美感效應。朱熹認為，古人所謂「興
於詩」是指《詩》有感發人的意思，《詩》所以能興起人處全在興，「今讀之
無所感發者，正是被諸儒解殺了，死著《詩》義，興起人善意不得」（《朱子
語類》卷八十）。他建議讀者不拘泥於《小序》及舊說，只將本文熟讀玩味，
直到體悟詩人本意，從此推尋開去，方有感發。他反覆強調，讀《詩》之法，
只是熟讀涵泳，自然和氣從胸中流出，其妙處不可得而言。他看重《詩》的
藝術魅力，認為「看《詩》，義理外更好看他文章」（同上）。對普通讀者來說，
讀《詩》畢竟不同於治學，一般不必深究各種注解，何況注解不可全信，但
完全脫離注解則是不適宜的，讀者會在虛設的解讀自由中難以逾越古今文字
音義、事物名實、風土人情等方面的差異所構成的障礙。朱熹雖建議讀者先
去了《小序》，不先看諸家注解，但也贊成讀者在不通順時略檢注解看，理由
是，「凡先儒解經，雖未知道，然其盡一生之力，縱未說得七八分，也有三四
分。且須熟讀詳究，以審其是非而為吾之益」（同上）。《朱子語類》中有不少
言論是教人如何讀《詩》、解《詩》的，其中的一個指導思想是：讀者應以平
常心讀《詩》，只將《詩》當作今人做的詩看，觀其委曲折旋之意，盡情地感
發善心。在朱熹看來，古人說「詩可以興」，須是讀了有興起處，方是讀《詩》，
若不能興起，便不是讀《詩》。朱熹所說的「興起」、「感發善心」，似偏重倫
理意義；他要求讀者在沉潛諷誦中咀嚼《詩》的滋味，則是注重《詩》的美
感效應和古人作詩「敘得事曲折先後，皆有次序」的藝術魅力。這無異於說，
要把《詩》當詩看，而不像漢儒那樣把《詩》當經看。

其三，把詩看作氣脈貫通的有機整體，主張以通悟的方式解詩，注重賦、
比、興的藝術手法。在一般意義上，朱熹把氣象渾成視為詩歌佳作的基本要求
和品格，也推崇詩的自然之趣、平淡之味、含蓄之意、從容之法、貫通之脈等。
在解《詩》時，他把具體詩篇看作氣脈貫通的有機整體來加以觀照。他說：

　　《詩》中頭項多，一項是音韻，一項是訓詁，一項是文體，若
逐一根究，然後討些道理，則殊不濟事，須是通悟方看得。
（《朱子語類》卷八十）

　　今人解文字不看大意，只逐句解，意卻不貫。
（《朱子語類》卷一百三十九）

朱熹認爲作文之法應是首尾照應、血脈通貫、無一字閒，詩須是平易不費力，
句法混成，氣象從容。解詩者若逐句分解，在「逐一根究」中「討些道理」，
則勢必割斷意脈，違背詩情。這對漢儒拘於字句、偏重訓詁、割斷意脈的解
《詩》習氣是有力的批判。

　　王夫之反對以帖括塾師之識說詩，批評經生家的一往之見，與朱熹同出
一轍。賦、比、興是《詩經》最重要的藝術手法，朱熹對這些手法加以較詳
盡的解析，影響較大。他的解析看似與前人相去不遠，卻大致解除了漢儒「美
刺」之說的遮蔽，切近《詩經》抒情藝術的眞面貌，而且具有更普遍的理論
意義。具體地說，其學術貢獻在於：《毛詩》標明是「興」的章節，《詩集傳》
有時歸之於別體，或雖同歸於興體，卻對詩意有不同的解釋；《詩集傳》除了
對分屬於賦、比、興的詩體都一一標明外，還指出有些詩篇綜合體現這些手
法的特殊現象。朱熹從詩之本意和詩藝的角度對《詩經》的解讀不盡準確，
但他所開創的「以《詩》說《詩》」的新途徑卻博通四達。

　　稍晚於朱熹的南宋學者林希逸懂得以詩的藝術眼光看《詩》，他在評價《莊
子‧逍遙遊》的藝術特色時，曾談到《詩經》中委婉含蓄的作品所體現的「詩
法之妙」，認爲《芣苢》一詩形容人物胸中之樂卻連一樂字都不說。他曾爲嚴
粲《詩緝》作序，強調《詩》的「自爲一宗，筆墨蹊徑，或不可尋逐，非若
他經」的藝術特性，稱讚嚴氏「能以詩言《詩》」。在晚明，崇情抑理的思潮
興盛起來，以詩藝的眼光解《詩》的方式日漸流行。鍾惺提出「《詩》，活物
也」的命題。何三省把《詩》看作「趣物」。陳組綬說學詩如參禪，主張「以
詩說詩，先去制義死法，嘿參詩人活法」（《詩經副墨》）。萬時華認爲讀詩之
一蔽在於「今之君子，知《詩》之爲經，而不知《詩》之爲詩」（《詩經偶箋》）。
有人把明代的《詩經》研究評價爲：「義理」不如宋人之精，「考證」不及漢
唐之密。這話有一定道理，但可以肯定的是，在把握《詩》的抒情特性、以
詩藝解《詩》這一研究方向上，明人所取得的成就是空前的，儘管其中帶有
或隱或顯的八股時文的烙印。

　　顧頡剛在為清初姚際恒《詩經通論》所作的序言中說：其以文學說詩，置經文於平易近人之境，尤為直探詩人之深情，開創批評之新途徑。顧氏的言論在一定程度上表明，清代以前，「以文學說詩」一直未成為主流觀念。即便在清代，《詩經》學領域也是考據學占上風的。因此，從朱熹到王夫之，「以《詩》說《詩》」、「以詩解詩」論的價值不可低估。朱熹以《詩》說《詩》，注重在熟讀涵泳中通悟《詩》之本意雖在很大程度上是以義理解《詩》，而且屢有失誤，但他主張不從《詩》中生硬地討義理，而是在感興中玩味義理、咀嚼滋味，這與教條化、概念化的以經生之理解《詩》的方式有天壤之別。可以說，王夫之把朱熹以《詩》之本意解《詩》和明人以詩藝解《詩》的優長之處合為一爐。

第三節　「以詩解詩」的詩學意義

　　歷代主張「以詩解詩」的學者，有一個大致共同的觀念，即強調詩與政治、歷史或學術的本質區別，以此作為解詩的指導思想，維護詩的特性。但由於人們對詩的特性的認識不盡一致，又受到各自所處的時代的學風和思潮的影響，導致不同學者的「以詩解詩」論名同而實異，各有偏勝。王夫之的「以詩解詩」論，以博大精深的詩學思想為依託，博采眾長，具有多方面的詩學意義。對此，我們只從以下兩個方面加以把握。

　　其一，強調詩的審美與藝術特性。王夫之說：

　　　　詩有敘事敘語者，較史尤不易。史才固以檃括生色，而從實著
　　　　筆自易；詩則即事生情，即語繪狀，一用史法，則相感不在永言和
　　　　聲之中，詩道廢矣。此「上山採蘼蕪」一詩所以妙奪天工也。

　　（《古詩評選》卷四《古詩·上山採蘼蕪》評語）

　　　　詩有詩筆，猶史有史筆，亦無定法，但不以經生詳略開闔脈理
　　　　求之，而自然即於人心，即得之矣。

　　（《明詩評選》卷五張治《江宿》評語）

這兩段話大意是說，史筆（史法）以從實著筆或實事求是為準，詩筆則使詩的敘事敘語不落事實黏著的窠臼，體現詩的「即事生情」，「即語繪狀」、「永言和聲」的審美與藝術特性，達到意藏篇中、不假雕琢的「自然」（妙奪天工）境界。王夫之由此稱讚庾信《楊柳行》：「一面敘事，一面點染生色，自有次

第，而非史傳、箋注、論說之次第。透迤淋漓，合成一色，雖盡力抉出示人，而淺人終不測其所謂，正令讀者猶恨其少。」(《古詩評選》卷一) 上述觀點在理論上雖無多少創見，卻富於針砭時弊的力度。就解詩而言，若混淆詩與史的界限，則難免附會史實，牽合穿鑿。王夫之說：「必求出處，宋人之陋也。其尤酸迂不通者，既於詩求出處，抑以詩爲出處考證事理。杜詩：『我欲相就沽斗酒，恰有三百青銅錢。』逐據以爲唐時酒價。崔國輔詩：『與沽一斗酒，恰用十千錢。』就杜陵沽處販酒，向崔國輔賣，豈不三十倍獲息錢邪？求出處者，其可笑類如此。」(《薑齋詩話・夕堂永日緒論內編》) 針對拘文失義、主觀臆度等弊端，王夫之提倡「求通於詩意，推詳於物理，所謂以意逆志而得之」的解詩方式。這要求解詩者博通古今，避免因物理不審、史實不清而穿鑿立說，同時又領會詩的特性而不把詩與史混爲一談。

　　在明代，不少學者繼承鍾嶸以來審美詩學的傳統，重視詩的「意在言外」的藝術特性。楊愼反對「詩史」之說，認爲《三百篇》皆約情合性而未嘗有道德性情句，《二南》皆「意在言外」而使人自悟。徐常吉對《詩經》的含蓄蘊藉藝術尤爲關注，指出《王風・黍離》妙在不著一語道破，「言外有無限感慨」。孫月峰在《批評詩經》中以藝術鑒賞的眼光和藝術批評的術語對《詩經》加以評點，認爲《邶風・匏有苦葉》通篇皆寓物託意，「意皆在言外」。徐光啓提出《詩》在言外」這一全稱判斷，強調讀詩要見古人言外之意或不言之旨。另外，明清人論詩也常有「妙在可解不可解之間」、「在有意無意之間」這類話頭。在這方面，王夫之與前人的看法基本一致。他說：

　　　　且道是賞是罰，詩待解人字外求之，不如上書著論，可直言無
　　　諱耳。風雅謨訓，各自有體，不然聖人不須六經。
　　　(《明詩評選》卷八蔣山卿《北狩凱旋歌》評語)
詩體的一大特徵是字外有意，或稱言外有意、意伏象外。王夫之常用「意在字外」、「字外含遠神」、「字中句外，得寫神之妙」、「無字處皆其意」、「字裏之合有方，而言外之思尤遠」等詞語評詩，可謂津津樂道。同時，受司空圖等人的「象外」論的影響，王夫之常用「意伏象外」、「象外生意」、「神行象外之妙」、「佳句得之象外」等詞語評詩，看上去比前人更注重詩的象外之象、景外之景、象外之意、韻外之致，充分體現了他對含蓄蘊藉的詩體特徵和意境美的崇尚。這一詩體特徵是「詩待解人字外求之」的決定性因素，王夫之對此深有感觸，他眞不知這對解人「是賞是罰」，因爲詩妙在可解與不可解之間，詩使解人所面臨的這種二重性本身就是難解的。

其二，推崇詩的聲情動人的藝術魅力。王夫之在《薑齋詩話・詩譯》的開頭強調釋經之儒所應尊重的詩的特性：「陶冶性情，別有風旨，不可以典冊、簡牘、訓詁之學與焉也。」風旨，亦稱風人之旨、風人之致、比興之旨。微言動物（微動含情）謂之風，風之體微而婉，風旨意味著詩人長言咏歎以寫纏綿悱惻之情，在「永言和聲」中動人興觀群怨。換句話說，風旨體現出詩的含蓄委婉、聲情動人的藝術魅力。因而，王夫之認爲，「中唐人盡棄古體，以箋疏尺牘爲詩，六義之流風雕喪盡矣」（《唐詩評選》卷三），「以章疏入諷咏，殊無詩理」（《古詩評選》卷六），他反對以議論或名言之理（邏輯思辨之理）入詩的習氣，也反對解詩者把詩與論辯及學術混同起來。

聲情動人的藝術魅力導源於詩的音樂性。王夫之推崇音樂，認爲其神奇的功用在於引性情以入微而超事功之煩黷。他留戀中國古代詩樂合一的傳統，認爲詩與樂互爲體用，有共同的條理，明於樂者可以論詩。以樂論詩，是他的詩學的一大特色。他說：

> 意亦可一言，而竟往復鄭重，乃以曲感人心。詩樂之用，正在於斯。（《古詩評選》卷一《瑟調曲・西門行》評語）

> 一往動人，而不入流俗，聲情勝也。
> （《古詩評選》卷一《晉樂府辭・休洗紅》評語）

> 用興處只顛倒上章，而愈切愈苦者，在音響感人，不以文句求也。如是，此等處經生家更無討線索地。
> （《古詩評選》卷二陶潛《停雲》評語）

很多佳作不見得有多深的意旨，而以聲情勝。也有不少佳作既情意深遠，又富於曲致，如謝靈運的《悲哉行》別有寄託，「使知者悼其深情，不知者亦欣其曲致」（《古詩評選》卷一）。詩人若僅求深刻，以議論爲詩，則不如廢詩而著論辯。解詩者若像經生家那樣拘泥於意旨的探討或文句的分析，忽視詩的聲情動人（「以曲感人心」、「音響感人」）的特性，勢必陷入褊淺的境地。本著這樣的思想，王夫之反對「以意爲主」之說：

> 全以聲情生色。宋人論詩以意爲主，如此類直用意相標榜，則與村黃冠盲女子所彈唱，亦何異哉？
> （《古詩評選》卷一鮑照《擬行路難》之《君不見柏梁臺》評語）

但以聲光動人魂魄，若論其命意，亦何迴別？始知以意爲佳詩
者，猶趙括之恃兵法，成擒必矣。

（《古詩評選》卷四張協《雜詩》之《大火流坤維》評語）

詩是由包括「意」在內的多種因素組成的有機整體，「意」不等於詩，「意」
佳不等於詩佳，因而，衡量詩的優劣，不能單單以「意」爲主。詩文「以意
爲主」並不是宋人先提出來的，但宋人對這一命題的解釋大多帶有濃重的理
學色彩，也有重質輕文的偏向。早在南宋時，鄭樵、嚴羽等人已把宋人主理
視爲弊病。宋詩及宋人主理的偏向，在明代普遍不被看好，王夫之不喜宋詩，
可謂淵源有自。鄭樵說漢儒講《詩》專以義理相傳，《詩》的「洋洋盈耳之旨」
不受重視，「漢儒之言詩者，既不論聲，又不知興，故鳥獸草木之學廢矣」，
他所批評的雖是漢儒，卻也切中宋儒的要害，他認爲「樂之本在詩，詩之本
在聲」，「聲之本在興，鳥獸草木乃發興之本」（《通志·昆蟲草木略·序》），
他明確地把「聲」視爲詩的本體特徵，反對只講義理而使「聲歌之音，湮沒
無聞」。這種觀點在當時極爲難得。與此相應，以音聲論詩之風從元末明初起
就開始流行。李東陽認爲詩有聲律諷咏，詩、文之別主要在聲。李夢陽說：「詩
至唐古調亡矣，然自有唐調可歌咏，高者猶足被管絃。宋人主理不主調，於
是唐調亦亡。」（《缶音序》）明代詩學在探討詩的音韻聲調等形式因素方面有
突出成就。王夫之推崇聲情動人的藝術美，或隱或顯地採納了鄭樵等人以音
聲論詩的積極意義。不同的是，鄭樵等人側重從詩的形式因素或藝術本體的
角度把握音聲，而王夫之所說的「聲情」基於對詩的整體把握，是富於包容
性的概念，意味著聲情並茂，既注重詩以道性情的抒情特性，又強調詩以聲
（聲光、聲韻）動人的藝術特性。因此，具有現代意義的以詩解詩的理論基
礎或指導思想得以確立。

第五章　王夫之的艷詩論

　　艷詩，與艷歌、艷詞、情詩、艷情詩、艷體詩的意義大致相同，包括今人所說的愛情詩在內，泛指自古以來吟咏異性、抒發戀情的詩。艷詩一詞，較早見於南朝齊梁時期宮體詩人作詩所用的題目中，如《三婦艷詩》）（王融）、《戲作艷詩》（蕭繹）等。從唐代起，艷詩一詞成為約定俗成的批評術語。劉肅的《唐新語・公直》曾記載道：梁簡文帝為太子，好作艷詩，境內化之，浸以成俗，謂之「宮體」。元稹《敘詩寄樂天書》有言：近世婦人，……衣服修廣之度及匹配色澤，尤劇怪艷，因為艷詩百餘首。南宋《許彥周詩話》引高秀實語：元氏（稹）艷詩，麗而有骨；韓偓《香奩集》，麗而無骨。王夫之在《古詩評選》、《唐詩評選》、《明詩評選》等著作中選錄艷詩多首並有較細緻的評價，他的評價因隨感式的文體而顯得零散，他對艷詩的概念和衡量標準也缺乏明確的界定，但我們從中仍能看出他的既獨特又切合中國詩學精神的基本觀念。多年來，學界對王夫之的艷詩論缺乏應有的關注，這個局面應有改變。

第一節　艷情與淫情

　　艷詩有多種形態，並不都是富於艷情意蘊的。很多艷詩描摹女性容貌、姿態、服飾、用品或閨中陳設，是詩人以咏物的旨趣和格式寫出的，通常具有詞采華艷、旋律柔婉、格調輕靡的特色，其中缺少即物達情、情景雙收、情深韻遠的佳作。王夫之說：「宮體一倡，咏物者惟有掇拾，漫無思理，此篇殊矜風味。」（《古詩評選》卷五鮑泉《咏剪彩花》評語）他讚賞聲情並茂、文質相生的佳作，例如：

有文皆有情，不似宮體他篇之徒爲字事使也。……「文以氣爲
主」，雖時出浮艷，亦豈能有此哉？
（《古詩評選》卷一簡文帝《隴西行》評語）

簡文詩非艷不作，顧有艷字而無艷情。此作亭亭自立，可以艷
矣。（《古詩評選》卷五簡文帝《怨詩》〔註1〕評語）

南朝梁簡文帝蕭綱是宮體詩的旗手，《梁書・簡文帝紀》說他雅好題詩，傷於
輕艷。「輕艷」可謂後世對蕭綱的詩、宮體詩乃至齊梁詩的定評。王夫之不因
蕭綱的詩非艷不作、時出浮艷而對其人其詩抱有成見或抹殺其出色之處，他
不希望艷詩有文無情、「徒爲字事使」或「有艷字而無艷情」，因爲眞正動人
的艷詩不一定詞采華艷卻總是富含艷情的。

在中國古代，人們通常把各種形態的男女戀情泛稱爲艷情。艷情在詩中
不一定都是夫婦以外的，如簡文帝蕭綱的《咏內人晝眠》，其結尾兩句云：夫
婿恒相伴，莫誤是倡家。艷情在詩中也不見得都是男女之間的，如南朝梁吳
均的《咏少年》和蕭綱的《變童》，這兩首詩都被選入《玉臺新咏》，帶有男
性狎戲的口吻和濃重的男色意味。同爲寫艷情，由於創作意圖、視角、口吻、
韻味、詞采等因素的不同，作品的格調、境界和效應就有很大差別。因而，
王夫之對諸多艷情並不一概加以褒貶，他採取的是具體問題具體分析的態
度。他所貶抑的是淫情。從貪色、淫亂的層面看，淫情是艷情的特殊形態；
從沉溺、過度的層面看，淫情與艷情不一定有直接或密切的關係。

就人生而言，王夫之對男女之間的情、欲持充分肯定的態度。在他看來，
甘食悅色是天地之化機，飲食男女之欲是人之大共，共而別者在於度；人之
有情有欲乃天理之宜然，隨處見人欲即隨處見天理，人欲之各得即天理之大
同；情慾爲「血氣之所樂趨」，君子弗能絕，男女之間的幽昵之情順勢而發，
乃以保舒氣之和平，「故知陰陽、性情、男女、悲愉、治亂之理者，而後可與
之言《詩》也」（《詩廣傳》卷三）。但情、欲有多種形態，不一定都具有使人
興發感動的審美價值，情、欲不等於詩情。王夫之說：「詩達情，非達欲也」，
「但言欲，則小而已」，「欲之迷，貨私爲尤，聲色次之」，「不得於色而悲鳴
者，其蕩乎！不得於金帛而悲吟，蕩者之所不屑也，而人理亦亡矣」（《詩廣
傳》卷一）。他不贊成人們沉溺、迷亂於貨私、聲色之欲，不希望人們對此加

〔註1〕簡文帝《怨詩》：秋風與白團，本自不相安。新人及故愛，意氣豈能寬？黃金
肘後鈴，白玉案前盤。誰堪空對此，還成無歲寒。

以長言嗟歎，認爲「欲有大，大欲通乎志」（同上），也就是說，人的欲望不應局限於狹小的境地而應與深遠廣大的情志相通。這樣，欲通過情志或性情而與詩有不解之緣。王夫之對情、欲的態度與宋代道學家揚天理抑人欲的觀念有很大差別，與晚明文藝思潮中的自然情性論有很多共同點，但不像後者那樣既疏離儒家傳統又缺少新的理性思維的支撐。他不拘泥於傳統觀念，也不盲從時代思潮，以博古通今的方式爲詩學確立新的哲學基礎，以求同存異的精神爲眾說紛紜的詩學思想尋求整合的通路。本著詩達情的美學原則，王夫之在品評艷詩時把情視爲不可或缺的要素或指標。

　　情有貞、淫之分。王夫之說：「情之貞淫，同行而異發久矣」，「貞亦情也，淫亦情也。……情上受性，下授欲。受有所依，授有所放，上下背行而各親其生，東西流之勢也」（《詩廣傳》卷一）。貞、淫相背是顯然的，但其間的界限卻並非涇渭分明，王夫之似乎無意嚴格劃定其間的界限，因爲宇宙人生中沒有「截然分析而必相對待者」。他對貞情未作明確的解釋，根據他的有關言論的上下文，可以說，貞情合乎仁義禮智之性，富於惻隱、羞惡、恭敬、是非之心，與委瑣、頑鄙、浮靡的淫情相反，是眞摯、專注、純正、有節度的情感。淫情，具有過度、沉迷、貪色等多層面的涵義，在不同的語境中往往各有所指。王夫之說：

　　　談藝者曰：「《國風》好色而不淫，《小雅》怨誹而不傷。」好色
　　而不淫，未能諒怨誹之不傷也。怨誹而不傷，則以之好色而淫者，
　　未之有矣。淫者，非謂其志於燕媒之私也，情極於一往，氾蕩而不
　　能自戢也。（《詩廣傳》卷三）

戢，意爲止息、禁止。在王夫之看來，自戢並非要人在閉塞、壓抑中「矜其清孤」，是指人能「有所私而不自溺」，「情摯而不滯，氣舒而非有所忘，蕭然行於憂哀之途而自得」，無所傷故無所淫，「知不傷之乃以不淫者，可以言情矣」（同上）。由此可見，怨誹而不傷，大體上不是說詩人機械地保守某種政治教條或維護某種道德準則，而是指詩人不因「極於一往」而使情感流落到放蕩、損傷的「淫」的地步，意味著順應情感緩解和舒泄的心理規律，把握恰到好處的分寸感和自由度，取得最佳的藝術效果。

　　好色而不淫、怨誹而不傷的命題，源於《論語‧八佾》中孔子所說的「《關雎》樂而不淫，哀而不傷」，出自《史記‧屈原賈生列傳》中司馬遷所說的「《國風》好色而不淫，《小雅》怨誹而不亂」，又見於《離騷序》中班固所援引的

淮南王劉安評價《離騷》的用語。《毛詩序》中的《小序》認定《詩經・國風》中有十幾首詩與男女戀情或淫亂直接相關，但認為詩人旨在譏刺淫奔和時風等。照此說法，刺淫可謂「不淫」。朱熹說：詩以道情，詩人不會總是譏刺他人。他把《小序》所謂旨在刺淫的十幾首詩視為男女自敘其事其情的「淫詩」，另把《國風》中《小序》認為與淫奔或淫亂沒有關係的十幾首詩也解作「淫奔之詩」、「淫者相謂」、「男女相悅之詞」等。他基本上把「淫詩」歸結為詩中的「淫」者之言，認為「淫詩」並不意味著作者「淫」，他說詩人溫醇，必不樂於譏刺他人之短，「如詩中所言有善有惡，聖人兩存之，善可勸，惡可戒」（《朱子語類》卷八十）。按照這個邏輯，朱熹試圖避免「淫詩」論與「好色而不淫」、「思無邪」等儒家詩學準則的衝突。

王夫之不認為朱熹所指稱的二十多首詩都是淫詩，指出《衛風・木瓜》、《王風・丘中有麻》、《鄭風・山有扶蘇》等算不上淫詩，他說事關風化，不敢曲徇朱熹。他也贊同或採納朱熹的一些觀點。例如：朱熹說《邶風・靜女》是「淫奔期會之詩」，王夫之說《靜女》之情適用於「床笫綢繆之愛」，「兩貞之相俟，未有於城隅者也」（《詩廣傳》卷一）。又如：朱熹說《王風・採葛》〔註 2〕言淫奔者「思念之深也，未久而似久也」（《詩集傳》詩卷第四），王夫之說《採葛》之情是淫情，因為「其詞遽，其音促，其文不昌，其旨多所隱而不能詳，情見乎辭矣」（《詩廣傳》卷一）。朱熹所說的「淫詩」是對情詩的貶稱。王夫之所說的「艷詩」是個中性詞，在落實到具體作品時褒貶用意不一，而「淫情」則是貶義的，主要體現在兩個方面：一是迷於聲色，二是迷於貨私。王夫之對涉嫌迷於貨私的詩尤為反感。例如：關於《邶風・北門》，《小序》說它刺仕不得志；孔穎達《毛詩正義》說它謂衛君之暗，衛君不知士有才能，不與厚祿，使之困苦，不得其志；王夫之說它為不得於金帛而悲吟，「《北門》之淫倍於《桑中》」（《詩廣傳》卷一）。又如：關於《小雅・北山》，《小序》說此詩為大夫刺幽王，「役使不均，己勞於從事，而不得養其父母」；孔穎達《毛詩正義》說此詩為「怨役使不均之辭」；王夫之說此詩為變雅之「淫詞」，因為「其音復以哀，其節促以亂，其詞誣，其情私」，「音哀者

〔註 2〕《詩經・王風・採葛》：彼採葛兮，一日不見，如三月兮。彼採蕭兮，一日不見，如三秋兮。彼採艾兮，一日不見，如三歲兮。

與早期看法不同，王夫之在晚年時認為：《採葛》應是詠懷詩，若作閨思詩，則不足紀矣，《採葛》詩十二字，不刪而傳，豈非此哉？朱子於此失卻眼」。（《明詩評選》卷四陳基《秋懷》評語）

節必亂，節亂者誣上行私而不可止」（《詩廣傳》卷三）。從王夫之對《王風‧採葛》、《小雅‧北山》的評價可以看出，他衡量「淫情」詩的幾個角度在於：情感、旨趣、音調、節奏、詞句或文辭等。

　　與朱熹相比，王夫之所指認的《詩經》中「淫情」詩的數量不多，但範圍卻擴大到了男女之情以外，擴大到了《國風》以外。這與王夫之對《詩經》自始自終的推崇是否不協調？與司馬遷等人的「《國風》好色而不淫，《小雅》怨誹而不亂」的觀點是否相衝突？王夫之似乎沒有解釋過這樣的「問題」。可以肯定的是，他把好色而不淫、怨誹而不傷當作非常重要的詩學批評標準。他說：

　　　　可以群者，非狎笑也；可以怨者，非詛咒也。不知此者，直不可以語詩。上下四旁，古今人物，饒有動情之處。鄙躁者非笑不歡，非哭不戚耳。自梁、陳、隋、唐、宋、元以來，所以亡詩者在此。
　　（《古詩評選》卷一陸厥《中山孺子妾歌》評語）

　　　　好色不淫，怨誹不傷，猶於此見之。
　　（《古詩評選》卷四《古詩十九首》之《凜凜歲云暮》評語）

狎笑和詛咒並非不宜入詩，這兩種言行在歷代詩中並不罕見。但其性質幾乎注定了詩人很難做到不淫、不傷，因為詩人無論怎樣長言詠歎，都很難使其昇華為近情而不俗、廣遠而微至的審美情感。鄙躁者往往粗鄙、浮泛，在作詩時難免急躁、做作、刻露。因而，不淫、不傷是需要多種因素相契合而達成的藝術境界，是對藝術創作提出的很高的要求。

第二節　艷詩中的宮體詩

　　宮體詩成名於南朝蕭梁時，南朝史書、《隋書》及後人文章中對此有較多記載，例如：

　　　　（徐摛）屬文好為新變，不拘舊體。……摛文體既別，春坊盡學之。「宮體」之號，自斯而起。（《梁書‧徐摛傳》）

　　　　梁簡文帝之在東宮，亦好篇什，清辭巧製，止乎衽席之間；雕琢蔓藻，思極閨闈之內。後生好事，遞相放習，朝野紛紛，號為宮體，流宕不已，訖於喪亡。（《隋書‧經籍志》）

　　　　梁簡文帝及庾肩吾之屬，始為輕浮綺靡之辭，名曰「宮體」。自後沿襲，務為妖艷。（杜確《岑嘉州集序》）

「好爲新變，不拘舊體」是指宮體詩與永明體詩一樣在形式上突破了漢魏古詩，是一種新詩體，或者說是把永明體詩進一步推向格律化。宮體詩的形成始於徐摛，經蕭綱的倡導而風行朝野，徐摛及其子徐陵，庾肩吾及其子庾信，作爲宮廷重臣，都是宮體詩的寫作能手，促成了宮體詩的興盛。徐、庾父子的宮體詩被稱爲「徐庾體」。宮體詩興起於蕭綱任梁太子時的東宮，所以號爲「宮體」，其題材大多集中於「閨闈之內」、「衽席之間」，在藝術形式上精雕細琢，注重詞藻和聲韻，在格調上主要體現爲「輕浮綺靡」。宮體詩盛於梁、陳，其餘風延及隋以至唐初。從題材、格調、藝術形式等方面看，宮體詩的根本特徵是「艷」，其優點、缺點以及在後世的際遇都是由此生發的。宮體詩是艷詩最主要的形態之一。

後世論南朝詩所說的「玉臺體」，名稱始自徐陵所編的《玉臺新咏》，這部詩歌總集大約編定於梁朝末年，收入漢魏至梁的詩歌達八百七十首之多，據說是蕭綱在晚年爲擴大宮體詩的影響而令徐陵編撰的。徐陵在《玉臺新咏序》中說：撰錄艷歌，凡爲十卷。用明胡應麟和清紀容舒的話說：《玉臺新咏》但輯閨房一體，非詞關閨闈者不收。徐陵所說的艷歌，雖有注重音樂的意思在內，但已專指詩詞，即艷詩或艷詞。《玉臺新咏》中的詩選自幾個朝代，宮體詩則主要是梁陳時期的。玉臺體所代表的詩風比宮體詩寬泛些。若說玉臺體是艷體，那也是較寬泛的說法。

後世對宮體詩的評價歷來不高。王夫之亦如此，他說：

> 必欲抹此以輕艷，則《三百篇》之可刪者多矣。但不犯梁家宮
> 體，願皋比先生勿易由言也。
> （《唐詩評選》卷四元稹《早春尋李校書》評語）

皋比，意爲虎皮或虎皮坐具，後指學師的坐椅。皋比先生，指假道學先生，帶有貶義。皋比先生不能感悟詩、詩情或戀情的妙處，把艷詩視爲洪水猛獸，動不動就以維護風化爲名，給很多佳作貼上「輕艷」的標籤。王夫之對此很反感。但他不能否認的是，宮體詩在「輕艷」這個問題上，並非徒有虛名。在他看來，梁朝宮廷蕭氏父子以文筆相競，然文之衰也，自其倡之於上，而風會遂移；蕭綱的諸多艷詩中不乏「猥媟亡度之淫詞」，流於「卑俗」、「浮艷」，難免爲千古所詆呵。他說：

> 宮體之病麗以佻。《屏風》諸篇，結體既整，且不入艷情，以此
> 爲「老成」可也。（《古詩評選》卷六庾信《咏畫屏風》評語）

佻，意爲輕薄、輕狂，亦可謂失度或有失分寸。「麗以佻」，與麗以則幾乎相反，與麗以淫大致同義。把「麗以佻」視爲宮體詩的一大通病，並不妨礙王夫之較公正、準確地評價具體作品。如他在《古詩評選》中評價梁武帝蕭衍的幾首古樂府歌行體詩時說：豈可以「輕艷」看待《臨高臺》？對《河中之水歌》不能如皮相人以齊梁薄之，《紹古歌》託體雖艷，其風神音旨英英遙遙，固已籠罩百代。

明代詩壇曾有宗唐、宗宋之爭，王夫之對宋詩幾乎沒有好感，但也不主張宗唐，他希望詩人有博通古今之胸懷，有獨創性，而不專以一家或一代詩爲宗。他對漢、魏、晉等朝代的詩歌較爲推崇。就各種詩體而言，他似乎偏愛樂府歌行或古風。與梅堯臣提出的「狀難寫之景，如在目前；含不盡之意，見於言外」的觀點相近，王夫之認爲：「文外隱而文內自顯，可抒獨思，可授眾感。」（《古詩評選》卷四）從這樣的觀點中，我們可以看出劉勰的「隱秀」說所體現的詩學理想。王夫之選詩評詩，總是以此爲重要標準。在他看來，魏晉以下人詩，不著題則不知所謂，倘知所謂則一往意盡。他說：

> 間中生色。子慎於宮體一流中特疏俊出群，賢於諸劉遠矣。其病乃在遽盡無餘，可乍觀而不耐長言，正如炎日啖冰，小爾一快，殊損人脾。但子慎之所爲遽盡者，情與度而已。

（《古詩評選》卷五庾肩吾《遊甄山》評語）

「諸劉」指梁朝的劉孝綽、劉孝儀、劉孝勝、劉孝威、劉孝先及劉遵兄弟，他們是宮體詩鼎盛時期的主將，都有艷詩傳世。可能是受南朝民間艷歌的通俗、淺白特徵的影響，他們的不少作品不夠含蓄，如劉孝威的《望隔墙花》：「隔墻花半隱，猶見動花枝。當由美人摘，詎止春風吹。」晚明鍾惺在《古詩歸》中對這首詩評價道：妙想全露，不肯少留分毫，是其一病，然已快人眼目矣。與此相近，王夫之說庾肩吾（字子慎）的詩病在「遽盡無餘，可乍觀而不耐長言」。在宮體詩人中出類拔萃的庾肩吾及諸劉尚且如此，其他詩人的艷詩恐怕也多有直露、促迫、浮躁之病。

正如有人說過的那樣，詩至於齊，情性既隱，聲色大開。宮體詩是在齊梁的時代風氣中應運而生的，是齊梁詩在描寫女性或吟咏艷情方面的偏勝。而後人對齊梁詩多有詬病，例如：齊、梁間詩，采麗競繁，而興寄都絕（陳子昂《與東方左史虬修竹篇序》）；齊、梁間人詩，讀之使人四肢皆懶慢不收拾（朱熹《朱子語類》卷一百四十）；齊、梁《玉臺》，體制卑弱（揭傒斯《詩

法正宗》）；齊與梁，文勝而質滅（胡應麟《詩藪》）。文質隨風會而移，齊梁詩在文（感性形式）的方面成就突出，這是後人抹殺不了的。在文質關係問題上，王夫之堅持文因質立、質資文宣、文質相生的辯證的有機統一觀，以此作爲衡量詩歌優劣的重要尺度。在他看來，齊梁之病，非腴澤之病，正苦體局束而氣不昌，文者氣之用，氣不昌則更無文，「定齊梁詩，以生氣爲主」（《古詩評選》卷五）。可以說，王夫之抓住了齊梁之病的癥結。作品能否富於生氣、活力，要看作者的氣質、心胸、創造力或藝術表現力如何。如果作者缺乏獨特的血性眞情或精神氣魄，不體會所抒寫的人或事物的精、氣、神，又不把握標誌著藝術表現力的氣機、張力、活法，就不能使作品富於生氣、活力。王夫之指出：

> 齊梁以降，士習浮淫，詩之可傳者既不多得，近者竟陵一選，
> 充取其狎媟猥鄙之作，而齊、梁、陳、隋，幾疑無詩。若子山以上
> 三篇，眞性情、眞風雅、爲一代大文筆者，反斷然削去。古人心血，
> 爲後世無知無行者掩飾至此，雖非壯夫，能不爲之按劍哉？
> （《古詩評選》卷一庚信《楊柳行》評語）

「竟陵一選」是指晚明竟陵派詩人鍾惺、譚元春選編的《古詩歸》，其中選入包括《子夜》、《讀曲》等南朝艷歌在內的艷詩多篇。王夫之嚴厲指責鍾、譚不選像庚信（字子山）的《楊柳行》、《怨歌行》、《燕歌行》那樣的眞性情、眞風雅之佳作，而偏選齊梁以降的諸多淫艷詩詞，他看似憤怒，有失偏頗，但他不僅是要維護風教或風雅之道，也是基於作品文質兼美的審美與藝術價值的考慮。王夫之不因齊梁以降士習浮淫而抹殺其詩之可傳者，他對齊梁詩的評價，在很大程度上適合於對宮體詩的評價。

第三節　艷詩與亡國之音

詩與樂原是合一的。歌詞作爲詩的一種形態，至今與音樂難以分開。獨立出來的詩，與音樂也有不解之緣。因而，「亡國之音」這個詞，既用以指稱音樂，也適用於詩歌。《禮記·樂記》有言：「治世之音安以樂，其政和；亂世之音怨以怒，其政乖；亡國之音哀以思，其民困。聲音之道，與政通矣。……鄭、衛之音，亂世之音也，比於慢矣。桑間濮上之音，亡國之音也。其政散，其民流，誣上行私而不可止也。」鄭、衛之音原指春秋戰國時期鄭、衛等國

的民間音樂，後來成爲「淫靡之樂」或「靡麗之風」的代稱。孔子曾提出「鄭聲淫」的觀點，對後世有很大影響。桑間，即《詩經》中所說的桑中，《小序》解釋《鄘風·桑中》：衛之公室淫亂，男女相奔，至於世族在位，相竊妻妾，期於幽遠，政散民流而不可止。濮上，即濮水之上，商朝時在都城轄區內，據說紂王作靡靡之音，流及後世，後世以濮上代稱淫靡風俗流行之地。《漢書·地理志》云：衛地有桑間濮上之阻，男女亦亟聚會，聲色生焉，故俗稱鄭衛之音。王夫之在解釋上面援引的《樂記》中的那段話時說：

> 音由世之治亂而異，而還感人心，復生治亂。……「慢」，謂不修也。音不修必流於過情，情激則哀以思，所謂「亡國之音」也。周衰，鄭、衛之聲始作，天下習之，於是王室陵遲，終於亡而不振。……音之所感，人心應之，下欺其上，各營其私，而不相輯睦，成乎風俗，雖有峻法，莫能禁止也。（《禮記章句》卷十九）

亂世之音生於亂世，通過影響人心和思潮惡化亂世，兩者互相推動，在國之將亡的局面中，頹廢遮蔽慷慨，亂世之音漸成亡國之音，直到新的朝代建立，社會趨於安定，它才受到扼制或自行沉落。參照王夫之的觀點，可以說，亡國之音與國之將亡不是單向的因果關係，它通常不單是由民間自下而上或由宮廷自上而下的。作爲中國最早的艷詩之一，《桑中》早已隨著「桑間濮上」的典故而與亡國之音聯繫在一起。就艷詩來說，不能簡單地把艷詩的流行視爲亡國的動因。艷詩往往通過動亂的時局、低迷的心態、浮淫的風氣而流行，又反作用於後者，進而影響國運。

王夫之在年輕時親歷明清易代，深有亡國之痛，終生難以釋懷，他在晚年評選歷代詩歌時，對艷詩與亡國之音的問題很敏感，不時在有意無意間思考晚明詩壇的一些人與事，難掩內心的憤慨。他說：

> 妖孽作而妖言興，周延儒〔註3〕是已。萬曆後作小題文字，有諧謔失度、浮艷不雅者，然未至如延儒，以一代典制文字引伸聖言者，而作「豈不爾思」、「逾東家墻」等淫穢之詞，其無所忌憚如此。伏法之後，閨門狼藉不足道，乃令神州陸沈而不可挽，悲夫！
> （《薑齋詩話·夕堂永日緒論外編》）

〔註3〕周延儒，字玉繩，宜興人。萬曆四十一年會試、殿試均第一。崇禎初官內閣首輔，爲溫體仁排擠歸。溫敗，起復。爲官貪賄昏庸，清兵擾山東，周出視師，虛報捷章，事發，削職賜死，家產籍沒。《明史》卷三〇八《姦臣》有傳。

一般的「諧謔失度、浮艷不雅」的小題文字基本上不會影響時政大局，也就是說，一般的艷詩輕易不會成爲亡國徵兆。堪稱亡國之徵兆的，往往是艷詩中的頹靡、淫穢之作，它們由於作者、編者或讀者的特殊身份、地位、性行等因素的附加作用，在亂世直接或間接地產生惡劣影響。「豈不爾思」是《詩經・王風・大車》等作品中的句子。「逾東家墻」一語見於《孟子・告子下》。作這類「淫詩」的不是普通人，而是明崇末禎時曾官至內閣首輔的周延儒，此人爲官昏庸腐敗，在「虛報捷章」事發後被賜死。一代朝廷重臣在爲文、爲人、爲官上徹底墮落，其惡劣影響豈可低估？對這類人，「無行」二字已不足以充分譴責。王夫之說這類人令神州陸沉而不可挽，確實是恰如其分的。

竟陵派的鍾惺、譚元春活躍於晚明萬曆末年至天啓、崇禎年間，影響很大，他們編選的《詩歸》（《古詩歸》、《唐詩歸》）盛行一時，他們提倡「幽情單緒」、「幽深孤峭」的詩說，旨在修正公安派的弊端，卻也是易代之際的末世心態的反映。鍾、譚均在明亡前過世，此後在很多方面不斷遭到非難。錢謙益視風行一時的鍾惺等人的詩爲「詩妖」，認爲鍾譚體詩有鬼趣，有兵象，「鬼氣幽，兵氣殺，著見於文章，而國運從之」（《列朝詩集小傳・鍾提學惺》）。朱彝尊以「國家將亡，必有妖孽」的古訓指斥鍾、譚，認爲《詩歸》出而一時紙貴，流毒天下，「詩亡而國亦隨之亡矣」（《靜志居詩話》卷十七）。與錢、朱二氏相比，王夫之對鍾、譚的譴責有過之無不及。他說：

> 從景得情，不褻不稚，猶自有詩人之旨。《子夜》、《讀曲》等篇，舊刻樂府，既不可登諸管絃，雖下里或謳吟之，亦小詩而已。晉、宋已還，傳者幾至百篇。歷代藝林，莫之或採。自竟陵乘閏位以登壇，獎之使廁於風雅，乃至可讀者一二篇而已。其他媟者如青樓啞謎，黠者如市井局話，寒者如閩夷鳥語，惡者如酒肆拇聲，澀陋穢惡，稍有鬚眉人見欲嘁。而竟陵唱之，文士之無行者相與斁之，誣上行私，以成亡國之音，而國遂亡矣。竟陵減裂風雅、登進淫靡之罪，誠爲戎首。（《古詩評選》卷三失名《子夜春歌》〔註4〕評語）

從景得情，亦即以寫景的心理言情，是王夫之詩學中的一個重要原則，適用於衡量艷詩。從景得情的艷詩，往往含蓄蘊藉、生色動人。《子夜》（《子夜歌》）和《讀曲》（《讀曲歌》）是六朝時流行於吳地的吳聲歌曲的曲名，這兩種樂曲的歌詞今存約一百三十首。若把受吳歌同化的西曲包括在內，可以說，六朝

〔註4〕失名《子夜春歌》：春林花多媚，春鳥意多哀。春風復多情，吹我羅裳開。

吳歌、西曲的歌詞今存約四百七十首，除少數文人的擬作外，大都是採自民間的里巷謠謳，其中罕見男女艷情以外的題旨。晉、宋以降，吳歌、西曲在文壇風行起來，宮廷上下，既傳唱已有的樂府民歌，又競造新聲雜曲，可謂「家競新哇，人尚謠俗」（《南齊書‧王僧虔傳》）。《玉臺新咏》卷十選錄齊梁時的吳歌西曲十四首，又選梁武帝蕭衍擬作的《子夜歌》、《子夜四時歌》等二十七首。宋人郭茂倩所編的《樂府詩集》也收入吳歌、西曲多首。可見，王夫之說「歷代藝林，莫之或採」似不準確。諸多吳歌、西曲在思想與藝術價值上參差不齊，王夫之的評價偏低，但我們的評價也不應偏高。

宮體詩派的作品大多受吳歌、西曲的影響，與之氣脈相通。李延壽在《南史》中說蕭綱以哀思之音移風易俗，他剖析史實，以唐人總結前代興亡的眼光視艷歌為亡國的罪魁禍首，洞見了君主詩文風格與文壇風氣之間的因應關係。民間艷歌影響宮廷詩風，宮廷君臣又把浮淫的詩風推向極致。在齊梁詩壇，上以風化下，唯獨缺乏「下以風刺上」。難怪唐初魏徵說：梁自武帝蕭衍在位三十多年後，雅道淪缺，漸乖典則，爭馳新巧，蕭綱、蕭繹啟其淫放，「蓋亦亡國之音乎」（《隋書》卷三十五）。

晚明萬曆後直到亡國的幾十年間，幾位皇帝雖未提倡艷詩，但大多政績不佳或荒廢朝政，由士人階層推向民間的人情解放的潮流業已泛濫，民間流行的《掛枝兒》、《山歌》等民歌所吟唱的幾乎只是一個「情」字，通俗小說、戲曲也大多崇情抑理。而被很多人所忽略的事實是：社會矛盾和民族矛盾已激化到難以緩解的地步。在這樣的背景下，鍾、譚選編大量格調卑俗的艷詩，風靡大江南北，怎能不使王夫之在反思明亡教訓時憤慨有加？王夫之說：

> 艷詩有述歡好者，有述怨情者，《三百篇》亦所不廢。顧皆流覽而達其定情，非沈迷不反，以身為妖冶之媒也。嗣是作者，如「荷葉羅裙一色裁」，「昨夜風開露井桃」，皆艷極而有所止。至如太白《烏栖曲》諸篇，則又寓意高遠，尤為雅奏。其述怨情者，在漢人則有「青青河畔草，郁郁園中柳」，唐人則「閨中少婦不知愁」，「西宮夜靜百花香」，婉孌中自矜風軌。……唯譚友夏渾作青樓淫咬，鬚眉盡喪；潘之恒輩又無論已。《清商曲》起自晉、宋，蓋里巷淫哇，初非文人所作，猶今之《擘破玉》、《銀紐絲》耳。操觚者即不惜廉隅，亦何至作《懊儂歌》、《子夜》、《讀曲》？
>
> （《薑齋詩話‧夕堂永日緒論內編》）

王夫之從作品的情思內涵的角度把艷詩分爲兩種類型，即：歡好型，怨情型。前者中的佳作「皆艷極而有所止」，可謂好色而不淫；後者中的佳作「婉孌中自矜風軌」，可謂怨誹而不傷。對於後者，王夫之解釋說：征婦閨中之怨，怨之私者也，盛世之怨，捨此而無怨焉耳，「忠臣之憂亂，孝子之憂離，信友之憂讒，願民之憂死，均理之貞者也，而不敵思婦房闥之情」（《詩廣傳》卷三）。這就爲閨怨型的艷詩給予很高的價值定位。閨怨，除了以眞情動人外，也作爲國計民生的縮影啓發人的情思。王夫之有一條準則：無論述歡好還是述怨情，詩人都不應淪落到「沈迷不反，以身爲妖冶之媒」的地步。譚元春（字友夏）《夏夜古意》云：「……明月皎皎照羅幃，羅花一一影香肌。郎來諛妾肌生花，取衣覆肌花在衣。」錢謙益說此詩極其淫哇卑賤。王夫之說譚元春渾作青樓淫咬，所指的大概就是這類詩。「淫哇」是古人的常用詞，嵇康《養生論》有言：目惑玄黃，耳務淫哇。劉勰《文心雕龍・諧隱》云：蠶蟹鄙諺，狸首淫哇，苟可箴戒，載於禮典。郭璞注司馬相如《上林賦》中的「荊、吳、鄭、衛之聲」：皆淫哇也。揚雄《法言・吾子》說：中正則雅，多哇則鄭。淫哇即淫聲，泛指與雅樂相悖的放蕩之曲、靡靡之音或亡國之音。王夫之對鍾、譚所編選的《詩歸》和創作的詩一概不予好評，他加給鍾、譚的罪名未免失當，他對民間艷歌的態度不無偏頗，但這並不妨礙我們領略他在某些具體問題上的片面的深刻，理解他的立論基礎、思想指歸和心期寄託。

關於「亡國之音」的問題，古代學者多有探討。《詩大序》有言：亡國之音，哀以思，其民困。此言亦見於前面援引的《禮記・樂記》。孔穎達《毛詩正義》解釋說：國將滅亡，民遭困厄，哀傷己身，思慕明世，述其哀思之心而作歌，故亡國之音亦哀以思也。由此看來，民眾的詩歌是哀思的。那麼，君王如何？孔穎達說：淫恣之人，肆於民上，滿志縱慾，甘酒嗜音，作爲新聲，以自娛樂，其音皆樂而爲之，無哀怨也。這話說得有道理，不少末代君王在國將滅亡之際，仍然樂於賦詩作歌，縱情聲色。但令人困惑的是，君王的詩歌怎麼會「無哀怨」呢？王夫之說過一段足以解惑的話：

> 天下治，使人樂；天下大治，使人忘其樂。天下亂，使人憂；天下大亂，使人廢其憂。廢其憂，則其君如已亡之君，其國如已亡之國，而無與救矣。（《詩廣傳》卷三）

與憂思難解的亂世心態不同，「廢其憂」體現出不能自救也不能得救的亡國心態或末日心態，近於一種除了遊戲或娛樂，彷彿一切價值與意義都已喪失且

不能復得的荒誕感。那時，君王喪失了振興之志和對自身前程的希望，自知大勢已去，連憂傷都已顯得無濟於事，只好自暴自棄、及時行樂，在荒廢朝政的狀態中昏庸到了極致，在縱情聲色的狀態中消沉到了極致。

第四節　艷詩佳作的衡量標準

自古以來，艷詩具有多種形態。衡量艷詩，也沒有固定的標準。具有艷麗形式的，不一定是艷詩。通篇涉及男女之情的詩，可能旨在以男女喻君臣。有的詩被公認為「淫」，但究竟是刺淫還是宣淫，難以得出定論。若試圖精確地對艷詩的總體特徵作出評價，恐怕難免失當。好在艷詩佳作的藝術特徵，相對來說易於把握。王夫之衡量艷詩佳作，大致有以下幾個標準。

其一，艷而不俗，麗而不淫。王夫之常用艷而不俗、艷而有則、艷而不靡等詞語品評艷詩，把「艷」視為各類艷詩的一大基本特徵。在漢語中，艷有多層次的涵義：容貌漂亮，色彩豐富，喜愛、羨慕，文辭華美，荊艷楚舞。艷詩常以女性為描寫對象，所寫的大多是美人（佳人），詩中的美人又大多與良辰美景相關聯，這是題材層面上的艷。艷詩大多抒發男女戀情，無論述歡好或述怨情，都以喜愛、羨慕為因緣或指歸，這是作品意蘊層面上的艷。與題材、意蘊上的艷相因應，與藝術形式美的歷史演進相通融，艷詩大多文辭華美，這是文體層面上的艷。在古代，艷也指楚地民歌。左思《吳都賦》有言：荊艷楚舞，吳愉越吟。劉淵林注：艷，楚歌也。吳歌、西曲流行於吳楚地區，被稱為艷曲或艷歌，令人喜聞樂見，對文人的艷詩影響很大，卻又與俗、哀、淫、妖等評價擺不脫干係，使「艷」字帶上了或輕或重的貶義色彩，這是艷詩的淵源層面上的艷。王夫之在評價艷詩時所用的艷字，可以說是中性的，通常兼有以上幾個層次的涵義，其重心落在情上，由此衡量詩的艷與非艷及艷詩的憂與劣。王夫之說：

> 為此調者，恒苦遣句。道急則入俚，與填詞亡別矣。如江作有云：「征夫去遠芳音滅」，純乎其為《羅江怨》、《醉扶歸》，豈復得入樂府？此篇心有密理，筆有怨勢，艷而不俗，方可不愧作者。
> （《古詩評選》卷一江總《長相思》評語）

> 亦可謂艷而不靡，輕而不佻，近情而不俗。
> （《古詩評選》卷三謝朓《王孫遊》評語）

「遒急」是言情時的一種失度狀態，容易使作品顯得浮躁、直露。因而，王夫之主張「忍」，要求詩人在言情時爲避免放縱無度而有所收斂，把握恰到好處的分寸感，達到從容、委婉、靈動的藝術境界。他所指責的幾種惡詩中就有「仿《國風》而失其不淫之度」的，失度則俚俗。很多艷詩瑣屑地抒寫女性或情事，難免不俗，因爲「大端則雅，瑣屑則俗」（《古詩評選》卷五），雅鄭之分即在於此。王夫之評儲光羲《漢陽即事》：「明媚深妍，不入於淫」（《唐詩評選》卷三）。又評蘇頲《春晚紫微省直寄內》：「艷詩能雅，晉宋之餘，不侵宮體」（《唐詩評選》卷四）。這兩段話強調的主要是不直露，不瑣屑，不浮淫，也就是艷而不俗。王夫之推崇審美感興及興的藝術手法，經常讚賞艷詩因用興巧妙而達到的艷而不俗的境界。能興或用興巧妙，也是艷詩佳作的一個標誌。

麗，主要是指對偶、華美，體現在作品的聲韻、言辭、結構等形式或文體上。在漢代，人們常用麗來概括楚辭和賦的藝術特徵，如揚雄《法言・吾子》說：詩人之賦麗以則，辭人之賦麗以淫。此後，麗成爲文學的自覺追求，如曹丕說詩賦欲麗。六朝時，作家普遍注重詞藻、對仗、聲律、用典、結體等方面的精巧華美，以致綺麗成爲六朝文學的時代風格。李白曾說綺麗不足珍，但他並未一概輕視麗。麗，在具體的作品中常與其他形式或風格因素融合，構成艷麗、靡麗、清麗、壯麗等多種形態。艷詩通常比其他體類的詩更「艷」，但不一定更「麗」。王夫之常用麗而不浮、麗而不淫等詞語評價艷詩，他說：

> 艷詩止此極矣，柔尚不澀，麗尚不狂。狂者倚門調，澀者侍女腔，乃至無復人理，近竟陵所錄艷詩皆是也。
>
> （《古詩評選》卷五蕭子暉《冬曉》評語）

> 從聞擣衣者想像即雅，代擣衣者言情即易入俗稚，其妙尤在平渾無痕。結語可謂「麗以則」，麗可學，則不可至也。
>
> （《古詩評選》卷一溫子升《擣衣篇》評語）

麗尚不狂，可謂不淫、不失雅度，也就是「麗以則」。則，意爲法度、準則。麗以則，意味著詩人在麗的形式和艷情抒發上都恰到好處，近於從心所欲不逾矩的境界，所以說這是難以把握的。

其二，平淡從容，聲情動人。王夫之繼承了中國詩學傳統中關於平淡的審美標準和理想，把平淡視爲詩歌所能達到的最高境界之一，他在評價艷詩時也堅持這個標準。他說：

緩引夷猶，直至篇終乃令意見，故以導人聽而警之不煩。古人文字無不如此。後世矜急褊淺，於是而有「開門見山」之邪說，驅天下以入鄙倍。不以《關雎》、《葛覃》言情言事之作爲準，而以旻天疾威、搶地呼天之怨詞爲則，不已倍乎？

（《古詩評選》卷四阮籍《咏懷》之《儔物始終殊》評語）

平淡之於詩，自爲一體；平者取勢不雜，淡者遣意不煩之謂也。……且如《關雎》一篇，實爲《風》始，自其不雜不煩者言之，題以平淡，夫豈不可？乃夫子稱其不淫不傷，爲王化之基。今試思其不淫不傷者何在，正自古今人莫喻其際。彼所稱平淡者，淫而不返，傷而無節者也。（《古詩評選》卷四陶潛《歸田園居》評語）

與「矜急褊淺」、「搶地呼天」的心態和藝術表現方式相反，「緩引夷猶」意味著作品中語勢或文辭氣力的從容、平緩、平夷，取勢不雜，遣意不煩。平淡，既不以近俚爲平，無味爲淡，又不至於淫而不返，傷而無節。在以上兩段評語中，王夫之都把《詩經》中的《關雎》視爲平淡的楷模，而《關雎》恰以艷詩著稱，這表明他把平淡、從容的藝術理想貫徹到對艷詩的評價中。

王夫之推崇詩的聲情之美，把聲情視爲衡量艷詩佳作的最重要的尺度之一。他說：

諸劉詩承宮體之流，而益以稚澀。此作聲情爽秀，雖嫌褊促，猶爲英英特出。（《古詩評選》卷五劉孝威《春宵》評語）。

若非聲情之美，但有此意，令譚友夏爲之，求不爲淫哇不得也。

（《明詩評選》卷八湯顯祖《病酒答梅禹金》〔註5〕評語）。

聲情爽秀或聲情之美，體現在詩的字裏行間，即感性形態上。在王夫之看來，只要富於聲情之美，艷詩縱然有這樣那樣的缺點或不足，仍不失爲出類拔萃的佳作。因而可以說，艷詩的優劣在很大程度上取決於詩的藝術性或藝術魅力的高低。艷情不等於艷詩，審美價值的關鍵在於詩人表現艷情的藝術處理方式或藝術創造力。聲情動人的艷詩往往韻味無窮。王夫之說：

鮑有極琢極麗之作。顧琢者傷於滯累，麗者傷於佻薄，晉、宋之降爲齊、梁，亦不得辭其爰書矣。惟此種不琢不麗之篇，特以聲

〔註5〕湯顯祖《病酒答梅禹金》：青樓明燭夜歡殘，醉吐春衫倚畫闌。賴是美人能愛惜，雙雙紅袖障輕寒。

情相輝映，而率不入鄙，樸自有韻，則天才固爲卓爾，非一往人所
望見也。(《古詩評選》卷一鮑照《代門有車馬客行》評語)

　　韻勝即雅，竟陵淫媟已甚，亦由韻不足耳。
(《明詩評選》卷八劉渙《絕句》〔註6〕評語)

不琢不麗，趨於平淡、自然之境。以聲情相輝映，體現出詩的音樂般的藝術
特色或感染力。率眞而不入鄙俗，質樸而自有韻味，可以說是雅。「韻勝即雅」，
堪稱重要命題，表明一種價值取向：詩歌雅俗的關鍵不僅在於寫什麼，也在
於怎麼寫，韻味不可或缺。王夫之非常重視韻，常以風韻、天韻、神韻等詞
語評詩，他所說的韻，包括形式方面的韻律的意思在內，大致是指作品在感
性形態（有機整體）上顯現出來的深長意味。「韻勝即雅」的藝術境界，不僅
依靠詩人高超的藝術技巧（巧手），也有賴於詩人靈魂中的樂感（吟魂、靈心）。
王夫之把「韻不足」看作竟陵派的某些詩「淫媟已甚」的一大原因，表明他
對艷詩的批評很有藝術眼光，不以「意」爲主，不局限於道德或政教立場，
體現出開明、通達的審美精神。艷詩風格多樣，衡量艷詩佳作的標準不可能
固定、呆板。以上所論述的，只是衡量標準的幾個方面，力求符合王夫之在
相關領域的思想觀念的眞面貌。

〔註6〕劉渙《絕句》：白玉搔頭金步搖，春衫紅勝海棠嬌。只因記得當年事，重到桃
　　　花第四橋。

第六章　王夫之的興論

　　近年來，學界對王夫之的感興論關注較多，在研究現量（興會、即景會心）說和興觀群怨說等方面取得了較大進展，而在對「興」範疇的全面、細緻的闡釋上則有待深入。

第一節　「興」範疇的多層次涵義

　　興，是中國詩學中最古老、最重要、最神秘的範疇之一。以興為起點，為核心，形成統攝著詩的發生、創作、作品、鑒賞或功能等因素的多層次的詩學系統，體現出獨特的藝術精神和審美理想。作為最重視「興」的詩學家之一，王夫之試圖弘揚《詩經》以來（主要是從先秦到漢魏六朝）「興」的優秀傳統，在理論與批評實踐中自覺地充分闡發「興」的詩學意義，建立了既有總結性又不乏創見的審美感興論。

　　由於概念內涵的不確定性、適用範圍的廣泛性和歷代闡釋者見解的複雜性等方面的原因，「興」在總體上是個如朱自清所謂「你說你的，我說我的，越說越糊塗」的涵義「最為纏夾」的詩學範疇。在王夫之那裡，「興」範疇具有「統此一字，隨所用而別」，「隨所指而立義」的特點，其涵義上的差別需通過「熟繹上下文，涵泳以求其立言之指」來加以分辨，而「興」的不同層次的涵義各得其所，並不矛盾。

　　王夫之對興的重視與「四始」、「六義」有很大關係。四始之說見於《史記》卷四十七《孔子世家》：「《關雎》之亂以為《風》始，《鹿鳴》為《小雅》始，《文王》為《大雅》始，《清廟》為《頌》始。」六義之說本《周禮·春

官》:「大師……教六詩:曰風,曰賦,曰比,曰興,曰雅,曰頌。」〔註1〕較
《史記》早些時候,《詩大序》明確地說:

> 故詩有六義焉:一曰風,二曰賦,三曰比,四曰興,五曰雅,
> 六曰頌。……是以一國之事,繫一人之本,謂之《風》。言天下之事,
> 形四方之風,謂之《雅》。雅者正也,言王政之所由廢興也;政有大
> 小,故有《小雅》焉,有《大雅》焉。《頌》者美盛德之形容,以其
> 成功告於神明者也。是謂四始,詩之至也。

關於六義與四始,兩千多年間不知產生了多少辯論。王夫之沒有像經生或俗
儒那樣拘泥於無謂的辯論,他推崇發端於《詩經》的中國詩的抒情傳統,把
「四始」、「六義」視爲這一傳統的代名詞,也以此爲典範,用歷史的、比較
的眼光衡量歷代詩人詩作的成敗得失。他的有關論點較多,例如:

> 言情詩極足覘人品度,必如此者乃得不惡,大端則雅,瑣屑則
> 俗也。言情而又出之以俗,則與窮里長告早傷、老塾師歎失館,又
> 何別焉?古人之立「四始」、「六義」,初不爲渠輩設也。
>
> (《古詩評選》卷五何遜《贈諸遊舊》評語)

> 六代人作七言,於末二句輒以五言足之,實唐律詩之祖,蓋歌
> 行之變體也。……嗚呼!知古詩歌行、近體之相爲一貫者,大曆以
> 還七百餘年,其人邈絕。何怪「四始」「六義」之不日趨於陋也。
>
> (《唐詩評選》卷一王績《北山》評語)

> 於生新取光響,自有風味。此種亦不自晚唐始,中唐人盡棄古
> 體,以箋疏尺牘爲詩,六義之流風雕喪盡矣!樊川力回古調,以起
> 百年之衰,雖氣未盛昌而擺脫時蹊,自正始之遺澤也。
>
> (《唐詩評選》卷三杜牧《句溪夏日送盧霈秀才歸王屋山將欲赴舉》
> 評語)

在王夫之看來,大端言情、言境,是《風》、《雅》正宗,《風》「微動含情以
送意」,《雅》「廣引充志以穆耳」。他嚮往溫婉含蓄、閒遠委蛇的情感表現方
式,讚賞聲情動人的藝術形式美,反對拖沓委瑣的俗情和以箋疏尺牘爲詩的
陋習,把歷代詩歌每況愈下的根源歸結爲四始、六義之流風的雕喪。這樣,
重振詩歌創作的關鍵就是復興四始、六義之流風,而興是六義中的一種,其

〔註1〕參見陸侃如、馮沅君:《中國詩史》,山東大學出版社1996年版,第10頁。

地位不可忽視。在王夫之那裡，興，有時指詩體。如他評倪瓚《懷寄強行之常州學官》：「脫體甚新，正得古興。」（《明詩評選》卷五）關於比，他曾說：「《小雅》《鶴鳴》之詩，全用比體，不道破一句，《三百篇》中創調也。」（《薑齋詩話‧夕堂永日緒論內編》）「《六義》中唯比體不可妄，自非古體長篇及七言絕句而濫用之，則必湊泊迂窒。」（《唐詩評選》卷四）關於風、雅，他曾說：「風雅謨訓，各自有體，不然聖人不須六經。」（《明詩評選》卷八）上述言論表明，六義有時指稱六種詩體，王夫之沿用了前人的有關說法。但他意識到不同詩體間常有交叉、融合的情況，他認爲「以《風》入《雅》，《雅》乃不疲；以《雅》得《風》，《風》亦不佻」（《古詩評選》卷二）。因而，王夫之不常在這種詩體的意義上談論興。

在六義中，興、比、賦主要是指三種創作方法。王夫之直接以「興」論詩達百餘次（僅在《薑齋詩話》、《古詩評選》、《唐詩評選》和《明詩評選》四部著作中即達百次），他大多是從方法的角度使用這一範疇的。例如：

> 入興易韻，不法之法。（《古詩評選》卷四）

> 起興遠，跌蕩緩，感人倍深。（《古詩評選》卷一）

> 一色用興寫成，藏鋒不露，歌行雖盡意排宕，然吃緊處亦不可一絲觸犯。（《明詩評選》卷二）

> 起興超，結束淨，乃翁風流未損。（《明詩評選》卷四）

王夫之充分重視興的手法在抒情遣韻等方面的獨特作用，認爲它是使作品聲情動人的一大法寶。他也重視興、比聯用的藝術效果，常常興、比併舉。例如：

> 漢魏以還之比興，可上通於《風》、《雅》。（《薑齋詩話‧詩譯》）

> 重用興比，恰緊處顧以平語出之，非但漢人遺旨，亦《三百篇》之流風也。（《古詩評選》卷五）

> 興比雜用，有如冗，然正是其酣暢動人處。樂府正自以動人爲至。（《古詩評選》卷一）

這類評語有很多，再如「宛轉興比」、「興比超乎」、「興比分明」和「寄悲正在興比處」等。從中可以看出王夫之對興、比兩種手法的重視。但他並未因此而輕視賦的手法，這與他不太重視敘事詩是兩回事。除直接以「賦」一詞評詩外，他常用「敘事」、「記事」、「用事」和「賦事」等詞語，也注重興、比、賦三種方法的兼長並美。例如：

亦興亦賦亦比，因仍而變化莫測。(《古詩評選》卷五)

興、賦、比俱不立死法，觸著磕著，總關至極，如春氣感人，空水鶯花，有何必然之序哉？(同上)

興以遠愈近，比以舊得新，賦以粗入細，較明遠始唱，風華殆將過之。(《唐詩評選》卷一)

既然興、比、賦三種方法都很重要，且可以交相融入同一首詩中，那麼，三者之間會不會造成混亂呢？王夫之明確意識到這一問題，他常以「比不可亂興」、「興賦不亂」和「興固不可與比亂」等詞語品評詩歌，認為不亂的根源是「賓主分明」，賓主分明有賴於「觸目得之」，也就是從心目相取處得景得句，「但從一切懷抱函攝處細密繚繞，此外一絲不犯」，換句話說，就是觸目生心不關法律，適目當心乃可入咏，「取景從人取之，自然生動」(《古詩評選》卷六)。而「觸目得之」是富於直覺的審美感興的產物。

在興、比、賦作為創作方法這個問題上，王夫之繼承了前人的觀點。南朝鍾嶸有言：「詩有三義焉：一曰興、二曰比、三曰賦，宏斯三義，酌而用之。」(《詩品序》)唐代孔穎達說：「賦、比、興，《詩》之所用；風、雅、頌，《詩》之成形。用彼三事，成此三事。」(《毛詩正義》)元代楊載也說：「詩之六義，而實則三體。風雅頌者，詩之體；賦比興者，詩之法。」(《詩法家數》)不同的是，有人認為興就是發端、開頭，從劉勰、孔穎達所說的「興者，起也」到朱熹所說的「興，先言他物，以引起所咏之詞也」，都與這種看法有很大關係。王夫之則在此基礎上認為在審美感興的「觸著磕著」的情境中，興、比、賦俱不立死法，隨作者順手恣用，沒有必然的次序。

興的本義是起。《說文》解釋：興，起也。劉勰說「起情故興體以立」(《文心雕龍・比興》)。宋人李仲蒙說「觸物以起情謂之興，物動情也」(胡寅《與李叔易書》和劉熙載《藝概・賦概》引李仲蒙語)。朱熹說「興乃興起之義」(《答何叔京》)。楊載說「凡詩中有賦起，有比起，有興起」(《詩法家數》)。楊慎說「文有仗境生情，詩或託物起興」(《答重慶太守劉嵩陽書》)。葉燮認為，詩人作詩「必先有所觸以興起其意」(《原詩・外篇》)。以上論者雖各有其著眼點，有專就詩藝手法而言的，有側重從觸景生情、感物吟志的審美感興的角度立論的，但都依循興的本義進行闡釋。王夫之也是這樣，他所常說的「起興」就手法而言與用興、入興同義，就審美感興而言是指觸物以起情。作為手法的「興」通常以感興之興為基礎，在即興式(快吟)的創作中，兩

者幾乎是同步、合一的。王夫之非常重視這一點，因爲若無總關至極的「觸著磕著」的審美感興，興、比、賦也就難免成爲死法。他的許多創見都是圍繞審美感興這個理論核心生發開來的。

早期的說「興」者大多強調詩教，認爲興是詩的主要功能，是詩教的主要方法或途徑。如孔子說詩可以興，主張興於詩、立於禮、成於樂。在對孔子之「興」的諸多注解中，朱熹所說的「感發志意」較準確，很有代表性。王夫之認爲《詩》、《樂》之理一，具有「興發志意」、「暢於四支，發於事業」的功能，「興」的要義在於「奮發於爲善而通天下之志」（《張子正蒙注》卷八）。王夫之對「興」的要義的把握與朱熹基本一致，未偏離孔子的本義。今人注解孔子之「興」，多沿襲朱熹「感發志意」的說法，認爲它講的是詩的啓發鼓舞的感染作用，這種注解較準確地考慮到孔子詩論的道德修養方面的用意，既未誇大也未低估孔子對詩的審美感染力的認識。但這並不表明學界在這方面已達成共識，一種不良傾向是：強調「興」的審美功能，貶抑「興」的道德內涵。而王夫之早在三個多世紀以前，既注重「興」的感發意志的功能，又推崇「興」的審美意義，換句話說，既不像孔子等人那樣偏重於把「興」視爲善的手段，又不像很多後人那樣偏重於把「興」視爲審美的目的。

第二節　興論的特色

以上我們側重從王夫之繼承前人思想的角度論述其詩學中「興」範疇的多層次涵義，下面側重從他的理論創新的角度論述其「興」論的基本特色。

一、強化並豐富了中國詩學中的感物論

正像有人說過的那樣，王夫之是古代樸素唯物主義氣本論的集大成者。他充分肯定氣化萬物的實存性（誠），認爲天地間固有的自然之華，因流動生變而成其綺麗，人的知識和感悟離不開對萬物的體認，所以他反對佛教的空觀和涅槃之說，反對王學的心外無物論，反對詩人在創作時的「冥搜」和「推敲」，堅持「緣物」或體物的美學原則。他有一個著名的詩學命題：身之所歷，目之所見，是鐵門限。這一方面是對中國詩學中的感物論的繼承，另一方面是對佛教、心學和明代詩壇不良傾向的反撥。

感物或感興，在中國有悠久的傳統。《樂記》有言：「凡音之起，由人心

生也。人心之動，物使之然也，感於物而動故形於聲。樂者，音之所由生也，其本在人心之感於物也。」這已明確肯定音樂是外物感發人心的產物。陸機《文賦》描述了外物與人心的感應關係：「遵四時以歎逝，瞻萬物而思紛。悲落葉于勁秋，喜柔條於芳春。」鍾嶸《詩品》也注重客觀外物與詩歌創作的關係：「氣之動物，物之感人。故搖蕩性情，形諸舞咏。……若乃春風春鳥，秋月秋蟬，夏雲暑雨，冬月祁寒，斯四候之感諸詩者也。」劉勰《文心雕龍·物色》說：「春秋代序，陰陽慘舒，物色之動，心亦搖焉。」這類言論不勝枚舉，彰顯出中國詩學中心與物或情與景的互動關係。然而，唐代以降，詩法方面的論著頗多，以法爲詩，漸成詩人桎梏，以文爲詩，以理爲詩，以議論爲詩，又成了宋代詩人的窠臼，宋、明兩代詩人又陷於門派和宗唐宗宋之爭的泥潭而難以自拔。拘泥於推敲字句的詩人大多背離了感物的根本，標舉性靈的詩人大多又失去了物、景的依託。在這樣的背景下，王夫之強調感物，他的現量說的第一層涵義就是「現在」義，即「不緣過去作影」，強調詩人通過直觀的親身體驗寫眼前之景，而非「妄想揣摩，如說他人夢」的冥搜之景。

王夫之在感物方面的一大創意是區分了物態和物理。這可能是受到劉勰的影響，劉勰曾說：皎日彗星，一言窮理；參差沃若，兩字窮形。蘇軾說《詩經·衛風·氓》之詩句「桑之未落，其葉沃若」，體物之工，非「沃若」不足以言桑，非桑不足以當「沃若」。〔註2〕王夫之對蘇軾的說法不以爲然，認爲「沃若」一詞得物態卻未得物理。其實，關鍵不在於「沃若」一詞是否得物理，而在於其中傳達的詩學觀念，即物態與物理的統一。感物淺者僅得物態，「把定一題、一人、一事、一物，於其上求形模，求比似，求詞采，求故實，如鈍斧子劈櫟柞，皮屑紛霏，何嘗動得一絲紋理？」（《薑齋詩話·夕堂永日緒論內編》）不感物者不得物態也不得物理，如王夫之所說：經生之理，不關詩理；通人於詩，不言理而理自至。僅寫物態或僅寫物理都得不到佳作，佳作應呈現神理或化工之筆，這是王夫之一貫堅持的美學原則，與他的其他學說有機地結合在一起。

物態與物理的統一也就是形神兼備。王夫之深受古代畫論影響，常借畫論術語評詩，曾自言通畫理而難以言傳，他對以形寫神或傳神寫照等方面的畫論大概是熟悉並採納的。他曾說：

〔註2〕有學者根據王夫之對「沃若」的解釋得出王夫之詩學具有內在矛盾性的結論，忽視了王夫之所提出的物態與物理的統一（形神合一）的宗旨。參見鄥元江：《試論船山詩學的內在矛盾性》，《哲學研究》2003年第7期。

> 兩間生物之妙，正以神形合一，得神於形而形無非神者，爲人
> 物而異鬼神。若獨有恍惚，則聰明去其耳目矣。譬如畫者固以筆鋒
> 墨氣曲盡神理，乃有筆墨而無物體，則更無物矣。……
>
> （《唐詩評選》卷三杜甫《廢畦》評語）

這裡他反對兩種創作狀況：一是「有脂粉而無顏色，頹唐凝滯」的有形無神；二是「有筆墨而無物體」的有神無形。他所崇尚的也就是神形合一（形神兼備）。可以說，以形寫神的畫論啓發了王夫之提倡的「體物而得神」，「以寫景的心理言情」的詩論。

我們把物態和物理的區分視爲王夫之的一大創意，理由主要有兩個：一是他在明確區分物態和物理的同時又極爲自覺地強調這兩個方面的合一，既提出充分的哲學根據（如理氣合一等），又以傳神、氣勢、神理等方面的理論相參證；二是他的神形合一論與現量說、虛實結合論、情景交融論密切相關，在很大程度上豐富了中國詩學的感物論。爲避免與相關論題重複，這裡對上面兩個理由不作詳細說明。

二、確立辯證的心物關係論，高揚詩人的主體性和創造性

在諸多哲學著作中，王夫之經常心、物並舉，既肯定外物的實存性，又強調內心的主體性。著眼於實存性，後人常說他是唯物主義者；著眼於主體性，後人認爲他吸收了王陽明的有關學說。橫看成嶺側成峰，這與王夫之哲學的「合」的特徵相符。王夫之提出「能」、「所」之別，「能」指人的認識和感知能力，「所」指有待於人的外在對象。他一方面較爲充分地闡述了「能」對「所」的依賴，另一方面比以往的哲學家更突出地強調人在對外物的感知或體驗活動中的主觀能動作用。顯然，他的詩學以此爲基礎，但卻偏重於審美體驗論。就是說，人的邏輯思辨能力大多運用於一般的活動，而富於直覺的體驗能力與審美活動密切相關。在他看來，詩言志，但志不等於詩；詩達理，但理並非經生之理或名言之理（邏輯思辨之理）。這種注重直覺體驗的心物關係論，既有辯證的哲學高度，又符合審美與詩的特性，爲「興」論提供了有力的根據。

中國詩學中的感興論起初偏重於物對心的感發，這一傾向在魏晉南北朝時有所改變。陸機注意到作家感物吟志過程中偶然觸發的來不可遏、去不可止的「應感之會」（創造性的瞬間直覺）。宗炳在《畫山水序》中提出「應目

會心」和「澄懷味象」的重要命題，強調主體在對物象的直接審美觀照中所具有的心胸或境界。劉勰曾說：詩人感物，聯類不窮，流連萬象之際，沉吟視聽之區，……情往似贈，興來如答。劉勰較充分地論述了主體在感物的前提下對客體的統攝與駕馭，闡明心物之間雙向互動的辯證關係，使感興論取得較大進展。

唐宋以降，詩論、畫論中有關感興的論述很多，比以往更突出地強調感興的偶然性和直覺性等方面的特徵。明代感興論較多地著眼於情與景的結合方式。王夫之繼承了前人在處理心物關係時注重主觀能動性的精神。例如，畫論家大多注重人對自然山水的直接體驗和領悟，強調胸中有丘壑。宋人董逌曾說真正的畫家不妄落筆，「登臨探索，遇物興懷。胸中磊落，自成丘壑」（《廣川畫跋・書燕龍圖寫蜀圖》）。王夫之借鑒了胸中有丘壑這一畫論術語，他在強調詩人灌注生氣於景物，以真情寫活景時說：人若胸中無丘壑，眼底無性情，雖讀盡天下書，不能道一句。受鍾嶸「即目」、「直尋」說和宗炳「應目會心」說等有關學說的影響，王夫之提出富於創見的「即景會心」說。會心主要是指創造性的瞬間直覺，相當於他的現量說的第二、三層涵義（「一觸即覺，不假思量計較」，「顯現真實」）。他在評詩時所說的「得一時因興現成之妙」與會心是一個意思。在他那裡，即景會心與現量和興會是同義詞，是審美感興（興）過程中的高潮或高峰體驗的狀態。「即景會心」說崇尚詩人的主體性和創造性，代表著中國詩學在這個領域的最高水平。

王夫之用以指稱主體性和創造性的概念有心、心胸、心理、靈心、靈府、文心、文情等等。他把萬物視為天地之產，認為天下不匱其產，這樣，詩人感物（緣物或體物）是無窮盡的，或者說創作的源泉是無限度的；他把人情視為陰陽之幾，認為陰陽之幾動於心，萬物不乏與人情相當者，「外有其物，內可有其情；內有其情，外必有其物」（《詩廣傳》卷一）。他一方面充分肯定感於物而動的由物到心的審美感興模式，另一方面不拘泥於這個單向度的模式，強調內有其情，外必有其物，這可以說是明確提出了一個由心到物的感興模式，不僅給人的審美體驗以充分的自由，而且賦予人（包括作者和讀者）以主宰的地位，與他哲學中所謂「自然者天地，主持者人」的觀念是一致的。既然萬物不乏與人情相當者，詩人體物達情，建立不同於物理世界的意象世界，就顯然是沒有止境的。這正如他在《薑齋詩話》中所說：天情物理，可哀而可樂，用之無窮，流而不滯，窮且滯者不知爾。在西方文論中，涉及心

物關係，有「客觀對應物」（波德萊爾）、「異質同構」（阿恩海姆）、「形式類似」（蘇珊・朗格）、「意向性結構」（胡塞爾）等說法，這與王夫之的上述觀點不同，卻也不乏相通之處。

王夫之的心物關係論爲審美感興奠定了堅實的基礎，這使他無論怎樣高揚人的主體性和創造性，都不會囿於唯心主義的窠臼。在他看來，我們身外有「化」（天地之際，新故之跡，榮落之觀，流止之幾，欣厭之色），身內有「心」，審美感興緣起於心與化（物）相值而相取，一俯一仰之際，幾與爲通。相值，即前面所說的相當；相取，即以心目（富於靈心之眼）相取，與他在別處所說的「文情赴之」、「各視其所懷來而與景相迎」和「只於心目相取處得景得句」等觀點是一致的。王夫之說：

> 「日暮天無雲，春風扇微和」，摘出作景語，自是佳勝，然此又
> 非景語。雅人胸中勝概，天地山川，無不自我而成其榮觀，故知詩
> 非行墨埋頭人所辦也。（《古詩評選》卷四陶潛《擬古》評語）

王夫之一向反對情景二分的死法，崇尚景中藏情的藝術表現方式，主張以寫景的心理言情，把「用景寫意，景顯意微」視爲詩的極致，把「情景雙收」（「雙行」）看作古今文筆之絕技。因此，他對達到情景妙合境界的詩人詩作總是加以高度評價。佳妙的景語又是情語，這得自於詩人意趣盎然的審美心胸（胸中勝概、胸中丘壑）和高超的藝術表現力，也就是「無不自我而成其榮觀」，就是「總以靈府爲遠徑，絕不從文字問津渡」。情景妙合的詩大多平淡、自然，看不出人工雕琢痕跡，然而恰恰是詩人偉大創造力的產物，人工的極致是天工（化工）。

三、注重興在有意無意之間

王夫之多次強調興在有意無意之間，例如：

> 興在有意無意之間，比亦不容雕刻。關情者景，自與情相爲珀
> 芥也。情景雖有在心在物之分，而景生情，情生景，哀樂之觸，榮
> 悴之迎，互藏其宅。（《薑齋詩話・詩譯》）

> 起興在有意無意之間，落煞整暇。
> （《古詩評選》卷四郭璞《遊仙詩》評語）

> 興比正在有意無意之間，掐得《毛詩》神髓。
> （《古詩評選》卷二陸雲《谷風贈鄭曼季》評語）

從以上幾段話可以看出，王夫之所說的「興」是就藝術手法而言的。「在有意無意之間」是他的一個重要的詩學原則，近乎一種理想。因爲，有意用「興」，作品難免刻意、做作，違背自然的宗旨；無意用「興」，作品難免賓主雜亂，諸多景物因失去魂魄的主宰而無法妙合。按照當代文論的說法，創作原則包括創作精神和創作方法兩大層面，創作精神決定創作手法。反觀王夫之，他何以強調興在有意無意之間呢？主要原因在於，他把審美感興視爲創作的根本，審美感興具有偶然性、突發性和直覺性等方面的特點，也就是在有意無意之間。他說：

> 寓目吟成，不知悲涼之何以生。詩歌之妙，原在取景遣韻，不在刻意也。（《古詩評選》卷一斛律金《敕勒歌》評語）

這眞是若有若無。若有，是說詩人即景含情，有所會心；若無，是說詩人不假思量計較，意無預設。其理論根據是即景會心的現量說，其淵源是中國詩學的抒情傳統。

作詩不在刻意，如宋人戴復古說：「詩本無形在窈冥，網羅天地運吟情。有時忽得驚人句，費盡心機做不成。」（《石屏集》卷七）南北宋之際的葉夢得在評價謝靈運詩時說：

> 「池塘生春草，園柳變鳴禽」，世多不解此語之工，蓋欲以奇求之耳。此語之工，正在無所用意，猝然與景相遇，藉以成章，不假繩削，故非常情所能到。詩家妙處，當須以此爲根本，而思苦言難者，往往不悟。（《石林詩話》卷中）

葉氏的言論，既是針對詩壇上冥搜、苦吟或推敲字句的創作傾向而發，又有詩學上的普遍意義，他所說的「無所用意」近於意無預設，「猝然與景相遇，藉以成章」近於寓目吟成，「不假繩削」就是不假雕琢。這的確是作詩的根本。王夫之在詩學著作中不曾提到葉氏，但其觀點卻與葉氏相吻合：

> 「僧敲月下門」，只是妄想揣摩，如說他人夢，縱令形容酷似，何嘗毫髮關心？知然者，以其沉吟「推」「敲」二字，就作他想也。若即景會心，則或推或敲，必居其一，因景因情，自然靈妙，何勞擬議哉？「長河落日圓」，初無定景；「隔水問樵夫」，初非想得：則禪家所謂現量也。（《薑齋詩話·夕堂永日緒論內編》）

王夫之反對作詩之前的理性的擬議，也不讚賞創作過程中的字句的推敲，他崇尚的是在有意無意之間的即景會心（現量）。但這不等於忽視藝術構思

和對初稿的潤色修改，他主張詩人在未有字句前進行淘汰擇採，這是一個難以言傳的或長或短的過程。他評江淹《效阮公詩》：「寄意在有無之間，忼慨之中，自多蘊藉。」（《古詩評選》卷五）以即景會心為審美感興的內核，以審美感興為創作的根本，以含蓄蘊藉為創作的宗旨。這樣，人工和人巧的極致是化工和天巧，詩歌創造的最高境界是「天巧偶發」和「神理湊合時，自然恰得」。

四、對興的信念：引導人趨向生活的高境界

作為中國詩學中情景交融論的集大成者，王夫之一貫堅持並從多方面闡發一項基本原則：景中生情，情中含景，故曰景者情之景，情者景之情也。他不僅深入分析了情景交融的類型、途徑或方式，而且牢牢把握住情景交融的根源，以此作為評詩的視角和標準。而這一切都與興有不解之緣。換句話說，離開了興，這一切就無從談起。當他談論「順寫現景」、「只咏得現量分明」、「得一時因興現成之妙」時，當他強調即景含情、即景會心、寓目吟成時，當他指出一用興會自然情景俱到時，都把興視為情景交融的必要條件或決定因素。而情景交融是詩歌本體構成的最重要的原則，維繫著中國詩的審美標準和理想。所以，在王夫之那裡，興是詩不可或缺的要素。他說：

> 以言起意，則言在而意無窮；以意求言，斯意長而言乃短。言已短矣，不如無言。故曰：「詩言志，歌永言。」非志即為詩，言即為歌也，或可以興，或不可以興，其樞機在此。唐人刻畫立意，不恤其言之不逮，是以竭意求工，而去古人愈遠。歐陽永叔、梅聖俞乃推以為至極，如食稻種，適以得饑，亦為不善學矣。襄陽於盛唐中尤為褊露，此作寓意於言，風味深永，可歌可言，亦晨星之僅見。

（《唐詩評選》卷一孟浩然《鸚鵡洲送王九之江左》評語）

這段話中，以意求言主要是指先立意（擬議）後推敲字句，這樣，詩人越刻意越做作，越求工越顯出雕琢痕，其要害在於缺乏審美感興。以言起意則是在即景會心的審美感興中，興起意生，言盡意止，達到了意無預設的言與意的和諧統一。上面提到的孟浩然「寓意於言，風味深永」的詩是興的產物，若不興，則有志而無詩，也無法喚起讀者之興。

王夫之把詩的樞機（關鍵）視為或可以興或不可以興，在很大程度上是從讀者的角度著眼的。他說：

　　「詩可以興，可以觀，可以群，可以怨。」盡矣。辨漢、魏、
唐、宋之雅俗得失以此，讀《三百篇》者必此也。「可以」云者，隨
所「以」而皆「可」也。於所興而可觀，其興也深；於所觀而可興，
其觀也審。以其群者而怨，怨愈不忘；以其怨者而群，群乃益摯。
出於四情之外，以生起四情；遊於四情之中，情無所窒。作者用一
致之思，讀者各以其情而自得。（《薑齋詩話・詩譯》）

　　興、觀、群、怨，詩盡於是矣。經生家析《鹿鳴》、《嘉魚》為
群，《柏舟》、《小弁》為怨，小人一往之喜怒耳，何足以言詩？「可
以」云者，隨所「以」而皆「可」也。

（《薑齋詩話・夕堂永日緒論內編》）

以上兩段話是王夫之在《詩譯》和《夕堂永日緒論內編》的開頭說的。《夕堂
永日緒論》是他的現存和已佚的各類詩文評著作的總論，有綱領性的特點。
提到興、觀、群、怨，王夫之說「盡矣」，「詩盡於是矣」。因此，源於孔子的
「興、觀、群、怨」說在王夫之這裡，不僅僅是詩歌的四項功能，而且是詩
歌藝術特徵的基本規定，以此可以衡量歷代詩歌的雅俗得失，評估其價值高
下。王夫之的一大創見是反對把「興、觀、群、怨」這「四情」分割開來，
充分肯定其間的共通性、互動性或綜合性；另一大創見是強化興的統攝功能，
在他看來，出於感興的詩也會喚起讀者的感興，人情之遊也無涯，而各以其
情遇，也就是各以其情而自得，興而可觀，觀而可興，隨所「以」而「皆」
可。他把杜甫《野望》視為絕佳寫景詩，因其「只咏得現量分明，則以之怡
神，以之寄怨，無所不可。方是攝興觀群怨於一爐錘，為風雅之合調」（《唐
詩評選》卷三）。在觸景生情、不假思量計較的現量狀態中，詩人融情於景，
使其作品含蓄蘊藉。也就是說，「唯此宵宵搖搖之中，有一切真情在內，可興，
可觀，可群，可怨，是以有取於詩」（《古詩評選》卷四）。宵宵為會意字，表
示遙遠的樣子，「搖搖」，形容人的內心深遠廣闊。佳作富於真情，又含蓄得
難以言傳，具有王夫之所推崇的「各以其情而自得」、「導天下以廣心」的審
美功能。

　　可以興，即隨所以而皆可。按王夫之對孔子「《詩》可以興」的注釋，興
即感發志氣。在興的前提下，王夫之給讀者以無限的自由。興，引導人趨向
生活的高境界。相比之下，20世紀的接受美學也不見得更通達。王夫之說：

> 《詩》之泳遊以體情，可以興矣……小子學之，其可興者即其
> 可觀，勸善之中而是非著；可群者即其可怨，得之樂則失之哀，失
> 之哀則得之愈樂。……小子學之，可以興觀者即可以群怨，哀樂之
> 外無是非……「可以」者，無不可焉，隨所以而皆可焉。古之爲《詩》
> 者，原立於博通四達之途，以一性一情周人倫物理之變而得其妙，
> 是故學焉而所益者無涯也。(《四書訓義》卷二十一)

這段話的意思與前面所引《薑齋詩話》中的兩段話是一致的。詩之興在於即
景含情，詩的宗旨在於道性之情，詩不以勸善和周人倫物理之變爲目的，但
卻使人在審美愉悅中陶冶性情，體悟人倫物理之妙，此可謂無目的合目的。
詩教有「言之者無罪，聞之者足戒」的意思，而王夫之進一步說「哀樂之外
無是非」，這就把審美愉悅看作詩教的核心，把知識（眞）和道德（善）視爲
審美感興的緒餘。既然古之爲《詩》者原立於博通四達之途，讀者興於《詩》，
也就會進入無涯的澄明之境。

感發志氣之興能夠使人從庸常瑣事或物役俗尚中超越出來。王夫之在《俟
解》中著重探討擺脫流俗之道及人生何爲的問題，他有一段話非常深刻：

> 能興即謂之豪傑。興者，性之生乎氣者也。拖沓委順，當世之
> 然而然，不然而不然，終日勞而不能度越於祿位田宅妻子之中，數
> 米計薪，日以挫其志氣，仰視天而不知其高，俯視地而不知其厚，
> 雖覺如夢，雖視如盲，雖勤動其四體而心不靈，惟不興故也。聖人
> 以詩教蕩滌其濁心，震其暮氣，納之於豪傑而後期之以聖賢，此救
> 人道於亂世之大權也。(《俟解》) 〔註3〕

在他看來，人之所以異於禽獸，是「二氣五行，搏合靈妙」的結果，人原爲
天地之心，萬物之靈，不能終日營營而僅僅滿足於「求食、求匹偶、求安居」，
〔註4〕關鍵在於興。不興則心不靈，難免拖沓委順、志氣低落。詩可以興，即

〔註3〕 近年有學者對這段話給予高度重視。參見葉朗：《胸中之竹》，安徽教育出版
社 1998 年版，第 26～35 頁；袁濟喜：《興：藝術生命的激活》，百花洲文藝
出版社 2001 年版，第 131 頁。

〔註4〕 《孟子·盡心上》云：「雞鳴而起，孳孳爲善者，舜之徒也。」王夫之說：「雞
鳴而起，孳孳爲利，專心並氣以趨一途，人理亡矣。」(《俟解》)他又說：「雞
鳴而起，孳孳爲利，謂之勤儉傳家。庶民之所以爲庶民者此也，此之謂禽獸。」
(《俟解》)人固然不應成爲物欲俗尚的奴隸，但也不應排斥功利（利益）。利
和爲利，關乎國計民生。王夫之賤利輕商的觀念和對勤儉傳家的態度是不盡
可取的。

陶冶性情，感發志氣。王夫之把審美感興（興）與人的氣質情性聯繫起來，將其視爲人生境界高低的標誌。他生逢亂世，對渾渾噩噩、萎靡不振的社會眾生相深有感觸，因而強調詩教和審美感興的社會文化功能，希望人的精神得以感發、激勵和昇華。

　　20世紀的美國心理學家馬斯洛曾提出「需要層次論」，認爲人最基本的需要是生存需要和安全需要，較高的是自尊和求知需要，最高的是審美和自我實現的需要。王夫之所說的「求食、求匹偶、求安居」實際上就是指人的生存需要和安全需要；他所說的「興」，與馬斯洛的「審美和自我實現的需要」相通。能興即謂之豪傑，這一富有現實意義的命題，旨在使人從「祿位田宅」等功利的束縛中超越出來，擺脫昏庸委瑣的狀態，立足於現實又有理想，不斷趨向生活的高境界。

第七章　王夫之的悲壯論

　　王夫之以悲論詩達數十次，也常運用哀、愁、淒、怨、慘、愴、惻、悲涼、悲憤、悲思、悲情、傷悲等與悲涵義相同或相近的概念。這些概念所表示的悲的各種情形可以統稱爲「悲情」，屬於詩「可以怨」的領域。悲情，是《詩經》以來中國詩最重要的表現對象之一。不平則鳴、悲憤出詩人、愁思之聲要妙（愁苦之言易好），是中國詩學中最有影響和共識的觀念之一。與前人相比，王夫之對悲情的重視可謂有過之而無不及。他以極爲通達的態度看待悲情，注重詩中悲情的豐富性、無限性和感染力。他評斛律金《敕勒歌》「寓目吟成，不知悲涼之何以生」；評王蕭綜《悲落葉》「悲無與擬，有眞悲者」；評汪廣洋《嶺南雜咏》「無限崖門之悲，一字不涉，此公自英雄，那得有棧豆之戀」。又如：

　　　　「漢月」句悲甚，尤不如「不知何處天邊」之慘也。泪盡，血盡，惟有荒荒泯泯之魂，隨曉風殘月而已。六代文士有心有血者，惟子山而已。以入樂府，傅之管絃，安得不留萬年之恨？

　　　　《古詩評選》卷一庾信《怨歌行》〔註1〕評語

庾信（子山）晚歲經歷變故，詩作一改前期綺艷輕靡的風格，多鄉關之思、危苦之辭，蒼勁悲涼。王夫之稱讚庾信「有心有血」、「性正情深」，認爲其詩若「傅之管絃」、「發爲長歌」，則「雅稱至極」。評價如此之高，主要是出於詩中悲情的緣故。在王夫之看來，抒發悲情，是詩教的應有之義：

　　　　蓋詩自有教，或溫或慘，總不可以赤煩熱耳爭也。

　　　　《古詩評選》卷二

〔註1〕庾信《怨歌行》：家住金陵縣前，嫁得長安少年。回頭望鄉泪落，不知何處天邊。胡塵幾時應盡？漢月何時更圓？爲君能歌此曲，不覺心隨斷絃。

長言咏歎，以寫纏綿悱惻之情，詩本教也。

（《薑齋詩話‧夕堂永日緒論內編》）

《論語‧述而》曰：「不憤不啓，不悱不發。」悱，是指欲言而又難言。鮑照《擬行路難》詩中有一句：「中心惻愴不能言。」惻是指悲痛、憂傷。纏綿悱惻之情，主要是剪不斷、理還亂的難以言傳的惆悵悲愴之情。生活中的悲情作爲自然情感通常缺乏可供欣賞的審美價值。王夫之強調以藝術的方式把悲情轉化爲審美情感，也就是注重詩人在含蓄蘊藉中達成「英雄之泪」與詩情、樂感的有機統一。他反對以吞吞吐吐、大喊大叫或哭哭涕涕的方式寫悲，不是爲了掩飾、迴避或淡化什麼，而主要是出於藝術效果方面的考慮，即詩人賦予悲情以審美的藝術形式恰恰使悲情無限（動人興觀群怨）。王夫之的詩教觀雖本於儒家傳統，卻在很大程度上美學化了，也就是具有更深廣開明的美學、心理學內涵，具有豐富的現代意味。

在悲情的藝術化這點上，黑格爾和蘇珊‧朗格的看法與王夫之不謀而合。黑格爾認爲，啼哭在理想的藝術裏不應該是毫無節制的哀號，把痛苦和歡樂滿肚子叫喊出來，也並不是音樂。〔註2〕蘇珊‧朗格也明確指出：發泄情感的規律是其自身的規律而不是藝術的規律，純粹的自我表現不需要藝術形式，嚎啕大哭的兒童恐怕比一個音樂家表現出更多的個人情感，可誰又會爲了聽這樣的哭聲去參加音樂會呢？〔註3〕這正如王夫之所說，眞正的詩人以其「悲腕」（寄託悲情的藝術手腕）能下石人之泪，但其佳作「雄不以色，悲不以泪，乃可謂之悲壯雄渾」（《明詩評選》卷六）。悲不以泪，並非政治、道德上的用意（儘管詩人通常不能與此無涉），而是藝術的、審美心理學方面的匠心。

第一節　詩學背景

在明清時期，各種詩學範疇比以往更豐富，與其說是系統化，不如說呈現出多樣化。同一範疇通常具有不同的言說方式，也與其他範疇靈活地組成復合範疇，其涵義因語境或評論對象的不同而具有比以往更微妙的模糊性和針對性。比如「壯」，既與表示陽剛之美的範疇如雄渾、豪放等相吻合，又與剛柔皆宜的「中性」範疇如清、麗等相融洽，甚至在剛柔相濟的文風中也呈現出「百鍊鋼化爲繞指柔」的形態。王夫之把「壯」與「夯」區別開來，他

〔註2〕參見黑格爾：《美學》第3卷上冊，商務印書館1979年版，第346頁。

〔註3〕參見蘇珊‧朗格：《情感與形式》，中國社會科學出版社1986年版，第9頁。

說精神滿腹者原非夯也，「壯者如駿馬，才躍地即過；夯者如笨水牸，四蹄入泥一尺」（《明詩評選》卷六）。由此可以引申一下，「壯」與激昂、慷慨、灑脫、爽快、躍動相近，而非拖沓、繁縟、沉悶、呆板、粗豪。他在評詩時所讚賞的神駿、駘宕深駿、沉鬱駿發基本上都是「壯」的代名詞。他推崇激昂，說「古今之間，另立一體，全以激昂風韻，自致勝地」（《古詩評選》卷五）。他讚賞「寄慨深」、「寄慨特遠」的作品，評簡文帝《被幽述志詩》「當此殊哀，音節不亂，沉鬱慷慨，動人千年之下。『風雨如晦，雞鳴不已』，自道不誣矣」（《古詩評選》卷六）。他所說的氣勢、氣骨、風骨、風力、清勁、清直在不同程度上也有「壯」的意思。他在品評「忼壯」、悲慨的作品時貶抑似壯非壯的「霸心」、「霸氣」、「陵囂之氣」和「喉間坌氣」等。

　　早在魏晉南北朝時，「壯」就已成為重要的文論範疇，也許是因其勁健、強盛、雄偉或氣力充沛的基本涵義比較容易把握，人們對它所作的理論闡釋並不多。王夫之大致是在約定俗成的意義上沿用這一範疇的。陸機《文賦》把箴的文體特徵界定為「頓挫而清壯」。《文選》李善注《文賦》曰：「箴以譏諷得失，故頓挫清壯。」鍾嶸《詩品》說劉琨「仗清剛之氣」，「善為凄戾之詞，自有清拔之氣」。清剛、清拔與清壯意思相近。王夫之評陶安《郡寓偶成》：「清壯。壯以清，故佳。後來七子輩不濁不能壯也。」（《明詩評選》卷五）他們的說法大都源出於曹丕的《典論·論文》：「文以氣為主，氣之清濁有體，不可力強而致。」

　　劉勰《文心雕龍·體性》把「壯麗」列為文章八體之一，認為「壯麗者，高論宏裁，卓爍異採者也」。柳宗元曾為堂弟宗直《西漢文類》四十卷作序，稱「文之近古而尤壯麗，莫若漢之西京……殷周之前，其文簡而野，魏晉以降，則蕩而靡，得其中者漢氏」。方回在《桐江集》中談論唐詩風格時說：「大曆十才子以前，詩格壯麗悲感。」王夫之也比較重視壯麗，他評杜甫《重經昭陵》：「壯麗生色。壯麗不生色，則官舍門神，聊堪駭鬼耳。」（《唐詩評選》卷三）他常用雄麗、弘麗、沉麗、沉雄整麗等與壯麗相近的詞語評詩，認為詩家所推奉為「大家」者不外乎雄、渾、整、麗四個要素，他評梁有譽《秋日謁陵眺望》「就地曲寫，韻外得韻，亦復沉雄整麗，正不知有萬里中原，天高日麗，銀漢仙宮也。」（《明詩評選》卷六）有學者說：船山論詩，重視性靈神韻，對雄渾奇偉、厚重沉健的作品，意存歧視。〔註4〕這種看法不夠確切。

<hr/>

〔註4〕參見錢仲聯：《王船山詩論後案》，《文藝理論研究》1980年第1期。

在哲學上，王夫之堅持陰陽二氣「合兩端於一體」的辯證觀念，認爲陰中有陽，陽中有陰，獨陰不成，孤陽不生。相應地，他在詩學方面注重陽剛之美與陰柔之美的有機統一。所以，他從不單向度地看待「壯」，他以壯評詩的次數不如運用清、平、風、麗等詞語那麼多。他說安頓清圓方可許之雄麗，詩人應於閒遠涓細處說出廣大弘麗，他讚賞楊維楨《冶春口號》「回波處力欲扛鼎，故一切皆柔」（《明詩評選》卷八）。柔中有扛鼎之力，這與他所推崇的咫尺有萬里之勢並無二致，可謂柔中有剛或外柔內剛。有學者說船山所推崇的是以謝靈運等人爲代表的那種清雅、蘊藉、淡遠的詩美，〔註5〕這話很有見地。我在此補充一下，王夫之對謝靈運詩的評語有：「屹然遂止，神武不殺」；「藏鋒鍔於光影之中」；「廣遠而微至」；「無廣目細心者，但賞其幽艷而已」；「如神龍夭矯，隨所向處，雲雷盈動」等等。從這些評語看，王夫之未把謝詩視爲優美之作，他對優美和壯美也沒有非此即彼的偏愛（儘管他注重委婉溫柔的藝術表現方式）。他不執一端，推崇各種對立因素的融會貫通。有學者對船山詩學的藝術辯證法把握得較準確，但卻得出結論說：船山片面強調矛盾的統一、平衡、和諧，必然在美學觀點上肯定優美之美，否定崇高之美，必然在詩論中提出許多偏見。〔註6〕我以爲，這個結論是片面的。

第二節　王夫之何以推崇悲壯

悲壯，是由悲與壯組成的復合範疇。其內涵時而偏於悲，時而偏於壯，在具體的語境中隨所用而別。壯是指作品文辭氣力上見出的清剛、勁健、宏大等方面的品格特徵。王夫之以「悲壯」評詩不下十次，次數不多，但若加上與「悲壯」相近的概念如悲憤、悲慨、悲健、悲涼等就較爲可觀了。他所常用的相關詞語有開爽悲健、沉爽悲涼、悲涼生動、悲涼有體、遠大悲涼、沉鬱慷慨、悲思無限、雄風怨調等。由「悲」所組成的範疇系列在內涵上一般偏重於悲，其間的差異較微妙，與悲壯最爲切近的是悲慨和悲健。我們可以從以下三個方面看出王夫之對悲壯的重視。其一，王夫之推崇樂府詩，他在讚賞宋之問一首五言樂府的神駿品格時說：「樂府之作，既被管絃；歌行之

〔註5〕參見陶水平：《船山詩學研究》，中國社會科學出版社2001年版，第363頁。
〔註6〕參見譚承耕：《船山詩論的藝術辯證法》，《湖南師範大學學報》1985年第2期。

流，必資唱歎。管絃唱歎之餘，而以悲愉於天下，是聲音之動雜，而文言之用微矣。」（《唐詩評選》卷一）這種讚賞，不僅出於對詩的音樂性的重視，而且與詩的風格有很大關係。王夫之說：「樂府之長，大端有二：一則悲壯奰發，一則旖旎柔入。」（《古詩評選》卷一）奰，讀必音，是會意字，從「大」，從三「目」，表示身體壯大，引申義爲壯大。作爲最富於陽剛之美的風格類型之一，悲壯之情在藝術表現方式上卻又不像池水決堤那樣一泄無餘。例如：

> 不言所悲，而充塞八極，無非愁者。孟德於樂府，殆欲踞第一
> 位，惟此不易步耳。不知者但謂之霸心。

（《古詩評選》卷一曹操《碣石篇》評語）

> 眞情老景，雄風怨調，只此不愧漢人樂府。

（《唐詩評選》卷一王維《榆林郡歌》評語）

《碣石篇》作爲四言詩，其中《觀滄海》一章共 16 句，前 14 句都在寫景，末尾以「幸甚至哉，歌以咏志」作結，無一字言愁，所寫之景也並不都是哀景，眞可謂不知悲涼之何以生。《榆林郡歌》〔註7〕詩中有「傷」、「愁」字樣，主體情懷較明顯，景物也不新，但著意處皆以興比寫生，「愁逢漢使不相識」一句，在冥冥中跨越朝代之隔，使悲壯之情尤爲寥廓。總之，悲壯、含蓄和音樂性是樂府詩最顯著的特徵，這都符合王夫之的審美趣尚。

其二，王夫之在 26 歲時正趕上明朝政權被推翻（1644 年），此後他曾致力於反清復明，即便在避禍於山中時他也關注時局，直到南明永曆政權徹底覆滅（1662 年），他在心理上眞正成爲明朝遺民。他在晚年習於遠害尊生、觀化頤生之道，卻仍難以排遣故國之思、悲憤之情。他在評選明詩時對悲壯風格比較敏感，儘管那些詩與明清易代沒有什麼直接關聯。此可謂作者無意，讀者有心。他評劉基《戰城南》「翔折悲壯」（《明詩評選》卷一）；評袁凱《獨漉篇》「破格而不破體，寸幅蟬蜿，微言悲壯」（同上）；評孫炎《龍灣城》〔註8〕「遠大悲涼」（《明詩評選》卷二）；評楊維楨《咏白塔》「犖括入度矣，而悲壯之氣，猶如汗血生駒初受銜勒」（《明詩評選》卷六）；評高啓《送梅侯赴錢塘》「以頷聯言之，用事如揀沙得寶，那得不增其悲壯」（同上）；評徐渭《龕

〔註7〕王維《榆林郡歌》：山頭松柏林，山下泉聲傷客心。千里萬里春草色，黃河東流流不息。黃龍戍上游俠兒，愁逢漢使不相識。

〔註8〕孫炎《龍灣城》：龍灣城，壯如鐵。城下是長江，城頭有明月。月色照人心不移，江水長流無盡時。

山凱歌》「才是雄渾，才是悲壯，七才子憂裝關羽耳」（《明詩評選》卷八）。不必再羅列類似評語了，看得出來，王夫之輕易不以悲壯許人，他把悲壯視為尋常詩人難以達到的一種境界，認為悲壯不是「板障雄壯語」，不是「孤勁」之法和「孤悍之力」的產物。在《明詩評選》之外，他很少使用「悲壯」一詞。他在《黃書》、《噩夢》、《搔首問》等著作中以博通古今的眼光談論社會政治、民族文化等方面的問題，而在詩評選著作中則以詩解詩，緊扣詩的審美特性，不把詩與其他社會問題混淆起來。按照他的邏輯，抒情詩不能直接描繪具體的社會事件，社會事件影響人的性情，詩以道性情，性情是承先啟後的中介。總之，王夫之對悲壯風格的推崇，與他的遺民情結有一定的關聯，這種關聯是深切的、潛在的。

其三，王夫之在晚年自題的墓銘中有一句「抱劉越石之孤憤而命無從致」。劉琨（271～318），字越石，漢中山靖王劉勝之後，少好莊老，尚清談，後值逆亂，家國殘破，於晉室南渡後多次上書北伐，抗擊異族入侵，志在恢復中原，曾作為大將軍都督北方并、冀、幽三州軍事，後戰敗並遇害。在為重振晉室而出生入死的戎馬生涯中，劉琨屢遭挫折而性情忠貞，意氣悲慨，故為後世所敬重，以「聞雞起舞」、「枕戈待旦」等事跡千古流芳。《晉書》本傳載其語：「吾枕戈待旦，志梟逆虜……」劉琨英雄失路，孤危困頓，發為歌詠，多風雲之氣，淒戾清拔，悲壯蒼涼，始終為人所推崇。劉勰《文心雕龍·才略》說劉琨「雅壯而多風」。元好問《論詩絕句》云：「曹劉坐嘯虎生風，四海無人角兩雄。可惜并州劉越石，不教橫槊建安中。」明張溥《漢魏六朝百三家集題辭》有言：「晉元渡江，無心北伐，越石再三上表，辭雖勸進，義切復仇，讀者苟有胸腹，能無慷慨？……想其當日執槊依盾，筆不得止，勁氣直辭，回薄霄漢。推此志也，屈平沉湘，荊卿易水，其同聲邪？」晚清劉熙載《藝概·詩概》說：詩有壯而不悲或悲而不壯者，「兼悲壯者，其惟劉越石乎」。深懷忠君愛國之心而無恢復故國河山之力的王夫之與劉琨同有悲憤之情、光昭之志，因而引為同調。

有資料說劉琨的詩現僅存《扶風歌》、《答盧諶》、《重贈盧諶》三首。王夫之所評選的除《扶風歌》、《答盧諶》外，還有五言近體《胡姬年十五》一首。王夫之側重從藝術的角度評價劉詩，他說杜甫從《扶風歌》中取資一二，「以為《出塞》、《三別》，遂得神明生動」（《古詩評選》卷一）。《答盧諶》為四言詩，共 8 章，每章 12 句，王夫之評「天地無心，萬物同途」一章：

　　　　無限傷心刺目，顧以說理語衍之，乃使古今懷抱，同入英雄淚

　　底。（《古詩評選》卷二）

「以說理語衍之」，使作品不僅意寓言中，而且通情達理，在憤慨、悲壯的同時又有欲說還休的分寸感。因其沉爽中有含蓄，才給讀者以想像和感受的廣遠空間，從而使古今有心人，與英雄共哀樂。

　　對悲壯一詞，王夫之沒作多少理論闡釋。這與悲壯早已成為約定俗成的通用範疇有關。鍾嶸《詩品》評曹操：「曹公古直，甚有悲涼之句。」司空圖《二十四詩品》把「悲慨」列為一品：「大風卷水，林木為摧。意苦若死，招憩不來。百歲如流，富貴冷灰。大道日喪，若為雄才。壯士拂劍，浩然彌哀。蕭蕭落葉，漏雨蒼苔。」按照這種描述，悲慨與悲壯和悲涼之間，實在難有明確的界限。嚴羽《滄浪詩話》把悲壯列為詩的九種品格之一，陶明濬《詩說雜記》就此解釋道：何謂悲壯？笳拍鐃歌，酣暢猛起者是也。笳是管樂器，鐃是打擊樂器，通常為軍用。由此可以想見漢代邊塞羈旅的處境。楊載《詩法家數》把悲壯列為詩的六體之一。大致說來，悲壯的範疇地位在宋代得以奠定，在明清時期的風格論範疇系列中與平淡、自然、雄渾、沉鬱等範疇一樣，具有核心地位。

第三節　藝術表現方式

　　王夫之關於悲壯的看法，主要體現在悲壯的藝術表現方式上。這與他總體上的詩學原則是一致的。對此，我們從以下幾個方面加以簡要說明。一是寓悲於景。王夫之評喬宇《秋風亭下泛舟》：「景語中具可傳情，不待結句，始知悲壯。」（《明詩評選》卷六）這符合他所提出的景中藏情或以寫景的心理言情的美學原則。二是在唱歎中寄悲於文句之外。王夫之說江淹《學魏文帝》末二語（少年歌且止，歌聲斷客子）不盡悲詞，其悲徹骨。他評曹丕《黎陽作》：

　　　　只用《毛詩》「雨雪載途」一句，縱衡成文，傷悲之心，慰勞之

　　旨，皆寄文句之外，一以音響寫之。（《古詩評選》卷二）

這段評語強調意在言外的含蓄性和長言咏歎的音樂性。又如他評漢鐃歌曲《戰城南》：

　　　　鐃歌雜鼓吹，譜字多不可讀，唯此首略可通解。所咏雖悲壯，

　　　　而聲情繚繞，自不如吳均一派裝長聲大面腔也。丈夫雖死，亦閒閒
　　　　爾，何至顀面張拳？（《古詩評選》卷一）

王夫之秉承中國詩學入興貴閒、外柔內剛的傳統觀念，一向反對做作、粗豪、
直露、虛浮的詩風。他所說的「聲情繚繞」大致是指意在言外的含蓄性與長
言詠歎的音樂性兼長並美的藝術效果。三是悲壯之情在詩中應以不傷雅度為
準。王夫之說：「悲者形必靜，哀者聲必約。」（《古詩評選》卷一）他評劉基
《感春》：

　　　　悲而不傷，雅人之悲故爾。古人勝人，定在此許，終不如杜子
　　　　美愁貧怯死，雙眉作層巒色像。（《明詩評選》卷四）

「悲而不傷」的看法有風雅傳統和儒家詩教的依據，也符合現代醫學和心理
學的情感適度原則。《莊子・漁父》有言：「眞悲無聲而哀，眞怒未發而威，
眞親未笑而和。」大概受莊子影響，王夫之提出「悲者形必靜，哀者聲必約」
的詩學命題，倡導眞者不偽、精者不雜、誠者不矯的自然情性，體現出以靜
制動、居約致弘的藝術辯證法思想。王夫之也曾提出「色愉神悲，悲乃以至」
的命題，表明他深知生活與藝術中悲愉、哀樂相反相成的心理特徵，他比前
人更注重對比、反襯的藝術效應。

第八章 王夫之的含蓄論

　　含蓄是體現詩的本質的重要特徵之一，與平淡、自然等趣尚一道，在很大程度上體現出中國詩學的審美標準和理想。含蓄作爲詩學範疇，在宋代得以確立並理論化。王夫之注重《詩經》以來興、比寓託的風雅傳統，推崇即景會心的審美感興，繼承、發揚了中國詩學中的含蓄觀念，這使得含蓄在他的詩學理論體系中佔有非常重要的地位。

　　在中國詩學中，含蓄主要是指詩歌文本的含而不露、意蘊豐富、韻味無窮的審美特徵。含蓄與蘊藉（蓄積、含藏寬容）同義，二者通常合併爲含蓄蘊藉。王夫之非常重視含蓄，他直接以含蓄、蘊藉、蘊蓄、含藏、含精蓄理等詞語評詩達數十次，也常以隱、忍、藏鋒、取勢、取影、含者自弘、不道破一句等與含蓄密切相關的詞語評詩，即便在不使用上述詞語時，他的很多論述也以含蓄爲標準、宗旨和理想。

第一節　詩的比興傳統與含蓄

　　王夫之把「興」看作「詩言志，歌永言」的樞機，推崇「寓意於言，風味深永，可歌可言」的作品，認爲詩人在創作中「以言起意，則言在而意無窮」（《唐詩評選》卷一）。他說：《小雅》《鶴鳴》之詩，全用比體，不道破一句，《三百篇》中創調也。（《薑齋詩話・夕堂永日緒論內編》）又指出：

> 　　重用興比，恰緊處顧以平語出之，非但漢人遺旨，亦《三百篇》
> 之流風也。（《古詩評選》卷五鮑照《贈故人馬子喬》評語）

興比作爲手法或體式，通常以審美感興爲前提，以平和（平）、自然、含蓄爲

品格或藝術效果。在「六義」中，微言動物謂之風，故興比多而賦少，風之體微而婉。王夫之認爲，四言詩始於《詩經》，雅體「廣引充志以穆耳」，風體「微動含情以送意」；大端言情爲《風》《雅》正宗；自梁以降，五言近體的佳作可謂「樸處留雅，蘊藉處留風」。「大端言情」與「寬於用意」相近，主要是指借景抒情、委婉曲折、含而不露（「遵路委蛇」）的藝術表現方式。王夫之所說的風味、風範、風裁、風局、風度、風致、風旨、風藻、風神、風韻等，都是就《詩經》以來含蓄蘊藉、委婉動人的風雅、比興傳統而言的。王夫之尤重風味，他在三部詩評選著作中使用這個詞超過 30 次。風味主要是指作品寓意於言、「不道破一句」、韻味無窮、溫婉生動的審美特徵。

「不道破一句」，即寬於用意、大端言情、含而不露。「不說破」，原是禪宗的言說原則，自宋代起成爲一個詩學命題。〔註 1〕如張栻云：「作詩不可直說破，須如詩人婉而成章。」〔註 2〕清人陳廷焯在解釋詞的「沉鬱」品格時說：「所謂沉鬱者，意在筆先，神餘言外。寫怨夫思婦之懷，寓孽子孤臣之感。凡交情之冷淡，身世之飄零，皆可於一草一木發之。而發之又必若隱若現，欲露不露，反覆纏綿，終不許一語道破。匪獨體格之高，亦見性情之厚。」（《白雨齋詞話》卷一）與上述論者的看法相近，王夫之所說的「不道破一句」主要是出於詩教和藝術審美的考慮，而不是爲避忌諱和禍害。王夫之不贊成詩人在險惡的社會政治環境中因畏懼而吞吞吐吐地故作「隱語」、「影子語」的做法，認爲「以茅塞爲詩」則艱澀隱晦、難索解人。「不道破一句」的觀點，以含蓄爲指歸，一方面反對直露（「一往意盡」、一覽無餘），另一方面反對晦澀（「不著題則不知所謂」，謎而非詩）。

南朝鍾嶸《詩品序》對興、比、賦「三義」之興作出不同於漢儒的解釋：文已盡而意有餘。南宋嚴羽說：「盛唐諸公惟在興趣，羚羊掛角，無跡可求，故其妙處透澈玲瓏，不可湊泊……言有盡而意無窮」（《滄浪詩話·詩辨》）。元代楊載認爲：「五言古詩，或興起，或比起，或賦起。……悲歡含蓄而不傷，美刺婉曲而不露，要有三百篇之遺意方是。」（《詩法家數·古詩要法》）明代李東陽指出：「比、興皆託物寓情而爲之。蓋正言直述，則易於窮盡而難於感發。惟有所寓託，形容摹寫，反覆諷咏，以俟人之自得，言有盡而意無窮，則神爽飛動，手舞足蹈，而不自覺。此詩之所以貴情思而輕事實也。」（《懷

〔註 1〕 參見蔣寅：《古典詩學的現代詮釋》，中華書局 2003 年版，第 88 頁。
〔註 2〕 參見蔣寅：《古典詩學的現代詮釋》，中華書局 2003 年版，第 88 頁。

麓堂詩話》）以上論者都明確強調興、比與「言有盡而意無窮」或含蓄的因果
關係。嚴羽所說的「興趣」之興似應兼有感興和起興之意，與其他詩論家側
重從手法和體式的角度談興、比雖不全在一個層面上，但都在審美之「興」
的範圍內。言有盡而意無窮歷來是「含蓄」之要義，這樣，興、比與含蓄早
就有了不解之緣。應該說，王夫之大體上繼承了上述各家的看法，他強調詩
人在審美感興中以言起意，「言在而意無窮」，其實就是提倡含蓄。與前人相
比，王夫之對含蓄的重視程度可謂無以復加。經其論述闡發，含蓄在中國詩
學理論批評史上的地位得以提升。

　　王夫之從體裁的角度對詩的含蓄的審美特徵加以規定，他評蔣山卿《北
狩凱旋歌》：

　　　　且道是賞是罰，詩待解人字外求之，不如上書著論，可直言無
　　諱耳。風雅謨訓，各自有體，不然聖人不須六經。

　　（《明詩評選》卷八）

詩中褒貶，深意含藏，婉轉曲達，爲詩的文體特徵所規定，如果直白表述，
即「直言無諱」，則變成奏議、謨訓一類的實用文字，而在體式上與詩格格不
入。詩待解人「字外求之」，這是對創作、作品和鑒賞提出的共同要求，這一
要求的基本點就是「含蓄」。因而，含蓄是體現詩的本質的重要特徵之一。很
多中外學者雖然認爲含蓄是中國文學乃至人生的重要言說方式之一，但大多
承認含蓄於詩尤爲重要。所以，王夫之對詩的含蓄特徵的界定，具有超越時
代局限的普遍性意義。

第二節　含蓄論的詩學背景

　　古人對含蓄的把握，大多著眼於言意關係。簡單地說，含蓄是指詩歌意
在言外的審美特徵。這一特徵自《詩經》起就體現在創作中，自《文心雕龍》
起就在理論上受到重視。南朝劉勰說「隱也者，文外之重旨者也」，「隱之爲
體，義生文外，秘響旁通」，「深文隱蔚，餘味曲包」（《文心雕龍·隱秀》）。
南宋張戒《歲寒堂詩話》引用劉勰的話：「情在詞外曰隱，狀溢目前曰秀。」
含蓄的隱與生動的秀在佳作中相輔相成，兼長並美，構成有機整體。劉勰自
覺地意識到這一點，他說「或有晦塞爲深，雖奧非隱，雕削取巧，雖美非秀
矣」，眞正的隱秀是「自然會妙」的產物。北宋歐陽修《六一詩話》引梅堯臣
的話：

狀難寫之景，如在目前；含不盡之意，見於言外，然後爲至矣。

這段名言所表達的觀點比較簡明，與劉勰的隱秀論對照起來看，幾乎沒有新意。所以，我們可以將其視爲「隱秀」的注釋。隱即「含不盡之意，見於言外」，秀即「狀難寫之景，如在目前」。有當代學者說，劉勰使用「隱」的概念，從效果的角度觸及文學表達之暗示性的要求，遺憾的是因《隱秀》文本殘缺，我們已無法知道他的具體見解如何。我以爲，僅從現存的《隱秀》殘篇看，劉勰就已較明確地奠定含蓄的基本理論，只不過他未曾使用「含蓄」這個詞而已。劉勰說「隱以復意爲工」，復意是指文章表層的字面之意和深層的言外之意，他注重「隱」的「義生文外，秘響旁通」的審美特性，把隱與晦澀之奧、秀與雕琢之巧區分開來，推崇自然，認爲隱秀是「才情之嘉會」的體現。中國詩學中的隱與顯這對範疇大致是由「隱秀」派生出來的。劉勰也不止一次地把隱與顯當作一對概念來使用。「隱秀」雖未成爲歷代詩論家常用的核心範疇，如在王國維《人間詞話》中這個詞只出現兩次，但其中的思想觀念卻在很多方面影響了以後的詩學。王夫之對漢代《古詩》（「橘柚垂花實」）作出高度評價：「一行入比，反覆傾倒，文外隱而文內自顯，可抒獨思，可授眾感。」（《古詩評選》卷四）這裡的隱即義生文外或意餘於言，顯即審美意象的鮮明生動（「秀」）。

「含蓄」一詞較早見於唐代的詩學論著。中唐皎然《詩式》卷一「辨體有一十九字」釋思字：「氣多含蓄曰思。」晚唐司空圖《二十四詩品》把「含蓄」列爲一品，指出其「不著一字，盡得風流」的審美特徵。「含蓄」作爲範疇得以確立並理論化是在宋代。張表臣說「篇章以含蓄天成爲上」（《珊瑚鈎詩話》）。姜夔說「語貴含蓄」（《白石道人詩說》）。經過包恢、張戒、楊萬里等人的大力提倡，含蓄蘊藉說在南宋成爲一種潮流，包恢《敝帚稿略》說：「詩有表裏淺深。……若其意味風韻，含蓄蘊藉，隱然潛寓於裏，而其表淡然若無外飾者，深也。」這已把含蓄與意味、風韻、沖淡、自然等詩學問題有機地聯繫起來，作通盤考慮。至此，含蓄已被視爲詩歌最重要的審美特徵之一。〔註3〕後來，楊載、范德機、謝榛、陸時雍、王士禎、袁枚等人也推崇含蓄，使之有通則、常識一般的普及面，含蓄與平淡、自然等趣尚一道，在很大程度上體現出中國詩學的審美標準和理想。

〔註 3〕有學者認爲，「含蓄」被視爲中國古典詩歌的主要審美特徵是在 20 世紀初。這種看法缺少說服力。

第三節　從勢、忍、居約致弘看含蓄

　　楊慎、陸時雍等人的含蓄論，直接影響了王夫之。從他們對杜甫詩歌的評論中就可以看出這一點。楊慎說：「杜詩之含蓄蘊藉者，蓋亦多矣，宋人不能學之。至於直陳時事，類於訕訐，乃其下乘末腳，而宋人拾以爲己寶，又撰出『詩史』二字以誤後人。」（《升菴詩話》卷十一）陸時雍說：「少陵七言律，蘊藉最深。有餘地，有餘情。情中有景，景外含情。一咏三諷，味之不盡。」（《詩鏡總論》）王夫之對杜甫其人其詩及宋人「詩史」之說多有貶抑，對中國詩的情景交融的藝術特徵非常推崇，這可從楊慎和陸時雍那裡找到淵源，在含蓄蘊藉問題上亦如此。王夫之認爲，情語能以轉折爲含蓄者，惟杜甫居勝。他對杜甫的七言律評價較高，例如：

　　　　二首已放，而放者必有所留，書家之藏鋒法以此。

　　　　（《唐詩評選》卷四杜甫《十二月一日三首選二》評語）

　　　　寬於用意，則尺幅萬里矣！誰能吟此而不悲？故曰：「可以怨」。

　　　　（《唐詩評選》卷四杜甫《九日藍田宴崔氏莊》評語）

　　　　境語蘊藉，波勢平遠。（《唐詩評選》卷四杜甫《野老》評語）

王夫之也曾以「得藏鋒之妙」、「藏鋒不露」、「藏鋒毫端，咫尺萬里」等書法理論用語品評其他詩人的詩，這就是筆端有留勢、收勢，喻指詩人運筆斂縱得當、收放自如，[註4]用意含藏不露。「尺幅萬里」出自畫論用語。[註5]杜甫詩云：「尤工遠勢古莫比，咫尺應須論萬里。」（《戲題王宰畫山水圖歌》）王夫之常用「藏萬里於尺幅」、「尺幅之中，春波萬里」、「短章有萬里之勢」等詞語評詩。他說：

　　　　論畫者曰：「咫尺有萬里之勢。」一「勢」字宜著眼。若不論勢，
　　　　則縮萬里於咫尺，直是《廣輿記》前一天下圖耳。

　　　　（《薑齋詩話·夕堂永日緒論內編》）

　　　　把定一題、一人、一事、一物，於其上求形模，求比似，求詞
　　　　采，求故實，如鈍斧子劈櫟柞，皮屑紛霏，何嘗動得一絲紋理？以
　　　　意爲主，勢次之。勢者，意中之神理也。惟謝康樂爲能取勢，宛轉

〔註4〕參見藍華增：《古典抒情詩的美學——王夫之「情景」說述評》，原載《古代文學理論研究》第10輯，上海古籍出版社1985年版，第162頁。

〔註5〕《南史·齊竟陵文宣王子良傳》云：「（蕭）賁，字文奐……好學有文才，能書善畫，於扇上畫山水，咫尺之內，便覺萬里爲遙。」

> 屈伸，以求儘其意；意已盡則止，殆無剩語：夭矯連蜷，烟雲繚繞，
>
> 乃真龍，非畫龍也。（同上）

「勢」，在王夫之那裡關涉含蓄等一系列詩學問題，令人難以迴避，也難以把握和闡釋。論者對「勢」及「神理」常有誤解，造成簡單化或複雜化的偏頗。「勢」，在通首渾成的詩歌佳作中由內而外的呈現出來，大概是指氣力充沛、脈絡流暢、內斂外顯的藝術能量或魅力，是指意伏象外、神韻靈動、曲折迴環的審美張力，是指「無字處皆其意」的虛實相生、深遠廣大的情感氛圍、心理場或藝術空間。簡言之，「勢」是指詩境中居約致弘、欲縱故斂、深入淡出、言近旨遠的審美張力和藝術空間。在即景會心的審美感興中，詩人興起意生，景中有心物交感，意中有情景觸合，「勢」是意中即景達情的神理，主要是通過以形寫神而生成。「取勢」，大概是指詩人本著從心目相取處得景得句，以寫景的心理言情，長言咏歎以寫纏綿悱惻之情的意趣，匠心獨運，取神似於心與物、情與景、言與意的離合之間，達到景顯意微、字外含遠神的藝術境界。這樣，「咫尺有萬里之勢」的詩富於韻外之致，可謂「境語蘊藉」，以含蓄蘊藉為主要的審美特徵。

書家之藏鋒法「放者必有所留」也就是筆端有留勢、收勢、忍勢。王夫之提出「忍」的概念：

> 愈緩愈迫，筆妙之至。惟有一法曰忍。忍字固不如忍篇。
>
> （《古詩評選》卷一曹操《碣石篇》評語）

> 文筆之差，繫於忍力也。如是不忍則不力，不力亦莫能忍也。
>
> （《古詩評選》卷一雜曲《羽林郎》評語）

> 微作兩折，而立論平善，使氣純淡，既放而復不遠，心神之間
> 有忍力，要以成乎作者。《十九首》固有此體制矣。
>
> （《古詩評選》卷四左思《招隱詩》評語）

在王夫之看來，文章本靜業，不應著力太急，「著力急者心氣粗，則一發不禁，其落筆必重，皆囂陵競亂之征也」（《薑齋詩話·夕堂永日緒論外編》）；詩人抒發感情，既不能傾囊而出，「如決池水，旋踵而涸」，也不能拖帶景物，似「菱花敗葉，隨流而漾」。忍是關鍵，「如射者引弓極滿，或即發矢，或遲審久之：能忍不能忍，其力之大小可知已」（《薑齋詩話·夕堂永日緒論內編》）。王夫之稱讚鮑照《和王義興七夕》：「役心極矣，而絕不汎瀾。引滿之餘，大

有忍力。」（《古詩評選》卷五）忍，就是詩人寫景言情不直露、不促迫、不放縱，就是寓意於言、寄情於景以防止因情感一泄無餘而使作品缺乏意味和感染力，就是「筆欲放而仍留，思不奢而自富」。忍力，與取勢大體上是一致的。「心神之間有忍力」，使作品有蓄勢待發之態。

王夫之提出「居約致弘」的命題，認爲知此者乃可與言詩。約即簡約，體現在詩的字句、篇章和立意等方面。王夫之認爲簡字不如簡意，意簡則弘，「勢遠則意不得雜」，樂府歌行算是長句長篇，「雖波興峰立，而尤以純儉爲宗」，與短歌微吟並無二致。弘即廣大，主要是指作品意在言外的藝術空間，這有待於作者構想廣遠，對讀者來說也能導天下以廣心。王夫之評元結《去鄉悲》：「雖已畢達所言，而含者自弘。次山詩惟此不愧《風》《雅》。」（《唐詩評選》卷二）「居約致弘」與含蓄蘊藉可謂互爲因果。這種觀念體現在王夫之的很多評語中，如「言若已盡，而意正未發」，「全不入意，字字是意」，「似全無情，正爾含意」，「拓小以大，居多以少」等。

第四節　結語

王夫之的含蓄論關係到詩學的方方面面，這裡僅舉兩點作補充說明。一是王夫之注重從藝術審美的角度看待含蓄。有學者說，宋人尚含蓄的詩觀大致基於政治上的需求、道德上的制約和心理上的自律。〔註6〕在別的朝代也有類似情形。如此看來，藝術審美自身發展的需求在某種程度上被遮蔽了。而王夫之對藝術審美的推崇則到了無以復加的程度，他評阮籍《咏懷》「緩引夷猶，直至篇終乃令意見，故以導人聽而警之不煩」（《古詩評選》卷四）；評陳子龍《江南曲》「轉折不形，魂神自動，結句蘊藉，一字百意」（《明詩評選》卷一）。這兩段評語體現出他對詩的音樂性和藝術感染力的高度重視。二是王夫之注重從讀者各以其情而自得的角度看待含蓄。他評鮑照《代東武吟》：「中間許多情事，平敘初終，一如白樂天歌行然者。……而言者之平生，聞者之感觸，無窮無方，皆所含蓄。」（《古詩評選》卷一）他評楊維楨《楊柳詞》〔註7〕：「盡含蓄，盡光輝，詩中元有此廣大昌明之氣，開蕩天下人心目。」（《明詩評選》卷七）眞正含蓄的詩給讀者的藝術欣賞留下了廣闊的餘地，使讀者

〔註 6〕參見周裕鍇：《宋代詩學通論》，巴蜀書社 1997 年版，第 427～432 頁。
〔註 7〕楊維楨《楊柳詞》：楊柳董家橋，鵝黃幾萬條。行人莫到此，春色易相撩。

的審美感受無窮無方，如「春色易相撩」，爲何相撩？怎麼相撩？撩動什麼？作者含蓄而不說破，讀者有自由聯想的藝術空間。而「開蕩天下人心目」，則不僅是詩的宗旨，而且應是各類文藝作品最佳的藝術效果。

第九章　王夫之的自然觀

　　與中國詩學中悠久的崇尚自然的藝術精神相應，王夫之讚賞不假雕飾、巧參化工、清新自然的作品，注重現量（即景會心的審美感興），高揚詩歌創作的主體性，把「自然」當作審美標準和藝術理想。這裡所說的自然觀，是針對詩人及詩學中尊崇自然之道，以天巧、化工爲審美標準和理想的觀念而言的。王夫之的自然觀，與他詩學中的其他觀念融爲一體，顯示出博大精深的理論特質。

第一節　自然觀的詩學背景

　　在幾部詩評選著作中，王夫之直接以「自然」一詞評詩約百次，他的常用詞語有妙在自然、排撰自然、首尾自然、自然清韻、自然含情、自然生動、自然警艷等。他也常用天然、天成、天工、化工、入化等與「自然」同義或近義的詞語評詩。他說：

　　　　昔人目謝康樂詩如「初日芙蓉」，〔註1〕予於此亦云神采天香，古今鮮匹矣！（《唐詩評選》卷三馬周《淩朝浮江旅思》評語）

　　　　嬌骨天成，觸物成好，嗣此音者，唯陸務觀得其十七。
　　（《唐詩評選》卷四陸龜蒙《小雪後書事》評語）

〔註1〕　《南史・顏延之傳》云：「延之嘗問鮑照，己與靈運優劣。照曰：『謝五言如初發芙蓉，自然可愛；君詩若鋪錦列綉，亦雕繢滿眼』。」葉夢得《石林詩話・卷下》有言：「古今論詩者多矣，吾獨愛湯惠休稱謝靈運爲『初日芙渠』，沈約稱王筠爲『彈丸脫手』，兩語最當人意。『初日芙渠'，非人力所能爲，而精彩華妙之意。『初日芙渠』，非人力所能爲，而精彩華妙之意，自然見於造化之妙。」

> 清微流麗，不入於纖。……但看他起二句搏造無痕，以如發之
> 心，運九鼎如落葉。詩有詩筆，猶史有史筆，亦無定法，但不以經
> 生詳略開闔脈理求之，而自然即於人心，即得之矣。
>
> （《明詩評選》卷五張治《江宿》評語）

他說謝靈運《郡東山望溟海詩》即「所稱『初日芙蓉』者也」，說讀李白詩「乃悟風華不由粉黛」，又說李白《子夜吳歌》前四語（長安一片月，萬戶擣衣聲。秋風吹不盡，總是玉關情）是「天壤間生成好句，被太白拾得」。這種看法與前面引文中的「神采天香」，「妍骨天成」和「搏造無痕」評語一樣，都體現了崇尚自然的藝術精神。

《南史·顏延之傳》曾援引鮑照的話說謝靈運五言詩如「初發芙蓉，自然可愛」。鍾嶸《詩品》、皎然《詩式》和葉夢得《石林詩話》都曾以讚賞的態度轉述湯惠休對謝詩所作的「芙蓉出水」（一說「初日芙渠」）的評價。謝靈運開創南朝山水詩的一代新風，他講究鍊字，喜用駢句，注重色彩的對比和情景的和諧，作品中多顯出工巧和匠心，而其佳作，特別是一些妙句，卻又給人以天造神運之感，被歷代詩家公認為風流自然，富於造化之妙。王夫之採納了前人對謝詩的有關評價，他偏愛謝詩，主要原因在於「自然」。

胡應麟《詩藪》曾說「唐人詩如初發芙蓉，自然可愛」。這話有以偏概全之嫌，但若用來評價李白，則比較恰當。如王世貞《藝苑卮言》說李白詩「以自然為宗」。李白曾在詩中自覺地提出「清水出芙蓉，天然去雕飾」的創作綱領。天然，與天真、清真相近，都是自然之義。這表現在抒情寫景方面，是不呈牽強，不事矯偽；在形式或文體方面，是自然天成，不假雕飾。本著「自然」的宗旨，李白反對詩歌創作中的偽飾和蹈襲之風，他曾借莊子寓言，對喪失「天真」的「醜女效顰」、「邯鄲學步」式的創作傾向加以嘲諷。自然風格，是王夫之對李白的詩作出高度評價的一大原因。

如果把魏晉南北朝視為文藝創作中的自然觀自覺形成的時代，那麼可以說，詩學理論中的自然觀幾乎是與之同步形成的。劉勰《文心雕龍·明詩》認為：「人稟七情，應物斯感；感物吟志，莫非自然。」鍾嶸《詩品》強調詩歌表現「自然英旨」和「真美」。晚唐司空圖《二十四詩品》明確把「自然」列為一品，強調「真」和「天鈞」，並主張詩之各品都應出自真性情，以求自然天成，「妙造自然」。由於人為之偽總是多於巧參化工之妙，人巧難以臻於天巧，歷代強調「自然」的詩學家既有好詩風代代相傳的考慮，又有現實的

針對性，「自然」也就逐漸成了審美理想，貫通於詩、畫等各類文藝作品中，理論與創作實踐互相推助。直到晚清，王國維總結道：古今之大文學，無不以自然勝。這一優秀的藝術傳統，在很大程度上是由老莊哲學引發並促成的。王夫之的「自然」觀，受到《周易》、道家等哲學觀念的影響，也受到詩歌、繪畫、書法等文藝領域的理論觀念和創作傾向的影響。

第二節　自然在有意無意之間

在王夫之看來，「自然」體現在詩人從命意布局到遣詞造句的整個創作過程中，其要義即在「有意無意之間」。詩以道性情，這本來是有意的，但真正的詩人借景抒情，藏情於景，能夠使其作品顯得不刻意，不做作。王夫之說：

> 三六說景，四五言情，格法擺落，而對仗工密不覺，真奇作也。
> 作者只一意自然，令有心為之，則亦不足觀矣。
> （《唐詩評選》卷四劉滄《題王母廟》評語）

> 等閒拈出，自然染骨透髓，足知不在刻鍥。
> （《明詩評選》卷一劉基《無愁果有愁曲》評語）

> 謀篇奇絕，閒處著意，到頭不犯，然非有意於謀篇也。
> （《明詩評選》卷五高叔嗣《得張子家書》評語）

這幾段話強調詩人言情寫景、謀篇布局以「閒」為貴，與劉勰所說的「入興貴閒」基本一致，是指詩人在審美感興中不拘格套，所取之景為眼前光景（活景），所用之法為遣心之法（活法），體現了中國詩學的傳統觀念：文章本天成，妙手偶得之。但這看似無為的藝術境界卻是詩人有為的產物。如王夫之評高叔嗣《子修侍御見過時謝病》「亦可謂之不作意，其實非也，想見其利刀破石時」。又如他評杜甫《石壕吏》：

> 片斷中留神理，韻腳中見化工。故刻畫愈精，規模愈雅，真自《孤兒行》來嗣古樂府，又非楊用修所得苛丹鉛。「夜久語聲絕」二句乃現賓主，起句「暮投」二字至此方有起止，作者非有意為之，自然不亂耳。（《唐詩評選》卷二）

「有意」與「無意」，原是詩人既無可迴避又難以解決的矛盾問題，而真正的詩人卻能在此間遊刃有餘，如杜甫在字裏行間的片斷和韻腳中所作的「刻畫」

顯然是人爲的，但卻能達到留神理、見化工的高境界。神理、化工，可以說是衡量作品是否「自然」的基本標誌。至於詩人在作品完成之前是否「作意」、苦思，反倒是另外層面上的問題了。

第三節　巧參化工，無筆墨痕

　　王夫之論詩既重字句又重篇章，他認爲佳作應是渾然成章的文質相生的有機統一體，詩體應像天地間陰陽二氣造化萬物那樣微妙而不露形跡。他常用雕琢入化、陶煉入化、錯綜入化、用古入化、咏物入化、化工之筆無痕等詞語評詩，例如：

> 脈行肉裏，神寄影中，巧參化工，非復有筆墨之氣。
>
> （《唐詩評選》卷一劉庭芝《公子行》評語）

> 刻削化盡，大氣獨昌，正使尋聲索色者不得涯際。
>
> （《明詩評選》卷五高啓《送謝恭》評語）

> 二十字中烟波無限，一鏡空涵，如此巧奪天工，固造物者不予
>
> 以貴壽也。（《明詩評選》卷七朱青城《西湖採蓮曲》評語）

「巧參化工」、「刻削化盡」、「巧奪天工」與「入化」和「化工之筆」基本上是一個意思，都是強調詩人體物入微，寫景言情得自然之妙，「化」是對詩人偉大的藝術創造力的充分肯定，意味著天授、天巧、神力、神工，意味著情景妙合、形神兼備、渾然天成的化境，是人巧、人力、人工的極致。臻於化境的作品富於藝術生命力，有自然之妙而無呆板的人工筆墨之氣。

　　王夫之常以「無筆墨氣」、「無筆墨痕」、「不見痕跡」、「不留痕跡」、「彼己無痕」、「不著刻畫跡」、「相形不著痕跡」等詞語評詩，強調自然感慨盡從景得，認爲取景遣韻不在刻意，注重湊手偶然、出入無痕的藝術效果，反對做作、直露、牽強、促迫或「粗豪虜迫之病」。他評謝靈運《道路憶山中》：「可以直促處且不直促，故曰溫厚和平。結語又戛然而止，方合天籟。」（《古詩評選》卷五）《莊子・齊物論》中曾講到天籟、地籟、人籟，「地籟則眾竅是已，人籟則比竹是已」。天籟是無待於外物的推動而自然發出的聲音。古代文論家常把渾然天成之作擬爲天籟，即指妙造自然，以天合天。如宋代包恢在《答曾子華論詩》中說：「古人於詩不苟作，不多作。而或一詩之出，必極天下之至精……猶造化自然之聲也。蓋天機自動，天籟自鳴，鼓以雷霆，豫順

以動，發自中節，聲自成文，此詩之至也。」與前人一致，王夫之所說的「天籟」，就是指以天合天的藝術表現力和化境。

王夫之對有筆墨痕或不合天籟的詩作常有異議。例如：

> 清婉則唐人多能之；一結弘深，唐人之問津者寡矣。「蟬噪林逾靜，鳥鳴山更幽」，論者以爲獨絕，非也：自與「海色晴看雨，江聲夜聽潮」同一反跌法，順口轉成，亦復何關至極！「逾」、「更」二字，斧鑿露盡，未免拙工之巧；擬之於禪，非、比二量語，所攝非現量也。（《古詩評選》卷六王籍《入若耶溪》評語）

王安石較爲欣賞「鳥鳴山更幽」這一句，爲它配了一句「風定花猶落」。沈括以王安石的對句爲佳，因原對「上下句只是一意」，現「上句乃靜中有動，下句動中有靜」。范晞文卻認爲王對仍不夠恰切，因爲如此成對「是猶作意爲之也」，他要求對得自然。「自然」的詩通常顯得不作意，「作意」與「刻意」、「著意」的涵義相近，與含而不露、不假雕飾、渾然天成的意思幾乎相反。

王夫之對南朝王籍的這首詩作出「清婉」、「弘深」的較高評價，但認爲「蟬噪林逾靜，鳥鳴山更幽」不像論者所說的那樣獨絕，因爲「逾」、「更」二字「斧鑿露盡」，未免拙於人爲的工巧，不夠自然。這種看法與范晞文相近，但有深刻的理論基礎，即「現量」。王夫之在他的《題蘆雁絕句》一詩的題記中說，王維「詩中有畫，畫中有詩，此二者同一風味，故得水乳調和，俱是造未造、化未化之前，因現量而出之」（《薑齋詩集‧雁字詩》）。他把現量視爲「自然」的前提，把苦思冥想地雕琢出來的字句視爲「非、比二量語」，把巧而不琢、琢不露痕、率不露跡的詩視爲佳作。他評高叔嗣《宿香山僧房》：

> 總不向有字句上雕琢，只在未有字句前淘汰擇採，所以不同。

（《明詩評選》卷五）

這可以說是一個富於創見的詩學命題。寫詩、作畫與作文不同，更有賴於即景會心的審美感興，一般不宜反覆修改。鄭板橋曾說：「爲文須千斟萬酌，以求一是，再三更改，無傷也。然改而善者十之七，改而謬者十之三，乖隔晦拙，反走入荊棘叢中去。……燮作詞四十年，屢改屢蹶者，不可勝數。」（《詞鈔自序》）袁枚也說：「詩不可不改，不可多改。不改則心浮，多改則機窒。」（《隨園詩話》卷三）所謂「乖隔晦拙」、「機窒」，大概是指越改越不生動、越不自然。王夫之所說的「總不向有字句上雕琢」基本上也是這個意思。而「只在未有字句前淘汰擇採」則與「俱是造未造、化未化之前，因現量而出

之」同義，與王夫之的另一個詩學命題「有形發未形，無形君有形」有異曲同工之妙。

王夫之充分意識到審美感興和藝術構思對詩歌創作的決定性作用及其與藝術表現的同一性，意識到心物交感、藝術思維和審美意象的生成的不確定性、神秘性。「只在未有字句前淘汰擇採」，通常意味著詩人在落筆之先，匠意之始，充分把握情與景、言與意融會貫通的最佳狀態，在深思熟慮與不假思索之間，達到「神理湊合時，自然恰得」的境界。

與傳統的藝術精神相應和，王夫之在崇尚天巧、化工、自然之境的同時，高揚詩人的主體性。例如：

> 工苦安排備盡矣！人力參天，與天爲一矣！
>
> （《唐詩評選》卷三王維《終南山》評語）

> 竟不作關合，自然攝之，筆貴志高，乃與古人同調。擬古必如此，正令淺人從何處擬起。……詩雖一技，然必須大有原本，如周公作詩云：「於昭於天」。正是他胸中尋常茶飯耳，何曾尋一道理。
>
> （《明詩評選》卷一石寶《擬君子有所思行》評語）

俗話說功夫在詩外，經過未有字句前的淘汰擇採或創作過程中的「工苦安排備盡」後，詩人才達到「人力參天，與天爲一」的境界。高超的藝術表現力以深遠廣大的審美心胸爲基礎。天巧、化工是人巧、人工的極致。詩中看似無爲的自然之境恰恰是詩人有爲的產物。詩人高度的創作自由導源於審美心胸。王夫之的「自然」論與他詩學中的其他觀念融爲一體，顯示出博大精深的理論特質。

第十章　王夫之的雅俗論

　　雅是王夫之詩學中最重要的視點、尺度和原則之一。據我粗略統計，僅在《古詩評選》、《唐詩評選》和《明詩評選》三部著作中，「雅」字就出現約300次。可以說，王夫之用得最多的詩學範疇就是「雅」。「雅」是其審美的旨趣、標準和理想之所在。王夫之自覺地繼承《詩經》以來風雅的傳統，批判詩壇種種「俗」的觀念和現象，對詩爲何要雅、什麼是雅以及怎樣達到雅，作了明確的界定和充分的闡釋，形成他獨特的富於創見的雅俗論。

第一節　能興即雅

　　王夫之認爲能興即謂之豪傑，「能興」意味著超越於祿位田宅、數米計薪等世俗欲望和日常瑣事之上，詩應蕩滌人的濁心和暮氣，引導人趨向不爲物役、通天盡人的高境界；詩之爲教，相求於性情，詩以道性情，旨在「取天下之情而宅天下之正」，導天下以廣心，廣通「興、觀、群、怨」諸情。因此，詩應該雅，能興即雅，有真性情即雅，以寫景的心理言情而不促迫直露即雅。反之，表現私人瑣事如「恤妻子之飢寒，悲居食之儉陋，憤交遊之炎涼」等則俗，拘泥於日常瑣事的狹隘心胸和個人私欲並非審美情感，無論怎樣「長言之、嗟歎之、緣飾之」，都難以具有感發人心的審美價值和藝術魅力。

　　王夫之從審美情感的層面對「雅」加以明確界定。他說：

　　　　關情是雅俗鴻溝，不關情者貌雅必俗。然關情亦大不易，鍾、
　　　　譚亦未嘗不以關情自賞，乃以措大攢眉、市井附耳之情爲情，則插
　　　　入酸俗中爲甚。(《明詩評選》卷六王世懋《橫塘春泛》評語)

> 凡才情用事者，皆以闍然媚世爲大病。媚浪子，媚山人，媚措
> 大，皆詩之賊也。夫浪子之狂，山人之褊，措大之酸，而尚可與言
> 詩也哉？有才情者，亦尚知所恥焉。
>
> （《古詩評選》卷二陶潛《歸鳥》評語）
>
> 門庭之外，更有數種惡詩：有似婦人者，有似衲子者，有似鄉
> 塾師者，有似遊食客者。婦人、衲子，非無小慧。塾師、遊客，亦
> 侈高談。但其識量不出針線、蔬笋、數米、量鹽、抽豐、告貸之中，
> 古今上下，哀樂了不相關；即令揣度言之，亦粵人咏雪，但言白冷
> 而已。（《薑齋詩話·夕堂永日緒論內編》）

「關情」即關涉眞性情、大胸懷。眞正的詩人仰觀俯察，多見多識，讀書窮
理，博古通今，這樣才能下筆如有神，才能關情。王夫之認爲，詩人應自珍
其筆，而不爲物役俗尚所奪，深思遠情，正在素心者。他指責種種「惡詩」，
並不是要求詩人超凡脫俗到不食人間烟火的地步，而是出於詩人應有不爲物
役的「心懸天上，憂滿人間」的審美心胸這一基本觀念，出於「以追光躡景
之筆，寫通天盡人之懷」的藝術理想。與眞性情、大胸懷的「雅」相對，那
些「媚浪子，媚山人，媚措大」或以「措大攢眉、市井附耳之情」爲表現對
象的詩都在「俗」的行列。「媚世」即媚俗。所謂「媚浪子」，是指有些詩人
刻意迎合俗尚，直露地表現情慾而不合禮義，有傷雅度。所謂「媚山人」，是
針對託意狹隘、情志偏激的隱士詩而言的。隱士詩大致有兩種：一種託體小，
寄意淺，出語急促，情志偏激，這樣的詩爲王夫之所不取；另一種託體大，
寄意深，尺幅平遠，含蓄自然，王夫之讚賞這樣的詩，如他評陶潛《歸鳥》：
「『雖不懷遊，見林情依』，是何等胸次，何等性情！有德者必有言矣，宜其
字字如印沙，語語如切玉也。」（《古詩評選》卷二）所謂「媚措大」，是針對
咬文嚼字、搬弄學問的詩人和呆板酸俗的詩而言的。

王夫之所說的關情和不爲物役俗尚所奪，與道家思想有相通之處。如莊
子把那些蠅營狗苟地生活、搖唇鼓舌地投機的人視爲世俗之人，認爲至人、
神人、聖人能夠遊心於道，擺脫狹隘的貧富、貴賤、得失、毀譽等種種計較。
又如《世說新語·雅量》列舉魏晉士人不同凡響、清通絕俗、獨領高標的風
貌氣度，賦予「雅」以超凡脫俗之美的涵義。王夫之所崇尚的眞性情、大胸
懷，包括「臨水而悠然自得其昭曠之懷」、「入山而怡然自遂其翕聚之情」的
審美情感，也體現儒家的精神（如孟子所強調的富貴不能淫、貧賤不能移、

威武不能屈，又如《易傳》所倡導的自強不息、厚德載物）。關情之雅，通常是審美情感與道德情感的統一。

第二節　雅的審美特徵

《毛詩序》說：言天下之事，形四方之風，謂之雅。劉勰指出：風正四方謂之雅。循著這種觀念，王夫之說：「廣引充志以穆耳者，《雅》之徒也。微動含情以送意者，《風》之徒也。」（《古詩評選》卷二）「廣引充志」意味著作品緣物起興，寄情廣遠。「穆耳」意味著作品富於樂感、韻律。「微動含情」強調《風》之體長言咏歎，優柔委曲，輕婉平淡，意在言外。《風》、《雅》二體常有互相兼容、推助的效果。在王夫之那裡，雅的審美特徵或衡量標準有以下幾個要點。

其一，構想廣遠，從容含蓄。王夫之評朱陽仲《長干曲》：「構想廣遠，遂成大雅。」（《明詩評選》卷八）他評張協《雜詩》：「惟不迫，故無不雅，自然佳句奔赴⋯⋯」（《古詩評選》卷四）又如他評陶潛《停雲》：「入情只一點，而通首皆爾關情。」（《古詩評選》卷二）王夫之推崇靈心和廣遠的心胸，重視詩歌創作的主體條件，認為雅、俗往往在藝術構思時就可初見分曉，高明的詩人構想廣遠，亦可言情精緻、咏物入微，能在未有字句前進行「淘汰擇採」。這一從未形到有形的創作過程通常令人難以理喻，所以王夫之在評謝靈運詩時曾感歎說「落筆之先，匠意之始，有不可知者存焉」。詩人言情通常忌實，忌直，忌促迫，忌瑣屑，而以情景交融、含蓄蘊藉為雅。這是中國詩學中最悠久的主流觀念之一。基於此，王夫之讚賞「樸處留雅，蘊藉處留風，鄭重處留頌」的格調高古的作品，認為詩人有真情、真見才會從容不迫，主張「大端言情」、寬於用意，推崇入情雖只一點卻又字字含情、句句是意的藝術境界。

其二，韻勝即雅。在中國，詩、樂原是合一的，即便後來詩、樂二分，詩也仍然以音樂性為一大本質特徵。在中國詩學中，像王夫之那樣注重詩樂合一及詩的音樂性的人並不多。〔註1〕王夫之常以音、樂、曲、聲、響、韻、

〔註1〕參見張節末：《論王夫之詩樂合一論的美學意義——兼評王夫之詩論研究中的一種偏頗》，《學術月刊》1986 年第 12 期。另見蕭馳：《抒情傳統與中國思想——王夫之詩學發微》，上海古籍出版社 2003 年版。

律等概念評詩,由這些基本概念生發出來的術語或復合範疇則更多。韻,通常有聲韻、音韻之義,這主要是藝術形式方面的;韻也有氣韻、韻味之義,這是偏重於作品整體內涵或意味而言的。聲情是聲韻與情采的合稱,像風韻、神韻一樣,兼容「韻」在內容和形式方面的涵義。王夫之所說的「韻」在不同的語境中各有所指。在他看來,入興易韻,不法之法,「韻勝即雅」(《明詩評選》卷八)。如他評晉樂府辭《休洗紅》:「一往動人,而不入流俗,聲情勝也。」(《古詩評選》卷一)又如他評鮑照《日落望江贈荀丞》:「古今之間別立一體,全以激昂風韻,自致勝地。終日長對此等詩,即不足入風雅堂奧,而眉端吻際,俗塵洗盡矣。」(《古詩評選》卷五)這幾段評語中所說的韻、風韻和聲情雖各有所指,但都以聲韻、意味為基礎。王夫之評白居易《錢塘湖春行》:「元、白固以一往風味,流蕩天下心脾,雅可以韻相賞。」(《唐詩評選》卷四)他辯證地看待「元輕白俗」的說法,認為他們的一些作品雖不夠廣遠、微至,卻以風韻見長。總之,「韻」是詩歌首要的藝術特徵,佳作可以缺乏新意,卻不能不以韻勝。

其三,以結構養深情。王夫之評左思《咏史》:「風雅之道,言在而使人自動,則無不動者。恃我動人,亦孰令動之哉?太沖一往,全以結構養其深情。」(《古詩評選》卷四)他常從作品的總體安排、組織構造和遣詞造句的角度衡量雅俗,諸多評語如:「結體淨,遣句雅」;「平雅有體」;「結構雅妙」;「命意命局,俱不失雅」,等等。在藝術形式的各種因素中,結構對於詩歌立體、成章是最重要的,既要符合詩的音樂性,又要體現詩作為語言藝術的審美特徵。對「結構」等藝術形式因素的理論闡釋,是王夫之擺脫儒家政教詩學桎梏的一大標誌。

其四,雅,體現詩的溫厚、中和之美。在雅的各種體制、形態中,王夫之對溫雅尤為推崇,他常以「溫密近雅」、「高健中有溫雅」等詞語評詩。如他評高啓《夜宿太廟齊宮》:「季迪禁掖詩,溫雅無倫。不溫則不足以雅。」(《明詩評選》卷五)這種溫厚和平的觀念與他秉承溫柔敦厚的詩教有直接關係。他說:「蓋詩自有教,或溫或慘,總不可以赤煩熱耳爭也。」(《古詩評選》卷二)詩教也有怨而不怒、哀而不傷之義,王夫之遵循這一儒家傳統,認為平情說出,群、怨皆宜。他把《古詩十九首》視為「群、怨俱宜,詩教良然」的典範,以「怨詩不作怨語」為雅,認為「含怨微甚」方可許之曰雅。儒家詩教包含著安定社會、平和人心的社會和倫理學意義,也富於講究適度、崇

尚和諧的心理學和美學意義，我們不能因爲其中有政教觀念而忽視這一傳統的合理內核。王夫之的「溫雅」論不拘於先秦儒家詩教觀的政教宗旨，其溫厚和平的原則主要是針對詩壇上「赤頰熱耳」、「衝喉出氣」的不良創作傾向而言的，更多地體現了藝術和審美價值上的追求。有論者認爲，王夫之的「興觀群怨」說要求詩人有節制地發抒個人的感情懷抱，不可激烈地控訴、尖銳地揭發，也不可隱匿矛頭而作影射；王夫之因爲有著深切的亡國之痛，對於已經滅亡的明王朝留存著很多眷戀，因而有意諱言或少言朝廷的過惡，而更多的是歌頌它的功德。〔註2〕這話有一定道理，但「亡國之痛」並非王夫之的溫雅論、詩教觀和「興觀群怨」說的成因，其成因與中國詩的抒情傳統、藝術特性有很大關係，與王夫之的詩學觀念、審美理想有很大關係。「亡國之痛」雖在很多方面影響了王夫之的詩學觀念，但尚未達到扭轉方向、改變理想的程度。溫雅，並非要人柔弱、含糊、盲從、圓滑。王夫之說：

> 《詩》教雖云溫厚，然光昭之志，無畏於天，無恤於人，揭日月而行，豈女子小人半含不吐之態乎？《離騷》雖多引喻，而直言處亦無所諱。宋人騎兩頭馬，欲博忠直之名，又畏禍及，多作影子語，巧相彈射，然以此受禍者不少。既示人以可疑之端，則雖無所誹誚，亦可加以羅織。（《薑齋詩話‧夕堂永日緒論內編》）

> 　似此方可云溫厚，可云元氣。近人以翁嫗囁嚅語爲溫厚，寒訥莽撞語爲元氣，名惟其所自命，雖屈抑亦無可如何也。

（《古詩評選》卷四左思《咏史》評語）

前面說過，「溫厚」，主要不是爲了忠君，也不是出於避禍（文字獄）；既不是直露莽撞，也不是吞吞吐吐。溫厚是眞性情與含蓄委婉的藝術表現方式之間恰到好處的中和。在先秦時期，溫厚就已被視爲人在生活中的美德。《詩經‧邶風‧燕燕》曰：「終溫且惠，淑愼其身。」《管子‧形勢》有言：「人主者，溫良寬厚則民愛之。」後來有成語「溫文爾雅」。對詩和詩人提出溫厚和平的要求，旨在使讀者及社會達到這樣的境界。在繼承發揚儒家詩學帶有濃重的政教、倫理色彩的思想觀念之餘，王夫之強化了「溫厚」詩教的心理學、美學意義，而又以其原意爲基礎。他推崇溫雅、平雅，希望詩歌含蓄蘊藉、聲情動人，可以興觀群怨，使讀者「各以其情而自得」，隨所以而皆可。總之，溫雅是作品廣遠的藝術空間和讀者在鑒賞中進入澄明、自由之境的有力保證。

〔註2〕湯勁：《船山爲何獨鍾康樂詩》，《湘潭大學學報》1999年第1期。

其五，雅，緣起於即景會心的審美感興。雅與俗，通常在詩人一動筆時就已初見分曉，卻又涉及從創作過程到作品構成的方方面面，有雅在謀篇布局的，有雅在「怨詩不作怨語」的，有雅在安頓字句的，等等。這一切，都離不開即景會心的審美感興。王夫之說：

> 神情自語。此詩之佳，在順筆成致，不立疆畛，乃使通篇如一語，以領聯作腹聯，以腹聯作領聯，俱無不可。就中非無次第，但在觸目生心時不關法律。雅俗大辨，正於此分。不知此者，旦暮自縛死耳。（《明詩評選》卷六邵寶《孟城即事》評語）

在「觸目生心」的審美感興中，詩人既有巧妙構想，又不假思量計較，既有遣句布局的「次第」，又不受呆板死法的束縛，「順筆成致」，灑脫而又暢達，有意無意間，作品通首渾成。審美感興對雅來說是不可或缺的基礎和前提。有感興，作品不一定雅，因為那還要看詩人的藝術構思和藝術表現力如何；無感興，作品則一定不雅，因為詩人難免落入死法的俗套。王夫之強調審美感興對雅的決定作用，抓住了雅和詩歌創作的關鍵，使他的「雅」論具有獨特的理論個性和見解。

第十一章　王夫之的性情論

　　王夫之以批判、繼承的眼光看待各家學說，在哲學方面提出了富於獨到見解的性情論，爲其詩學中的性情論確立了堅實的基礎。王夫之強化了詩的審美與藝術特性，把性情這一原本帶有濃重的儒家政教詩學色彩的範疇，改造成以藝術審美爲中心的範疇；他推崇眞、善、美兼備之性情，也有重振趨於式微的人格力量與民族精神的意圖。王夫之詩學中的性情論，既是本體論意義上的，也是功能論意義上的。

第一節　性情論的哲學基礎

　　性情，是中國古代哲學、詩學的核心範疇之一。情指人情，「何謂人情？喜、怒、哀、懼、愛、惡、欲，七者弗學而能」（《禮記·禮運》）。人們通常以喜怒哀樂代指七情或情的各種因素。《禮記·樂記》有言：「夫民有血氣心知之性，而無哀樂喜怒之常，應感起物而動，然後心術形焉。」這裡所說的「哀樂喜怒」，就是代指情的豐富無常的樣態。「血氣心知之性」可以簡稱爲血性或心性。心術正，有賴於性情正。王夫之常以血性眞情、性正情深等詞語評詩，注重詩人及其作品善、眞、美兼收並蓄的特質。血性，主要是指道德方面的個性氣質。《禮記·樂記》說，「德者，性之端也」，詩、樂、舞三者本於心，樂器從之，因此「情深而文明，氣盛而化神」。王夫之著有《禮記章句》，從《禮記》中受到不少啓發。

　　歷代思想家從人的天性或本性的角度談論性，見解不一，有把性視爲生而具有、不學而能的本能欲望的，有把性視爲人之異於禽獸的仁義道德和理

性活動的，也有把性視爲人得以成聖、成佛的根據的。從先秦到明清時期，對人性的看法始終沒有達成一致，這使得學界乃至詩壇在一系列相關問題上處於思想含混的狀態。在以批判、繼承的眼光看待各家學說的基礎上，王夫之提出了富於獨到見解的性情論。綜合他在《四書箋解》、《讀四書大全說》、《尚書引義》等著作中的相關論述，可以說，他在哲學方面的性情論有以下幾個要點。其一，人之所以異於禽獸者，其本在性。在他看來，告子以「食色」爲性者，不知食色乃天之所以長育萬物之生氣，故可謂之命，而不可謂之性，以其非天所以立人之生理也，「食色」而得其正者，固仁義也；固有之生理存於中者謂之「性」，喜怒哀樂發端以生好惡之用者謂之「情」；情亦自然必有，以達吾性之用者；情不必善但可以爲善，使情爲善者性也。簡言之，人性與獸性的差別不在於食色等方面的生理欲望，而在於人特有的性與情，情有善惡，性可使情爲善，「食色」之合乎仁義者堪稱「性」中應有之義。其二，仁義禮智爲性之四德，性是徹始徹終與生俱有者，不落到情上便沒有性，性感於物而動，則緣於情而爲四端，性之「四端」爲惻隱、羞惡、恭敬、是非之心。以上兩個要點表明王夫之直接受到孟子的影響。其三，「本心」是指人到生死之際尚然不昧，行人乞人皆能有之，是指「天性不昧之良」的「仁義之本心」，「仁義之心，方是良心」。本心、良心、赤子之心大體上是一個意思。「元聲」出自本心。王夫之推崇本心，認爲本心是詩人不可或缺的。其四，情在人之初始於甘食悅色，到後來蓄變流轉，則有喜怒哀樂愛惡欲之種種者，性自行於情中，而非性之生情，性通過情顯現出來，「性一於善，而情可以爲善，可以爲不善也」（《讀四書大全說》卷十）。其五，性爲道心，情爲人心，心統性情，天下人若只識得個情，不識得性，則難免虛妄；道心與人心互藏其宅，交發其用。這種看法源出於張載。其六，性與生俱，而心由性發，「性日生，命日受」（《讀四書大全說》卷九）。也就是說，「夫性者生理也，日生則日成也」（《尚書引義》卷三）。「生理」即與生俱有之理。王夫之充分注意到人性的先天與後天、普遍與特殊的辯證關係，他說，現前萬殊，根原一本，亦自不容籠統，一人有一人之性也。其七，王夫之認爲「貨色之好，性之情也」（《詩廣傳》卷三），他從《周易》所說的「天地之大德日生」、「何以聚人日財」中找到了「仁義之府」的根據，指出人的貨色之好「與生俱興，則與天地俱始矣」。以上列舉的幾個要點雖不能代表王夫之的性情論的整體，卻能使我們大體把握王夫之詩學中的性情論的哲學基礎。

第二節　性情論的詩學背景

性情，通常與情性同義，最早由《毛詩序》引入詩學理論。劉勰說：「氣以實志，志以定言，吐吶英華，莫非情性。是以賈生俊發，故文潔而體清；長卿傲誕，故理侈而辭溢……」（《文心雕龍・體性》）鍾嶸說：「序曰：氣之動物，物之感人，故搖蕩性情，形諸舞詠。」（《詩品序》）在劉勰等人那裡，吟詠情性，已被視爲文學創作的特質。與班固和曹丕一樣，他們都是從氣的角度把握人的性情的。王夫之亦如此，他借鑒張載的觀點，認爲「言心言性，言天言理，俱必在氣上說，若無氣處則俱無也」（《讀四書大全說》卷十）。

宋代流行「以意爲主」的詩學觀念，「意」是就命意、達意、文意而言的，主要是指作者所要抒發的、寓於文本中的思想感情，涉及言、意、象的關係問題，與「理」相標舉，在創作與理論兩方面形成特有的時代趣尚。這種觀念和趣尚引出兩個不同層面的問題，爲後世所關注。一是內容與形式，王夫之既從藝術形式美的角度否認「以意爲主」，又從作品意蘊的角度強調以意爲主，提出針對作品文體的文質相生的有機整體觀。二是意、理與性情，意與性情原無二致，但宋人所說的「以意爲主」通常與「以理爲主」難分彼此，這就有失偏頗。針對這種狀況，嚴羽提出「興趣」、「妙悟」之說，重新標舉「吟詠情性」的宗旨。楊慎通過對詩與其他文體的界分，強調「《詩》以道性情」，對宋人所謂杜甫「能以韻語紀時事」的「詩史」之說提出批評，認爲《詩經》三百篇皆約情合性而未嘗有道德字、道德性情句。王夫之對楊慎的詩和詩論比較重視，在倡導性情和批評「詩史」之說等方面直接受到楊慎等人的影響。

在明代，詩壇門派林立，宗唐、宗宋之爭不斷，摹擬、復古之風盛行，不少人以詞采聲律爲詩。面對種種弊端，李夢陽、謝榛、屠隆、王世懋（敬美）等人都強調詩發乎眞性情。晚明文藝思潮以情爲圭臬，如馮夢龍曾提出「情教」之說，這是中國歷史上前所未有的自覺的情感解放的思潮，但其以偏糾偏的傾向合情不合理，引發不少文藝和社會問題。清初，一些遺民詩人通過對現實與詩的雙重思考，重提性情說，尋求詩的本體的復歸。「只寫性情流紙上，莫將唐宋滯胸中」（陳恭尹）成爲詩壇頗有代表性的心聲。性情一詞屢見於時人的論著中，「眞詩」和「眞性情」被廣爲提倡。人們大多在約定俗成的意義上使用性情一詞，不加界定和闡釋，將其籠統地指稱爲眞情、眞意或眞心，崇尚眞實的個性氣質、心境情懷的藝術表現。與詩人不同，明清之

際的哲學家劉宗周和黃宗羲等人則對性情及相關問題加以學理的探究。從這樣的背景可以看出，王夫之的性情論，順應了詩學理論與實踐兩大方面的需求。

第三節　王夫之對性、情、欲的辨析

在王夫之那裡，廣義的人性包括性、情、欲三個層面，「情上受性，下授欲」（《詩廣傳》卷一），情處於中間層面。「欲」泛指各種功利性欲望，「蓋凡聲色、貨利、權勢、事功之可欲而我欲之者，皆謂之欲」（《讀四書大全說》卷六）。「欲」以食色為本。《禮記·禮運》有言：「飲食男女，人之大欲存焉。死亡貧苦，人之大惡存焉。故欲惡者，心之大端也。」與《禮記》的看法一致，王夫之說：

> 飲食男女，人之大欲共焉者也，而樸者多得之於飲食，佻者多得之於男女。（《詩廣傳》卷二）

> 飲食男女之欲，人之大共也。共而別者，別之以度乎！（同上）

> 甘食悅色，天地之化機也。（《思問錄·內篇》）

王夫之批評告子「食色，性也」的看法，認為告子未把人與禽獸區別開來，同時又充分肯定人欲的合理性，他說情以顯性，性以發情，情以充性，人情依於食色之中。他在這方面有非常明確的觀點：

> 人欲之各得，即天理之大同。（《讀四書大全說》卷四）

> 隨處見人欲，即隨處見天理。（《讀四書大全說》卷八）

> 人之有情有欲，是天理之宜然。（《周易內傳》卷四）

作為人性之要義，性、情、欲三者各顯其能，不可偏廢。王夫之對性、情、欲之間的聯繫與區別作出較為公允的分析和闡釋。這在很大程度上與現代心理學所說的道德情感、審美情感、自然情感有相通之處。

宋代理學家大多崇性抑情，乃至有「存天理，滅人欲」之說。王夫之提出隨處見人欲即隨處見天理，具有明顯的針對性。以王艮為代表的王學左派則有崇情抑性的傾向，受其影響，李贄提出：絪縕化物，天下亦只有一個情，穿衣吃飯即人倫物理。李贄意在糾宋儒之偏，卻矯枉過正，把情與欲、性與欲無端地混淆起來。李贄的片面的深刻雖在生活與藝術觀念上有很強的個性解放的衝擊力、感召力或影響力，但在實踐方面有明顯的負效應，在理論上

也不無偏頗。王夫之對李贄加以激烈的批判，雖有否定李贄思想的合理性之嫌，卻也在理論上糾正了李贄和王學左派的失誤。晚明湯顯祖和馮夢龍等人對情的崇拜也有混淆情與欲的傾向，他們在創作上的成功不足以彌補理論上的偏差。王夫之總結明亡的教訓，意識到自然情感的耽溺和低迷對藝術與社會人生都很不利，他繼承孟子和張載等人的有關學說，倡導「詩以道性情」，不無重振趨於式微的人格力量與民族精神的意圖。這大概是王夫之推重真善美兼備之「性情」的理論和現實原因。

王夫之把詩人心理上的「志」與「意」、「情」與「欲」加以區分，他說：

> 詩言志，非言意也；詩達情，非達欲也。心之所期爲者，志也；念之所覬得者，意也；發乎其不自已者，情也；動焉而不自持者，欲也。意有公，欲有大，大欲通乎志，公意準乎情。但言意，則私而已；但言欲，則小而已。……意之妄，忮懟爲尤，幾幸次之。欲之迷，貨私爲尤，聲色次之。貨利以爲心，不得而忮，忮而懟，長言嗟歎，緣飾之爲文章而無忤，而後人理亡也。（《詩廣傳》卷一）

這裡的「意」，大概是指關涉個人利害得失的意念。「忮」是指嫉恨或違逆，「懟」是指怨恨，「幾幸」有渴望得寵之義。忮懟、幾幸爲意之妄，不宜入詩。在王夫之看來，意有「乍隨物感而起」的變動不居的特點，志有「事所自立而不可易」的明確性，「蓋志一而已，意則無定而不可紀」（《張子正蒙注》卷六）。這裡的「欲」，是指人在財貨、聲色等方面的欲望，即人欲。「欲之迷」是指人耽溺於物欲俗尚。王夫之反對詩人吟詠「貨財之不給，居食之不睦，妻妾之奉不諧，遊乞之求未厭」的情形，對詩人「自繪其渴於金帛，設於醉飽之情」的做法深惡痛絕，希望詩人保持仁義之「本心」、天性不昧之「良心」或深思遠情之「素心」。換句話說，他希望詩人擁有超越於狹隘「意」、「欲」之上的通天盡人之懷或「心懸天上，憂滿人間」的審美心胸。值得注意的是，王夫之並不一概否定「意」、「欲」，他以具體問題具體分析的眼光，指出「意」、「欲」在「通乎志」、「準乎情」的情況下適合詩的審美需求和宗旨，認爲詩人若「但言意」、「但言欲」則難免囿於狹隘的小天地。這表明，傳統的詩言志、詩達情的理論在王夫之那裡有所深化。

在對人性中的性、情、欲加以區分併認定其間互藏其宅、交發其用的背景下，王夫之對「詩以道性情」這一傳統命題作出明確的闡釋。他說：

　　　　詩以道性情，道性之情也。性中盡有天德、王道、事功、節義、
　　禮樂、文章，卻分派與《易》、《書》、《禮》、《春秋》去，彼不能代
　　詩而言性之情，詩亦不能代彼也。

　　　（《明詩評選》卷五徐渭《嚴先生祠》評語）

詩的天職是抒情，而非言性。性寓於情，情以顯性，所以眞正的詩人抒發的
是「性之情」。對「性」的宣揚與探討是《易》、《書》、《禮》、《春秋》等論說
文的宗旨，論說文不能代替詩來抒情，詩也不能代替論說文宣揚仁義禮智之
性。在哲學意義上，性與情組合成「性情」範疇，不見得是偏正結構的，性
與情分別是各自所統領的範疇群的核心，其具體涵義要視論者的語境而定。
在王夫之的詩學中，「性情」範疇的重心落在「情」上，「性」不是思辨的義
理之性，而是寓於心理或人情中的氣質之性；「性」不是外在的道德準則，而
是內在的道心、本心、良心、赤子之心或忠孝節義之心。借用前人的套語，
可以說，眞正的詩人抒發「性之情」，不以「性」爲目的，而又合乎「性」的
目的，無意爲之而又無不爲之。這樣，就詩而言，「性之情」也就是情，性成
了情中應有之義。情作爲詩中的審美情感，包含著性的道德情感。所以，王
夫之在評詩時直接談「性情」的次數不多，他總是在談論「情」。無論他多麼
注重情，我們都不應說他是唯情論者。無論他多麼推崇美和藝術形式，我們
都不能說他是唯美主義者或形式主義者。王夫之強化了抒情詩的審美與藝術
特性，把「性情」這一原本帶有濃重的儒家政教詩學色彩的範疇，改造成以
審美爲中心的範疇。

第四節　結語

　　王夫之的性情論既是詩學本體論意義上的，也是功能論意義上的。在王
夫之看來，音樂「涵泳淫洗，引性情以入微，而超事功之煩黷，其用神矣」；
詩「陶冶性情，別有風旨，不可以典冊、簡牘、訓詁之學與焉也」。這兩段話
出自《夕堂永日緒論序》和《詩譯》卷首，足見其用意之深、分量之重。音
樂與詩原本合一，具有相近的藝術感染力或審美功能。王夫之推崇詩的聲情
動人的藝術美，達到了無以復加的程度。「聲情」即聲情並茂，情爲性情。他
說詩人只怕無心，若有血性、有眞情如庾信，則無憂其不淋漓酣暢。他所常
用的血性、眞情、心血、有心有血、忠孝情深、忠孝深遠人等詞語都是指性

情。詩人賦予其真性情以藝術形式，詩對於讀者才有陶冶性情的功能。王夫之總是從讀者可以興觀群怨的角度強調這種功能，注重詩的「廣通諸情」的藝術效果，認為「人情之遊也無涯，而各以其情遇，斯所貴於有詩」。他說：

> 所思為何者，終篇求之不得。可性可情，乃《三百篇》之妙用。蓋唯抒情在己，弗待於物，發思則雖在淫情，亦如正志，物自分而己自合也。（《古詩評選》卷一曹丕《燕歌行》評語）

> 且其託體之妙，或以自安，或以自悼，或標物外之旨，或寄疾邪之思，意固徑庭，而言皆一致，信其但然而又不徒然，疑其必然而彼固不然。……蓋詩之為教，相求於性情，固不當容淺人以耳目薦取。（《古詩評選》卷四阮籍《詠懷》評語）

《燕歌行》和《詠懷》這兩首詩的字面意思不難把握，但其字裏行間隱含的情懷卻令人難以捉摸，可謂含蓄蘊藉。這恰恰給讀者留下深廣的想像、感受或思索的藝術空間，即「可性可情」。讀者在不知作者的一致之思究竟如何的情況下，仍可各以其情而自得。關鍵是作品中充溢著真性情，不然讀者之自得也就無從談起。所謂「抒情在己，弗待於物」也就是「心目為政，不恃外物」，大意是說：外物能否在詩中成為含情之景，詩能否達到言有盡而意無窮或語不及情而情自無限，在根本上取決於詩人是否有心、有眼光、有性情。由此可以理解，詩教何以有賴於詩人的性情，王夫之所說的「以目視者淺，以心視者長」適用於詩人創作和讀者鑒賞，富於文心（為文之用心）的詩人能以活景道性情，富於詩心的讀者有「深人」之致，在陶冶性情的過程中日漸成為詩和詩人的知音。在王夫之那裏，仁義禮智之性和忠孝之情著重體現傳統的儒家觀念、民族精神，使得他所改造的以審美為中心的性情範疇具有豐富的道德內涵，其精華遠多於糟粕，值得我們以辯證的、通古今之變的眼光加以審視和吸取。

餘　論

　　在王夫之詩學中重要的而學界尚未給予足夠重視的範疇和問題還有很多。這裡列出幾個，加以簡要說明，以期在今後的工作中有所側重。

一、理

　　理，一直是歷代哲學家無可迴避的基本問題與核心範疇。但在詩學中，理通常被忽視、迴避甚或反對，遠遠不像在哲學中那麼受重視。王夫之和葉燮把理提到了與事、情、景、神等範疇對等的地位，使之真正成為詩學中的核心範疇。王夫之對理的論述遠比葉燮更充分，更深刻，更有創見。以哲學思想為根據，以對詩歌的創作規律、審美特徵和社會功能的把握為宗旨，王夫之提出獨特的「詩理」論，為中國詩學做出了重要貢獻。

　　王夫之常把理與事、情、景、神、氣、勢、韻和趣等核心範疇相提並論。例如：

　　　　終始咏牛、女耳，可賦可比，可理可事可情，此以為《十九首》。
　　（《古詩評選》卷四古詩十九首之《迢迢牽牛星》評語）

　　　　其韻其神其理，無非《十九首》者。總以胸中原有此理此神此韻，因與吻合；但從《十九首》索韻索神索理，則必不得。
　　（《明詩評選》卷四劉基《旅興》評語）

　　　　亦理，亦情，亦趣，逶迤而下，多取象外，不失圜中。
　　（《古詩評選》卷五謝靈運《田南樹園激流植援》評語）

　　　　《飲酒》二十首，猶為泛濫。如此情至、理至、氣至之作，定為傑作，世人不知好也。（《古詩評選》卷四陶潛《飲酒》評語）

類似評語很多，表明王夫之把理當作衡量詩歌優劣的重要標準，有時是首要標準，在評價「說理詩」（哲理詩）時即如此。正像「人情物理」是明清小說評點中的審美標準一樣，王夫之常把情與理當作一個對子，以「內極才情，外周物理」爲大家之作的標誌。這樣，不僅在理論上，而且在批評實踐中，理成爲最重要的詩學範疇之一。

明代詩壇及晚明文藝思潮崇情抑理，人們對理的偏激、排斥的態度大多是非理性的。王夫之的「詩理」論旨在糾正這種偏頗。宋代主流詩學崇尙詩文以意爲主，注重理趣，很多人甚至以理爲詩，以議論爲詩。嚴羽意識到宋詩弊端，提出「詩有妙悟，非關理也」，又認爲不讀書窮理則難以達到詩的極致。這種「妙悟」說被後來的王世貞等人所引用。針對這種看法，王夫之說：

> 謝靈運一意迴旋往復，以盡思理，吟之使人卜躁之意消。《小宛》
> 抑不僅此，情相若，理尤居勝也。王敬美謂：「詩有妙悟，非關理也。」
> 〔註1〕非理抑將何悟？（《薑齋詩話・詩譯》）

> 王敬美謂「詩有妙悟，非關理也」，非謂無理有詩，正不得以名
> 言之理相求耳。（《古詩評選》卷四司馬彪《雜詩》評語）

王夫之既強調詩中必有理，反對唯情論傾向，又堅持詩的審美特性，反對以名言之理（邏輯概念之理）入詩，尤其反對以議論、論斷或論贊爲詩，他對「堆砌玄學」的做法更是深惡痛絕。他的諸多評語如「眞理眞詩」、「眞英雄、眞理學」、「不施論斷」、「無著議論處」等都體現了這一立場。這一立場有極爲自覺、明確的理論依據。他說：

> 議論入詩，自成背戾。蓋詩立風旨，以生議論，故說詩者於興、
> 觀、群、怨而皆可，若先爲之論，則言未窮而意已先竭；在我已竭，
> 而欲以生人之心，必不任矣。（《古詩評選》卷四張載《招隱》評語）

> 古人居文有體，不恃才有所餘，終不似近世人只一付本領，逢
> 處即賣也。……故經生之理，不關詩理，猶浪子之情，無當詩情。
> （《古詩評選》卷五鮑照《登黃鶴磯》評語）

> 詩固不以奇理爲高。唐、宋人於理求奇，有議論而無歌咏，則
> 胡不廢詩而著論辯也？（《古詩評選》卷五江淹《清思詩》評語）

〔註 1〕 王世貞（元美）在《藝苑卮言》卷一曾引錄嚴羽關於「妙悟」的言論。王夫
之此處誤記爲王世貞之弟王世懋（敬美）語。

　　　　平收不作論贊，方成詩體。

　　（《唐詩評選》卷四杜甫《咏懷古跡》評語）

　　　　　於生新取光響，自有風味。此種亦不自晚唐始。中唐人盡棄古
　　體，以箋疏尺牘爲詩，六義之流風雕喪盡矣。

　　（《古詩評選》卷三杜牧《句溪夏日送盧霈秀才歸王屋山將欲赴舉》
　　評語）

這幾段話的關鍵詞是「體」，理論依據主要在於王夫之對詩與其他文體的界
分。他緊緊把握住詩在抒情和音樂性等方面的審美特徵，認爲詩不是議論、
論贊或箋疏尺牘，詩理不是名言之理和經生之理。他秉承的是《詩經》以來
風雅的抒情傳統，因而他所說的風旨、風味和六義也就在很大程度上成了審
美標準，詩中之理或詩人對理的藝術表現不能違背這個標準。但王夫之並不
一概反對詩中的議論，他評王融《寒晚敬和何徵君點》：「安頓固有餘。平收
好，雖入議論不嫌。」（《古詩評選》卷五）就是說，在通常情況下，有議論
而無風雅，但有時詩人在藝術處理上的巧妙會彌補「議論」的不足，「入議論
妙在不覺」，關鍵在於是否合風旨，有風味。

　　「詩理」是就詩與理的關係而言的，主要是指詩中之理，也有作詩之理
的意思。王夫之所常用的「音理」、「曲理」、「情理」、「思理」、「條理」、「禪
理」、「眞理」、「脈理」、「吟理」、「局理」、「詩家名理」等概念通常在不同的
語境中各有所指。本文側重從詩與理的關係上展開討論。王夫之妥善處理詩
與理的關係，有深厚的哲學背景。前面說過，王夫之繼承了張載等人的基本
觀點，以氣爲宇宙的本體，理作爲氣聚散變化的條理，從屬於氣，理在氣中，
理在事物中。換言之，理見於陰陽之氣的升降沉浮、或動或靜、融結流止的
運動變化中。他說：「凡言理者有二：一則天地萬物已然之條理，一則健順五
常、天以命人而人受爲性之至理。」（《讀四書大全說》卷五）萬物是氣的具
體演化的體現，其運動變化的規律就是理；人爲萬物之靈，社會生活中的道
德原則、行爲規範和人事條理也是理。總之，理一指天地萬物之理，二指人
性、人生之理。由此可以引申出天理、地理、物理、事理、情理、思理、詩
理和神理等概念。從主體和客體兩方面看，理雖然不是詩的宗旨，卻是詩的
應有之義。

　　王夫之評陸機《贈潘尼》：「詩源情，理源性，斯二者豈分轅反駕者哉？
不因自得，則花鳥禽魚累情尤甚，不徒理也。取之廣遠，會之清至，出之修

潔，理顧不在花鳥禽魚上耶？」(《古詩評選》卷二) 他借鑒了朱熹「性即理」
的命題，把理視為人性的基本內涵之一，認為理既指仁義理智等道德原則，
也指人情、人事的條理，理寓於人性、人生中，所以說「理源性」。既然詩源
情，理源性，詩以道性情，那麼，詩在本體上就與理有了不解之緣。這是王
夫之在哲學高度上對詩與理的內在聯繫所作的精闢論述。

詩中之理不是詩人通過邏輯思辨的認識得來的，而應該是在感興、體物
的過程中順其自然地領會到的。詩人不應該先認定一個理，然後設法將它形
象化。從這個意義上說，詩不是理的形象表達或感性顯現。王夫之提出一個
重要命題：「通人於詩，不言理而理自至」(《古詩評選》卷四)。正如他評陸
機《贈潘尼》時所說，人在觀賞花鳥禽魚時有所自得，巧妙地寫花鳥禽魚，
自得之「理」不就蘊含其中麼？但要做到這一點並非易事，審美感興是關鍵。
他說：

> 《小雅》《鶴鳴》之詩，全用比體，不道破一句，《三百篇》中
> 創調也。要以俯仰物理而咏歎之，用見理隨物顯，唯人所感，皆可
> 類通；初非有所指斥一人一事，不敢明言，而姑為隱語也。
>
> (《薑齋詩話·夕堂永日緒論內編》)
>
> 理關至極，言之曲到。人亦或及此理，便死理中，自無生氣。
> 此乃須捉著，不爾飛去。
>
> (《古詩評選》卷五謝靈運《入華子岡是麻源第三谷》評語)

詩人以比興手法委婉曲折、含蓄蘊藉地加以咏歎的不是理，而是人情、事物。
詩人在仰觀俯察的審美感興中與理有所會，與類有所通，那是現量瞬間的顯
現真實，情、理、意、象交相契合，變動不居。詩人「捉著」，也就做到了即
景含情，理隨物顯。

「理隨物顯」的前提是審美感興和巧妙的藝術表現，也就是靈心巧手。
王夫之主張詩人應在有意無意(而非刻意)之間，不假雕琢地感物言理，應
依循含蓄蘊藉、長言咏歎的抒情傳統。他評張協《雜詩》：「感物言理，亦尋
常耳，乃唱歎沿回，一往深遠。」(《古詩評選》卷四) 可見，「唱歎沿回」對
「一往深遠」起著決定性的作用，情、意、理這些內容方面的因素有賴於藝
術形式的魅力。總之，詩中之理並非詩人擬議、思辨或認識的產物，而應是
詩人在審美感興中偶然獲得的。優秀的詩人能夠做到「說理而無理臼」，理隨
物顯。詩的藝術表現要服從詩的唱歎沿回(長言咏歎)的需要，貴曲忌直，

貴雅忌俗，詩理要寓於聲情動人的藝術形式中。在詩爲何有理、何謂詩理、如何表現理這三大方面，王夫之都有獨到的理論建樹，其中一些觀點具有跨文體、跨時代的普遍意義。

二、神理

　　王夫之非常重視神理，把它看作比理更高級的範疇。他直接以「神理」評詩達數十次，在哲學和詩學方面所作的相關論述也較充分。「神理」論是王夫之詩學中最富於創見，最有學術價值的學說之一。很多當代學者意識到這一範疇的重要性，但在論著中通常語焉不詳或誤解其義。〔註2〕

　　作爲一個範疇，神理像興一樣歷史悠久，原本與詩學、美學沒有直接關係。《周易·觀·象》說：「觀天之神道，而四時不忒，聖人以神道設教，而天下服矣。」王夫之《周易內傳》卷二曰：「觀者，天之神道也，不言不動而自妙其化者也。」這裡的「神」有鬼神、神靈或神明之意。孔穎達《周易正義》疏：「神道者，微妙無方，理不可知，目不可見，不知所以然而然，謂之神道。」陰陽不測之謂神，聖而不可知之謂神，這是《周易》及諸多易學家的共識，可以用來解釋神道或神理。齊王元長《三月三日曲水詩序》云：「設神理以景俗。」李善注：「神理，猶神道也。《周易》曰：『聖人以神道設教。』」劉勰《文心雕龍·原道》有言：「道心惟微，神理設教。」謝靈運《述祖德詩》云：「拯溺由道情，龕暴資神理。」〔註3〕謝靈運《從遊京口北固應詔》云：「玉璽戒誠信，黃屋示崇高；事爲名教用，道以神理超。」〔註4〕在劉、謝二人那裡，神理與道心、道情相對應，具有通天盡人、平天下安民心的神奇效能。王夫之《周易內傳》卷二說：「天以剛健爲道，垂法象於上，而神存乎其中。四時之運行，寒暑風雷霜雪，皆陰氣所感之化，自順行而不忒。聖人法此，以身設教……而天下服矣。」王夫之《周易外傳》卷二對神道設教也作了闡

〔註2〕近年來學界有幾篇這方面的專題論文刊出，參見陳少松：《試論王夫之的「神理」說》，《學術月刊》1984年第7期；陶水平：《船山詩學「以神理相取」論的美學闡釋》，《人文雜誌》2000年第2期；張晶：《王夫之詩歌美學中的「神理」論》，《文藝研究》2000年第5期。

〔註3〕《孟子》曰：天下溺則援之以道。《莊子》曰：夫道有情有信。孔安國《尚書傳》曰：龕，勝也。曹植《武帝誄》曰：人事既闋，聰竟神理。

〔註4〕《文選》李善注：「玉璽戒誠信，黃屋示崇高」言聖人佩玉璽所以敬戒誠信，居黃屋所以顯示崇高；「事爲名教用，道以神理超」言上二事乃爲名教之所用，而其至道，實神理而超然也。

釋：「陰以鬼來，我以神往，設之不妄，教之不勤，功無俄頃而萌消積害。……極於鬼神，通於治亂，道一而已。」〔註5〕綜觀以上引述，可以得出結論：在《周易》和諸多易學家那裡，「神理」之理與道基本同義，是指天地萬物變易的條理或規律。「神理」之神則主要有三個層面的涵義。其一，神指天神、鬼神、神明或神靈，這與古人的信仰和占筮、祭祀等方面的活動有密切關係。其二，神指微妙難測、變易無方，如《周易・繫辭》說：「知幾其神乎！」「神無方而易無體」，「知變化之道者，其知神之所為乎？」又如王夫之說神存於天的剛健之道中。其三，神指心之神，即人的精神和直覺思維能力。如《周易・繫辭》說神「不疾而速，不行而至」，「神而明之，存乎其人」。又如晉韓康伯提出以神明理、窮理入神的說法，其注《繫辭》「幾者，動之微」說，「幾者，去無入有，理而無形，不可以名尋，不可以形睹者也。唯神也不疾而速，感而遂通，故能朗然玄昭，鑒於未形也」（《繫辭注》）。又如王夫之說「我以神往」。神在我，理在物，物我之間在感興中相值相取，感而遂通。「神」的這三層涵義有時兼容在一處，有時因不同語境而各有所指。其後兩層涵義與詩學關係密切，直接影響後世的詩學觀念。

在中國詩學、美學中，神理基本上有兩層涵義。一指神妙之理、神化之理或傳神之理，在這個層面上，神與理主要是偏正關係，重點在理，如金聖歎所謂「略其形跡，伸其神理者」（《水滸傳序三》）。二指心之神與物之理的交通和合，在這個層面上，神與理是平行、對等的關係，如劉勰說「神理共契，政序相參」（《文心雕龍・明詩》），又如王夫之說：「『青青河畔草』與『綿綿思遠道』，何以相因依，相合吐？神理湊合時，自然恰得。」（《薑齋詩話・夕堂永日緒論內編》）下面就這第二層涵義，簡要交代一下其美學淵源。

在莊子「庖丁解牛」的故事中，庖丁對文惠君說：「臣之所好者道也，進乎技矣。始臣之解牛之時，所見無非全牛者；三年之後，未嘗見全牛也。方今之時，臣以神遇而不以目視，官知止而神欲行。依乎天理……因其固然……」（《莊子・養生主》）庖丁遊刃有餘的自由境界的主要特徵是：以「道」超越了「技」，以「神」（專注的、不受功利束縛的、富於直覺的精神）超越了五官感覺，不脫離「物」而又合乎固然之「理」，這樣，神與理順其自然地通融契合。南朝宋山水畫家宗炳說：「夫以應目會心為理者，類之成巧，則目亦同

〔註 5〕 所謂「以神道設教」，即因時循理以教化萬民，使民知規矩，歸於正道，與遠古祭祀儀式有很大關係，後衍生出究天人之際、通古今之變的信念。

應，心亦俱會。應會感神，神超理得，雖復虛求幽岩，何以加焉？」（《畫山水序》）在物我之間應目會心的審美感興中，作爲主體的「我」觀物、味象、體道、感神，達到「神超理得」的形而上的境界。莊子和宗炳的觀點對後人在美學上把握「神理」範疇有很大的啓示意義。而眞正使「神理」成爲美學範疇的則是劉勰，他在《文心雕龍》中七次直接運用神理一詞，一次直接運用神道一詞，他所說的神理既有神妙之理層面上的，也有神理契合層面上的，他曾說：「思理爲妙，神與物遊」，「神用象通，情變所孕。物以貌求，心以理應。」（《文心雕龍·神思》）這兩段話未直接用「神理」一詞，卻在主客合一的視域上有神理之義。

在漢代以前，「神道」、「神理」帶有濃厚的易學色彩，與詩學沒有多大關係。漢魏六朝時期，由於玄學和佛教等方面的影響，「神理」成爲士人常用的詞，從它能夠多次入詩就可以看出這一點。六朝以後，「神理」一詞在詩學、美學論著中並不多見，直到明清時期，它才眞正成爲通用的、流行的、在涵義上約定俗成的核心範疇。無論是在李重華、劉熙載和紀昀等人的詩文評論中，還是在金聖歎、脂硯齋等人的小說評點中，神理都是一個常用的無須加以專門解釋的範疇。其源出於《周易》和玄學的神秘意味淡化了，其傳神和神妙的內涵通俗化了。特別是經過小說評點家的傳播，民間稍通文墨的人都能領會其大意。脂硯齋評點《紅樓夢》，直接使用「神理」一詞達數十次，如果加上相近的「傳神」、「神妙」、「傳神摹影」、「入情入神」、「心傳神會」、「至情至理」等詞語，那就不下百次了。可以說，「神理」或「神妙」是脂硯齋首要的批評標準，其大致意思是傳神寫照，妙在人情物理上。清代以後，「神理」一詞逐漸從詩學、美學中淡出，成了一個無關緊要的連很多專業人士都不甚了了的概念。

王夫之在哲學上對神理的論述，主要有三個層面的意思。其一，神理存在於天地萬物中。他說：

太和之中，有氣有神。神者非他，二氣清通之理也。
（《張子正蒙注》卷一）

天之神理，無乎不察，於聖人得其微，於眾人得其顯，無往而不可用其體驗也。（《張子正蒙注》卷二）

天地之間，事物變化，得其神理，無不可彌綸者。能以神御氣，則神足以存，氣無不勝矣。（《張子正蒙注》卷四）

　　　　　知性者，知天道之成乎性；知天者，即性而知天之神理。

　　（《張子正蒙注》卷三）

這幾段話的大致意思爲：神是陰陽二氣清和通融的性質，是精華之所在，是萬物成其爲美的根源，神理體現在天地之間萬事萬物的運動變化中，「以神御氣」是氣順事成的關鍵（作詩亦如此），人對天之神理的體驗也就是盡性知天。神與道、理並無二致，既然如此，神理即理，但並非尋常之理。《周易·繫辭》說陰陽不測之謂神，神理之「神」指稱氣化萬物的神秘難測的特質。《荀子·天論》有言：「列星隨旋，日月遞照，四時代御，陰陽大化，風雨博施，萬物各得其和以生，各得其養以成，不見其事而見其功，夫是之謂神。」這是以大自然生養萬物，不見其作爲，而見其功績爲「神」。王夫之說：

　　　　　天地之不言，四時之不議，萬物之不說，非不言，不議，不說也。不能言，不能議，不能說也。……然而自古固存之大常，人固見爲美，見爲法，見爲理，而得序；則存者存於其無待存也，神者神於其無有形也。（《莊子解》卷二十二）

這裡所謂「神」，與荀子和莊子的相關看法是一致的，不是指變幻無常，而是指其「鼓動萬物之理」的神奇、微妙的特質。從這個意義上說，「神」體現氣化或神化之妙，在與「理」組成復合範疇時，它就不僅是形容詞了。把「神理」單純地解釋爲神妙之理，不能算錯，卻有狹隘之嫌。

　　其二，神理寓於人事、人的精神或思維中。王夫之說：

　　　　　神化之理，散爲萬殊而爲文，麗於事物而爲禮，故聖人教人，使之熟習之而知其所由生；乃所以成乎文與禮者，人心不自已之幾，神之所流行也。（《張子正蒙注》卷四）

　　　　　一物者，太和絪縕合同之體，含德而化光，其在氣則爲陰陽，在質則爲剛柔，在生人之心，載其神理以善用，則爲仁義，皆太極所有之才也。……氣質之中，神理行乎其間，而惻隱羞惡之自動，則人所以體天地而成人道也。（《張子正蒙注》卷七）

　　　　　天地之生，莫貴於人矣；人之生也，莫貴於神矣。神者何也？天之所致美者也。百物之精，文章之色，休嘉之氣，兩間之美也。函美以生，天地之美藏焉。天致美於百物而爲精，致美於人而爲神，一而已矣。（《詩廣傳》卷五）

在這幾段話中，「神化之理」、「一物」、「神」基本同義，有本原、本體和自然

規律的意思。王夫之是《周易》專家，以張載之說為正學，而張載之說是對《周易》的闡發，他繼承了《周易》「天地之大德曰生」等方面的思想，認為「一物」含德而化光，生成天、地、人三才，「神」為「一物」或陰陽二氣演變過程中體現的清通之理，也就是神化之理（神理）。神理應驗於人，則生成人的精神和思維能力（心之神，靈心），生成人事中的禮、樂等人文現象，生成惻隱羞惡之心和仁義禮智之性。也就是說，人能夠體天地而成人道，是神理在起作用，人事、人的精神或思維中自有其神理。這種看法與詩學有很大關係，例如，劉勰所說的「思理為妙，神與物遊」主要是指藝術構思的神理，王夫之把「勢」看作「意中之神理」，也是就創作中的立意（命意）和作品中的文意而言的。

其三，人的精神（心之神）可以通過直覺體驗等方式把握神理，心之神與神理之「神」互為表裏，神理也就有了主客合一（神、理契合）的內涵。王夫之說：

> 神則合物我於一原，達死生於一致，絪縕合德。……神，故不行而至。至清而通，神之效也。蓋耳目止於聞見，惟心之神徹於六合，周於百世。（《張子正蒙注》卷一）

> 神則內周貫於五官，外泛應於萬物，不可見聞之理無不燭焉，天以神施，地以形應，道如是也。……明乎此，則窮神合天之學得其要矣。（《張子正蒙注》卷一）

> 內者，心之神；外者，物之法象，法象非神不立，神非法象不顯。多聞而擇，多見而識，乃以啟發其心思而會歸於一，又非徒恃存神而置格物窮理之學也。（《張子正蒙注》卷四）

> ……是故由形之必有理，知理之既有形也；由氣之必有神，知神之固有氣也。形氣存於神理，則亦可以數數之，類應之也。（《詩廣傳》卷四）

類似的話語不勝枚舉，表現出王夫之自覺、堅定、明確的思想立場，即神理與物象和形氣具有同一性，人必須憑耳目（泛指五官感覺）多聞多見，以此啟發心思，體悟不可見聞之理，不能像陸王心學那樣片面強調存神而忽視緣物（感物）；但五官感覺囿於對事物外在形象的感受或認知，而人的精神（此處主要指直覺思維能力）既以五官感覺為基礎，又能超越其局限，突破時間和空間的束縛，在直接的感興（現量）中達成心之神與物之理的契合，實現

對神理的把握，也就是進入「窮神合天」的高境界。這種思想立場，不僅是王夫之詩學中的神理論的哲學基礎，也直接影響了感興論、心目論、心物關係論、情景交融論、「內極才情，外周物理」論等相關學說，強化了王夫之的理論個性和詩學意義。

王夫之詩學中的神理論主要有以下幾個特點。其一，本著氣化萬物、神理無形的觀念，王夫之推崇以神御氣、巧參化工、得自然之妙的創作。他常以神氣、神行、神運、神光、神采、神爽、心神筆力、神情光氣、氣化於神、纛括有神、拾景入神、練氣歸神、落卸皆神、字字神行、神光獨運、神動天流等詞語評詩，旨在強調人的精神、性情或靈心（靈府、懷抱、文心、神氣）在詩歌創作中對諸多因素的統攝作用，強調直覺思維（神思）的重要性，強調鬼斧神工、不露人為痕跡的藝術旨趣和境界。王夫之常以入化、化工、大化入微、巧參化工、化工之筆、「刻削化盡，大氣獨昌」、「人力參天，與天為一」、「雕琢入化，一氣順妙」、「合化無跡者謂之靈」等詞語評詩，如他評杜甫《石壕吏》「片斷中留神理，韻腳中見化工」（《唐詩評選》卷二）。這是把人工、人巧的最高境界視為天工、天巧（化境、聖境），受到古代哲學中以天合天、神合萬化而不形等方面的思想的影響，是對中國藝術在這方面的審美精神的總結。

妙，是王夫之最為重視因而也運用得最多的範疇之一。在幾部詩評選著作中，王夫之以「妙」論詩達百餘次，相關的詞語有妙合、妙境、妙心、妙手、妙筆、微妙、玄妙、巧妙、簡妙、工妙、平妙、藏鋒之妙、雲行風止之妙、得自然之妙等。例如，他說杜甫「每於天時地勢妙得景語」，說杜甫《咏懷古跡》（之一）「本以咏庾信，只似帶出，妙於取象」；又如他評秦簡王《折楊柳》「駸入唐制，而有神行象外之妙」（《明詩評選》卷一），評張治《秋郭小寺》：「龍湖高妙處，只在藏情於景；間一點入情，但就本色上露出，不分涯際，真五言之聖境也。」（《明詩評選》卷五）他所推崇的妙，體現在詩歌創作過程中的各個方面，主要特徵是傳神寫照、含蓄自然，與中國藝術的審美理想有很大關係。「妙」這個範疇，由老子率先提出，自漢代起成為重要的美學、詩學範疇，在《周易》、老莊哲學和魏晉玄學那裡，它是道或神理的屬性，出於自然，通常介於有無、虛實、清濁、離合、遠近、幽明之間，體現道或神理的微妙性、不確定性、無限性的一面。王夫之推崇妙，與他的神理論有很大關係。

　　其二，本著形神合一的觀念，王夫之推崇傳神之妙。在他看來，天地間萬物之妙在於神形合一，得神於形而形無非神者，真正的詩人能夠體物而得神，寫出形神都勝的佳作，但有時也不拘泥於形似，而以得寫神之妙為準。他在《薑齋詩話・夕堂永日緒論內編》中提出「以神理相取，在遠近之間」的著名命題，要求詩人在審美感興中只從心目相取處得景得句，這是立主御賓，以神御氣，順寫通理（顯現真實）的現景（眼前景物，現量之景），這是「近」；他又要求詩人做到言近而旨遠、景近而情遠或景顯而意微，如他說「合化無跡者謂之靈，通遠得意者謂之靈」，或如鍾嶸所謂「言在耳目之內，情寄八荒之表」，這是「遠」。在遠近之間，相當於在離合之間，在有意無意之間。王夫之說：

　　　　步兵《詠懷》，自是曠代絕作，遠紹《國風》，近出入於《十九
　　首》，而以高朗之懷，脫穎之氣，取神似於離合之間。
　　（《古詩評選》卷四阮籍《詠懷》評語）

這段話大意是說：《詠懷》得《國風》和《十九首》之神理，得作者在興會的瞬間偶成的情景妙合之神理，取神似於心與物、情與景、神與理、言與意的離合之間。王夫之的另外一些評語如「神理不爽」、「神理不滅」、「神理自密」和「神理、意致、手腕三絕」等評語都與他推崇傳神之妙有很大關係。

　　其三，於聲情動人處寫神理。王夫之說：

　　　　縱橫使韻，無曲不圓。即此一端，已足衿帶千古。或興或比，
　　一遠一近，謂止而流，謂流而止。神龍之興雲霧馭，以人情準之，
　　徒有浩歎而已。神理略從《東山》來。
　　（《古詩評選》卷一蔡邕《飲馬長城窟行》評語）

　　　　詠史詩以史為詠，正當於唱歎寫神理，聽聞者之生其哀樂。一
　　加論贊，則不復有詩用，何況其體？……大音希聲，其來久矣。
　　（《唐詩評選》卷二李白《蘇武》評語）

　　　　風華不必一取之《毛詩》，要已得其神理；無他，下筆處不犯本
　　色而已。（《明詩評選》唐寅《送文溫州》評語）

所謂神理略從《東山》來和得《毛詩》神理，在很大程度上是指得其神采、風韻、吟魂和樂理，得其重用興比（宛轉興比、興比雜用或入興易韻）的流風遺旨。所謂於唱歎寫神理，主要是指詠史不為史累，說理不入理臼，是指

在審美感興中含蓄、從容、自然地寓神理於聲情動人的藝術形式美中。以上幾段話都注重詩的風雅傳統、音樂性或藝術魅力，既以此為神理的藝術表現方式，又以此為神理在詩歌領域的應有之義。王夫之對聲情動人的藝術魅力的崇尚貫穿在他的詩學的各個方面，這裡不再贅述。

三、神秘觀念

根據《牛津詞典》，「神秘」一詞最早用於 1545 年，意思是未被人的思維認識過，或是人的思維不能理解的，超出了理智或一般知識認識的範圍。幾乎在一個世紀之後，1633 年，這個詞又有了一個補充的意義，即那些古代與中世紀的著名學科，通常認為神秘包括對有不可知特質的諸種力量的認識與利用（如巫術、煉金術、占星術、通神學等）。〔註 6〕在西文中，表示神秘主義的詞有兩個：一是 Mysticism，指稱哲學、宗教意義上的神秘主義思想和學說；二是 Occultism，其含義是指用人力對事物內部不可見的力量和進程加以操縱，以促使某種科學無法測定和解釋的經驗或效果出現，它包括巫術、占卜術、占星術、看相學、風水術、煉金術、通神學等。〔註 7〕參照以上關於神秘的定義，可以說，王夫之有較強的神秘觀念，其主要特點是：首先，確信宇宙人生中有許多不可知、不可測的事物，在晚年有無奈、蒼茫的命運感。他在詩中說：「閱化知無盡，為生果似浮。」（《夏夕》）「神者天之妙，心者人之主。去人而用天，我生如鱗羽。」「天地既設位，人微何以參。分明有人主，天地不能堪。」（《和一峰虛中是神主》）「雲移隔嶺搖綠草，雨過橫塘綻白蓮。大造無心誰解此，莊生浪說欲忘言。」（《和白沙》）「泰始不可知，元會亦蠡測。」《擬阮步兵述懷》）他的有關不可知、不可測的言論大多散見於哲學、詩學著作中。其次，在哲學而非宗教意義上體現神秘觀念。王夫之不信仰佛教、道教，也沒有其他方面的宗教信仰。他時常談鬼神，卻把鬼神視為氣的往來屈伸，認為天下萬物「大而山澤，小而昆蟲草木，靈而為人，頑而為物，形形色色」都不過是神之所流行，理之所融結，所以他闢佛教「幻妄起滅」、老莊「有生於無」之說，旨在「示學者不得離皆備之實體以求見性也」（《張子正蒙注》卷九）。他說「夢幻無理，故人無有窮究夢幻者」（《張子正蒙注》

〔註 6〕 參見米爾希‧埃利亞德：《神秘主義、巫術與文化風尚》，光明日報出版社 1990 年版，第 62 頁。
〔註 7〕 參見毛峰：《神秘主義詩學》，三聯書店 1998 年版，第 12 頁。

卷四），他的神秘觀念與夢幻、幻想或幻覺基本無關。正像其子王敔所說的那樣，他「守正道以屏邪說……作《思問錄》內外篇，明人道以爲實學，欲盡廢古今虛妙之說而返之實」（《大行府君行述》）。這樣的思想立場，意味著他不願也不能提出明確、系統的神秘主義學說。我以爲，他雖有較強的神秘觀念，但不是神秘主義的；正如他雖然極爲推崇詩的藝術形式美，但不是唯美主義的。他的神秘觀念是哲學、詩學意義上的。再次，除了偶而運用占筮方法預測吉凶禍福外，不曾試圖以巫術等法術或秘術對不可知的力量加以操縱和利用。王夫之兼通《周易》的占筮法和義理，著有《周易大象解》等四部易學專著。他的《章靈賦》題旨爲：「章，顯也。靈，神也，善也。顯著神筮之善告也。」他在此賦及其自注中較詳盡地說明了兩次占筮的情形，把占筮與他對自身境遇和時局動向的判斷緊密聯繫起來。他在詩中說：「讀《易》幽篁雙徑鎖，當時悔不訪仙壇。」（《宿明溪寺山僧導遊珍珠巖》）他對遊仙之說和遊仙詩很有興趣，如他評屈原《遠遊》：

> 所述遊仙之說，已盡學玄者之奧。後世魏伯陽、張平叔所隱秘密傳，以詫妙解者，皆已宣泄無餘。蓋自彭、聃之術興，習爲淌洸之寓言，大率類此。要在求之神意精氣之微，而非服食燒煉禱祀及素女淫穢之邪說可亂。故以魏、張之說釋之，無不吻合。而王逸所云與仙人遊戲者，固未解其說，而徒以其辭爾。若原達生知命，非不習於遠害尊生之道，而終不以易其懷貞之死，則軼彭、聃而全其生理，而況汲汲貪生，以希非望者乎？志士仁人，博學多通而不遷其守，於此驗矣。（《楚辭通釋》卷五）

這段話表明，王夫之不相信人眞的能與仙人遊戲，不相信以藥、酒、性等爲求仙養生途徑的「服食燒煉禱祀及素女淫穢之邪說」。他衡量各種求仙和長生不老之術，有一個標準，即是否「求之神意精氣之微」。在他看來，天地間最珍貴的是人，人最珍貴的是神（心之神），人應該多取萬物的精華以充實神、氣；屈原不遷其守，若達生知命，依循遠害尊生之道，則不至於早逝。可見，他希望求仙和長生不老之術要體現神意精氣之微和遠害尊生之道。但他本人不曾運用類似方術。他在前半生奔波動蕩、疲於憂患，在後半生致力於文史哲等方面的學術研究，「雖飢寒交迫、生死當前而不變」，他「自少喜從人間問四方事，至於江山險要，士馬食貨，典制沿革，皆極意研究」（王敔《大行府君行述》）。他博學多通而不遷其守，對各種方術或秘術，既有批判的眼光，

又有通達、圓融的態度。王夫之在詩學著作中論及詩人近千家，對他們多有非議，而對謝靈運讚譽有加，無一微詞。他詩學上的「不可知」論恰恰集中體現在謝詩評論中。例如：

> 始終五轉折，融成一片，天與造之，神與運之。嗚呼，不可知己！「池塘生春草」，且從上下前後左右看取，風日雲物，氣序懷抱，無不顯者，較「蝴蝶飛南園」之僅為透脱語，尤廣遠而微至。
> （《古詩評選》卷五謝靈運《登池上樓》評語）

> 條理清密，如微風振簫；自非夔、曠，莫知其宮微迭生之妙。……取擬《三百篇》，正使人憾《蒸民》、《韓奕》之多乖音亂節也。即如迎頭四句，大似無端，而安頓之妙，天與之以自然。無廣目細心者，但賞其幽艷而已。且此四語承授相仍，而吹送迎遠，即止為行，向下條理無不因之生起。嗚呼，不可知己！雖然，作者初不作爾許心，為之早計，如近日倚壁靠墻漢説埋伏照應。天壤之景物、作者之心目如是，靈心巧手，礚著即湊，豈復煩其躊躇哉？天地之妙，合而成化者，亦可分而成用；合不忌分，分不礙合也。於一詩中摘首四句，絕矣。「密林含餘清，遠峰隱半規」，隨摘一句，抑又絕矣。乃其妙流不息，又合全詩而始盡。吾無以稱康樂之詩矣，目倦而心灰矣。（《古詩評選》卷五謝靈運《遊南亭》評語）

> 謝詩有極易入目者，而引之益無盡；有極不易尋取者，而徑遂正自顯然，顧非其人，弗與察爾。言情則於往來動止、縹渺有無之中，得靈蜜而執之有象；取景則於擊目經心、絲分縷合之際，貌固有而言之不欺。而且情不虛情，情皆可景；景非滯景，景總含情；神理流於兩間，天地供其一目，大無外而細無垠。落筆之先，匠意之始，有不可知者存焉，豈徒興會標舉，如沈約之所云者哉！
> （《古詩評選》卷五謝靈運《登上戍石鼓山詩》評語）

從這幾段評語看，王夫之已知的是：其一，謝詩情景相入，融成一片，涯際不分，可謂渾成，但其妙絕既在篇章，又在字句。其二，謝詩妙得樂理，脈絡條理清密，不露雕琢痕，出入自然。其三，謝詩章法奇妙，翻新有無窮之旨，古無創人，後亦無繼者，實為神品，源於作者出類拔萃之才，而此才授自於天。其四，謝詩出自於即景會心的現量，情、景、理、趣妙合，有超以象外的意境，細緻入微又富於張力（大無外而細無垠，廣遠而微至）。

　　王夫之以爲不可知的是：其一，何以有融通情景、超越時空界限的廣遠
而微至的章法？其二，何以有美妙的音韻、行止自如的思路條理和安頓無痕
的自然風格？其三，何以在興會中有靈心巧手？在詩人落筆之先、匠意之始
有何奧秘？王夫之觸及了詩歌的若干難解之謎。詩在可解與不可解之間，無
論作者、讀者，還是批評家、理論家，越是面對優秀的作品，就越是無可言
說或無可窮盡地言說。其根源在於審美感興、藝術思維和作品意味的模糊性、
不確定性或無限性，總之，在於天人之際、心物之間或情景之間的只可意會、
難以言傳的神秘性。難怪王夫之作爲大詩學家，竟對他悉心加以評論的謝靈
運詩發出「吾無以稱康樂之詩矣，目倦而心灰矣」的感歎。這種無奈使我聯
想到蘇格拉底，後者作爲古希臘非常聰明的人，竟聲稱人應當知道自己無知。
原因大概在於：人越是有知識，就越是知道自己在哪些方面無知識。王夫之
以神品、天授等詞語論詩，不僅用來評價謝靈運，也用來評價李白等人的作
品，如他在詩中說：「青青河畔草，自有鬼能吟。」（《絕句》）又如他評李白
《春日獨酌》：「以庾、鮑寫陶，彌有神理。『吾生獨無依』偶然入感，前後不
刻畫，求與此句爲因緣。是又神化冥合，非以象取，玉合底蓋之說，不足立
以科禁矣！」（《唐詩評選》卷二）以神品、天授、天巧、化工、神工、天才、
鬼才等詞語論文藝，在中國有悠久的傳統，體現出人們對文藝創作「不可知」
的神秘一面的認識。

　　王夫之詩學中的神秘觀念有深厚的哲學思想上的淵源。他說：

　　　　《易》曰「化不可知」，化自有可知者，有不可知者。……蓋化
　　之粗者，便奇特亦自易知，日月之廣照，江海之汪洋是也；化之精
　　者，即此易知處便不可知，水之瀾、日月之容光必照是也。……不
　　可知者，藏之密也，日新而富有者也。……化則聖也，不可知則聖
　　之時也。化則力之至也，不可知則巧之審中於無形者也。

　　（《讀四書大全說》卷九）

　　　　陰陽之消長隱見不可測焉，天地人物屈伸往來之故盡於此。知
　　此者，盡《易》之蘊矣。（《張子正蒙注》卷一）

　　　　天無體，太和絪縕之氣，爲萬物所資始，屈伸變化，無跡而不
　　可測，萬物之神所資也。（同上）

　　　　天之所不可知，人與知之，妄也；天之所可知，人與知之，非

妄也。天之所授，人知宜之，天之可事者也；天之所授，人不知所
宜，天之無可事者也。事天於其事，順而吉，應天也；事天於其無
可事，凶而不咎，立命也。(《詩廣傳》卷一)

　　陰陽之動，遞相乘而相與迴翔也。惟象，陰陽交感，形象乃成
　也；運轉於未形之先，無從察識矣。……天地爲功於人而人不知；
　運行日生，無有初終，孰能測知？(《楚辭通釋》卷三)

以上幾段話出自王夫之的四部著作，卻體現了一個共同的思想淵源，即《周
易》。《周易》中的《易傳》共七種十篇，並非出於一時一人之手，大體上是
戰國時期陸續形成的解易作品，兼融道家、陰陽家、儒家的相關思想爲一體。
秦始皇焚書坑儒，不焚《周易》，因爲「易乃卜筮之書」，非儒家一家所崇尚。
《易傳》中有一段話可謂中國哲學的神秘觀念的總綱：「富有之謂大業，日新
之謂盛德，生生之謂易。……陰陽不測之謂神。」其中另有一句話最能反映
神秘觀念的生命性、人文性、詩意性、無限性和超越性，即「神也者，妙萬
物而爲言！」神與妙、幾、微等範疇一樣，通常呈現在事物的有無、虛實、
隱顯、聚散、離合之間，所以有不可測或不可知的一面。王夫之所說的「不
可測」、「不可知」都是偏重於指天地大化或陰陽之氣在變易過程中的隱、無
形、無跡、未形的一面。但由於天地大化和人的認知能力都是無限的，在可
知與不可知之間難以劃清界限，所以王夫之在肯定常情、常理、常事、常數
可測的同時，又對界於清與濁、精與粗、有與無、宜與不宜之間的事物及其
狀態發出「不可知」的感歎。

　　在王夫之看來，氣象萬千的事物有變動不居的一面，運轉於未形之先，
無從察識。由此可以推測，他在評謝靈運詩時，何以說「落筆之先，匠意之
始，有不可知者存焉」。他評郭奎《寄陳檢校》：「有放有隱；其放可知，其隱
不可知也。」(《明詩評選》卷五) 從藝術表現方式上看，這是詩不可學的一
大原因；從藝術鑒賞的角度看，這是讀者各以其情而自得的基礎。

　　本著《周易》的觀念，王夫之一再說宇宙萬物「有不知其所以然而然之
妙」，認爲氣之神化運動有不可窮盡的神秘性，即人見其不測，不知其有定而
謂之神。由此評詩，不難得出神品、天巧、天授、化工、得自然之妙的結論。
王夫之說：「夫天下之萬變，時而已矣；君子之貞一，時而已矣。……時之變，
不可知也。」(《詩廣傳》卷三) 由此可以說，詩者，時也。因爲佳作導源於
審美感興的即景會心之際，可謂妙手偶得之，事先不曾擬議，事後也難以解

釋。如謝靈運在寤寐間夢見其族弟謝惠連，即咏得「池塘生春草」，於是說「此語有神助，非吾語也」（《謝氏家錄》，見鍾嶸《詩品》引）。既然如此，王夫之在評謝詩時所說的「不可知」就算是莫大的稱讚了。若說可知，則是欺人之談。

與某些西方哲學家不同，王夫之並非不可知論者。他說：

> 「不可知」只是不易見，非見之而不可識也。人之所不易見者，惟至精至密者而已。雖云不可知，卻是一定在，如巧者之於正鵠然。
>
> 天之有四時，其化可見，其爲化者不可見。（《讀四書大全說》卷九）

善於觀化者，定能感悟「至精至密」的氣、神、理，體會萬物之妙，也就是觀照宇宙人生的本體和生命。這樣可以化解「可知」與「不可知」的矛盾、困惑。事實上，人生有涯，天地無涯，而知亦無涯，所以王夫之在感歎「化有所不可知，情有所不可期」（《霜賦》）之餘，還是認爲「可觀化以逍遙」（《孤鴻賦》），主張「觀化頤生」。與王夫之的神秘觀念密切相關的範疇除了「化」以外，還有神、靈、妙、玄、微、幾、隱、幽、冥、命等。

四、心目

心目，是王夫之詩學中最重要，也最富於創見的範疇之一，也許是因爲它看上去比較簡單，所以向未引起學界的重視。有學者曾對這個範疇加以解釋，卻造成誤讀。[註8] 心與目各自是在先秦時期就已形成的重要範疇，從魏晉時起較多地應用於文藝評論，如鍾嶸稱讚謝靈運「寓目輒書」，推崇出自「即目」、「直尋」的詩作。在宗炳和劉勰等人那裡，心與目已被相提並論，如宗炳提倡「應目會心」，劉勰讚賞審美感興：「山沓水匝，樹雜雲合。目既往還，心亦吐納。春日遲遲，秋風颯颯。情往似贈，興來如答。」（《文心雕龍‧物色》）這代表著中國美學、詩學中審美感興傳統的主流觀念，直到明清時期，鍾惺等人在詩文評中常在約定俗成的意義上使用「心目」這個詞，葉燮等人還在強調呈於象，感於目，會於心。「心目」一詞，並非王夫之首創，但卻是經過他而成爲重要詩學範疇的。王夫之直接以「心目」論詩達數十次，以相關詞語如寓目警心、寓目同感、適目當心、適目驚心、觸目得之、觸目賞心、觸目警心、觸目生心、擊目經心、廣目細心、即目多景、即目成吟、即景含

〔註8〕 「心目」並不是指心中生成的意象。參見鄔元江：《試論船山詩學的內在矛盾性》，《哲學研究》2003 年第 7 期。

情、即景會心等論詩達數十次，他把心與目以其他方式相提並論的次數則更多。把心與目合成爲一個範疇，旨在強調心與目是審美感興和詩歌創作中不可或缺的前提條件，強調其在詩與人生中的主導或主宰地位。

王夫之說：

> 遊覽詩固有適然未有情者，俗筆必強入以情，無病呻吟，徒令江山短氣。寫景至處，但令與心目不相睽離，則無窮之情正從此而生。一虛一實、一景一情之說生，而詩遂爲阱，爲梏，爲行尸。噫，可畏也哉！（《古詩評選》卷五孝武帝《濟曲阿後湖》評語）

> 只於心目相取處得景得句，乃爲朝氣，乃爲神筆。景盡意止，意盡言息，必不強括狂搜，捨有而尋無。在章成章，在句成句。文章之道，音樂之理，盡於斯矣。
> （《唐詩評選》卷三張子容《泛永嘉江日暮回舟》評語）

> 晉、宋以下詩，能不作兩截者鮮矣，然自不虛架冒子，回顧收拾，全用經生徑路也。起處直，轉處順，收處平，雖兩截，固一致矣。語有全不及情而情自無限者，心目爲政，不恃外物固也。「天際識歸舟，雲間辨江樹」，隱然一含情凝眺之人，呼之欲出。從此寫景，乃爲活景。故人胸中無丘壑，眼底無性情，雖讀盡天下書，不能道一句。司馬長卿謂讀千首賦便能作賦，自是英雄欺人。從「識」、「辨」二字引入，當人去止處即行，遂參天巧。雖然，作者初不役意爲此也。（《古詩評選》卷五謝朓《之宣城郡出新林浦向板橋》評語）

這幾段話，圍繞「心目爲政」、「只於心目相取處得景得句」的詩學原則展開論述。心目爲政，意味著「身之所歷，目之所見」和「即景會心」，意味著立主御賓（以情、意爲主，以景爲賓）。只於心目相取處得景得句，就是強調詩中景物應爲一目一心所得，即「觸目得之，主賓不亂」，亦即吟詠「當時現量情景」。所寫之景與心目不相睽離，與鍾嶸所說的言在耳目之內和梅堯臣所說的狀難寫之景如在目前基本上是一個意思。這有賴於即景會心的審美感興，唯其如此，景中含情，情中有景，情景相生，詩人就可以做到景中藏情、情景雙收或情景妙合。寫當時現量情景（順寫現景），則「無窮之情正從此而生」，景語可以「全不及情而情自無限」，景語即情語。若無審美感興，詩人難免擬議或預設文意，囿於「一虛一實、一景一情之說」，陷入理臼，或者「強入以情」，「強括狂搜」，顯得刻意、做作。在經生徑路的俗套中，詩人達不到巧參

化工的自然佳境。王夫之的心目論與他的賓主說、興會說、情景關係論、意境論有很大關係，其宗旨是情景交融、超以象外的審美境界。

　　心與目，在詩歌創作中應該兼長並美。缺乏後者，即缺乏對事物直接的審美觀照（觀物、感物），真景（現景、活景）、真情（感於物而動之情）和真詩（出自審美感興之詩）都無從談起。王夫之說：

　　　　身之所歷，目之所見，是鐵門限。即極寫大景，如「陰晴眾壑殊」、「乾坤日夜浮」，亦必不踰此限。非按輿地圖便可云「平野入青徐」也，抑登樓所得見者耳。（《薑齋詩話・夕堂永日緒論內編》）

　　　　「僧敲月下門」，只是妄想揣摩，如說他人夢，縱令形容酷似，何嘗毫髮關心？知然者，以其沉吟「推」、「敲」二字，就他作想也。若即景會心，則或推或敲，必居其一，因景因情，自然靈妙，何勞擬議哉？「長河落日圓」，初無定景；「隔水問樵夫」，初非想得：則禪家所謂現量也。（《薑齋詩話・夕堂永日緒論內編》）

　　　　「欲投人處宿，隔水問樵夫。」則山之遼廓荒遠可知，與上六句初無異致，且得賓主分明，非獨頭意識懸相描摹也。「親朋無一字，老病有孤舟。」自然是登岳陽樓詩。嘗試設身作杜陵，凭軒遠望觀，則心目中二語居然出現，此亦情中景也。

（《薑齋詩話・夕堂永日緒論內編》）

「獨頭意識懸相描摹」即「妄想揣摩」，就是比量（以種種事比度種種理）和非量（情有理無之妄想），亦即「強括狂搜」（冥搜），而不是即景會心的現量，不是直接的觀照和真實的感受。在王夫之看來，若不經過「身之所歷，目之所見」的直接的審美觀照，無論怎樣「推敲」或擬議，都無益於詩。這種看法是對鍾嶸的「直尋」說的繼承和發揮。鍾嶸說：

　　　　至乎吟咏情性，亦何貴於用事？「思君如流水」，既是即目；「高臺多悲風」，亦唯所見；「清晨登隴首」，羌無故實；「明月照積雪」，詎出經史？觀古今勝語，多非補假，皆由直尋。（《詩品・中》）

所謂「直尋」，就是直接抒寫眼前（「即目」）所見，就是不假思量計較地吟咏出自親身經歷的直感。根據詩的抒情特性，針對當時詩壇的不良風氣，〔註9〕

〔註9〕　鍾嶸《詩品》說：「近任昉、王元長等，詞不貴奇，競須新事，爾來作者，寖以成俗。遂乃句無虛語，語無虛字，拘攣補衲，蠹文已甚。」又說：「昉既博學，動輒用事，所以詩不得奇。」

鍾嶸強調即目寫景、即景抒情，不贊成博古論今、引經據典的做法。王夫之
也強調即目多景、寓目同感或觸目得之，不贊成齊梁、晚唐和宋代的一些詩
人因忽視直觀、親歷而「欺心以炫巧」的做法，他十分重視詩歌審美意象的
眞實性，他所說的「心目之所及，文情赴之，貌其本榮，如所存而顯之」，以
及「取景則於擊目經心、絲分縷合之際，貌固有而言之不欺」等等，都有眞
實性的意思，也就是崇尚化工之筆（巧參化工）。這種眞實性不僅在於顯現事
物的外表情狀（形、物態），而且在於顯現事物的本體特性（神、物理）。詩
中的眞景物或審美意象是形與神、物態與物理的統一。這取決於「現量」，按
王夫之的說法，現量有三層涵義，即「現在」（不緣過去作影），「現成」（一
觸即覺，不假思量計較），「顯現眞實」（顯現事物體性）。〔註10〕若要達到現
量的境界，僅僅「即目」是遠遠不夠的，還要「會心」。

　　會心即興會，是人在審美觀照中憑直覺達到的心物會通的狀態。會心，
才有活景、眞見、妙悟、神理。王夫之說：

　　　　「俯仰天地間，微軀良不輕」，是心精語，非口耳人所得。
（《明詩評選》卷四張羽《春初遊戴山》評語）

　　　　見處眞，言之不迫。有眞見者自不迫。宗子相槖戟手戟髯，正
　　其無心無目。（《明詩評選》卷四梁有譽《咏懷》　評語）

　　　　只在適然處寫。結語亦景也，所謂人中景也。……以一情一景
　　爲格律，以賴色言情爲氣骨，雅人之不屑久矣。看他起處，於己心
　　物理上承授，翻翩而入，何等天然。
　　（《明詩評選》卷五文微明《四月》評語）

「於己心物理上承授」就是在審美感興中心、物互動，神、理會通，以寫景
的心理言情，從容不迫，自然而不做作。「心精」、「有眞見」，即王夫之所說
的會景而生心、體物而得神。「口耳人」即「無心無目」之人，粗俗、直露、
淺薄。王夫之在《古詩評選》中有一則評語：

　　　　「日落雲傍開，風來望葉回」，亦固然之景，道出得未曾有，所
　　謂「眼前光景」者此耳。所云「眼」者，亦問其何如眼。若俗子肉
　　眼，大不出尋丈，粗欲如牛目，所取之景，亦何堪向人道出？
　　（《古詩評選》卷六陳後主《臨高臺》評語）

〔註10〕參見葉朗：《中國美學史大綱》，上海人民出版社1985年版，第462頁。

「俗子肉眼」囿於利欲，目光短淺，這樣的人缺乏審美的眼光和心胸，像王夫之所說的「胸中無丘壑，眼底無性情，雖讀盡天下書，不能道一句」的經生那樣，不善於發現美，也不會取活景。柳宗元有言：美不自美，因人而彰。〔註11〕王國維《人間詞話》援引黃庭堅的話說：天下清景，不擇賢愚而與之，然吾特疑端爲我輩設。自然景物是客觀存在的，有視覺的人盡可以看，但卻不一定能成爲審美對象。有心人使景物成爲審美對象（意象），發現不同景物間的有機聯繫，感受心情與美景間的微妙契合。王夫之說「長河落日圓」初無定景、「隔水問樵夫」初非想得，這表明美景是人在審美感興中偶然發現的，意境是詩人在仰觀俯察之際，心目與美景「相値而相取」，有意無意地建構的。王夫之強調主體的審美心胸是情景交融和詩歌創作的首要條件，他常以「胸次」、「靈府」、「懷抱」、「襟抱」等詞語指稱心目之「心」，彰顯詩人心靈在對景物加以擇取、統攝、駕馭時的能動性作用。王夫之所說的「文情赴之」、「各視其所懷來而與景相迎」、「心理所詣，景自與逢」等都體現了這一點。從這個角度看，「心目」範疇的重點是心。而從詩應得自直接的審美觀照，或者詩應具備生動、眞實的審美意象的角度看，目（泛指以視、聽爲主的五官感覺，側重於視覺）不僅僅是心的手段。可以說，在王夫之那裡，「心目」是心、目並重的復合範疇，「心」意味著富於直覺的審美心胸，「目」意味著富於直觀的感知能力。

關於「心目」，王夫之在哲學上有較多的論述。把他的論述綜合起來看，我們大體上可以得出三個方面的結論。其一，耳目見聞是人的思想和精神的基礎。王夫之認爲，天地萬物神形合一、理氣合一、道器合一，人要窮神、通理、觀道，就必須從對具體事物的形氣的把握做起，就有賴於耳目見聞。本著非常自覺的內心與外物既主、客二分又會歸於一的辯證觀念，王夫之指出：內心之精神與外物之景象互相依存，人應該「多聞而擇，多見而識」，以便啓發心思，促動心與物的交通和合。與佛教和陸王心學不同，王夫之充分肯定天地萬物的客觀的實存性（誠），強調人對事物的認識和體驗必須通過耳目等感官的直接感知來進行。其二，耳目見聞從屬於人的思想和精神。在闡釋張載「風雷有象，不速於心；心御見聞，不弘於性」時，王夫之說：「風雷無形而有象，心無象而有覺，故一舉念而千里之境事現於俄頃，速於風雷矣。心之情才雖無形無象，而必依所嘗見聞者以爲影質，見聞所不習者，心不能

〔註11〕參見葉朗：《胸中之竹》，安徽教育出版社 1998 年版，第 101 頁。

現其象。」（《張子正蒙注》卷三）這段話在注重耳目見聞的基礎上，強調人的想像等思維能力的神速性。王夫之推崇詩人在藝術構思時情與景、神與理、言與意「於空微想像中忽然妙合」的審美境界。也許是因爲這境界難以尋覓、營造、把握、言說，他才發出「不可知」的感歎。與「心」相比，耳目見聞的局限性很明顯。王夫之認爲，耳目雖靈，卻不能視聽萬物的神理，且見聞之知止於已見已聞，「智者引聞見之知以窮理而要歸於盡性；愚者限於見聞而不反諸心，據所窺測，恃爲眞知」（《張子正蒙注》卷四）。「心」是耳目聞見之知得以提高、昇華、超越的必由之路。所以說，「耳目從心，則大而能化」（《張子正蒙注》卷一）。耳目從心，是王夫之「心目」論中最主要的原則之一。其三，人的直覺思維可以超越聞見之知的局限。從王夫之本於《周易》的哲學觀點看，氣化萬物，變易無窮，陰陽之幾神妙難測，在天人之際，有無數的事物介於虛實、新故、聚散、幽明、隱顯、有形未形之間，其中，虛、故、散、幽、隱、未形的一面是不易見或不可知的，陰陽之「幾」和天人交感之「微」是難以把握的。由此可以估計耳目聞見之知的局限有多大。如果單向度地要求詩人抒寫「身之所歷，目之所見」的事物，或者對這一詩學原則作狹隘的理解，那就有失偏頗。王夫之說：

> 耳所不聞，有聞者焉；目所不見，有見者焉。聞之，如耳聞之矣；見之，如目見之矣；然後顯其藏，修其辭，直而不慚，達而不疑。《易》曰：「修辭立其誠。」唯其有誠，是以立也。……「文王在上，於昭於天」，孰見之乎？「文王陟降，在帝左右」，孰聞之乎？直言之而不慚，達言之而不疑，我是以知爲此詩者之果有以見之，果有以聞之也；我是以知見之也不以目，聞之也不以耳也；我是以知無聲而有其可聞，無色而有其可見……（《張子正蒙注》卷一）

> ……乃若目，則可以視無色矣，有內目故也。乃若耳，則可以聽無聲矣，有內耳故也。……故曰：「形色，天性也。」形其形而無形者宣，色其色而無色者顯，內耳內目徹而血氣靈，密心濬入而血氣化。縱其所堪而晝夜之通、鬼神之撰、善惡之幾、吉凶之故，不慮而知，不勞而格，無過焉而已矣。（《詩廣傳》卷四）

「內目」可以視無色，見尋常之目所不見；「內耳」可以聽無聲，聞尋常之耳所不聞。無色、無聲在於「道」（神理）。老子說：道是淡乎其無味、視之不足見、聽之不足聞的，大音希聲，大象無形。「內目」、「內耳」清明而又靈通，

沒有狹隘的「一朝之忿，一念之欲，一意之往」，可以視聽老子所說的大音、大象，即可以體道、明理、見性。在王夫之看來，詩人可以憑「內目」、「內耳」使無色者有色，使無形者有形。這就是通過對「道」（神理）的把握而賦予未曾親見、親歷的事物以形氣，使之如同親見、親歷一般。

　　通常的詩歌創作大多循著感物生心、以形寫神的路徑，而王夫之的「內目」、「內耳」論則提出了幾乎相反的以心化物、由神賦形的路徑。這可以用來解釋咏史、懷古、遊仙等類型的詩。如王夫之評李白《蘇武》於唱歎寫神理，「大音希聲」（《唐詩評選》卷二）；又評李白《春日獨酌》「以庾、鮑寫陶，彌有神理。……神化冥合，非以象取」（同上）。詩人儘管是寫未曾經歷的事物，所寫之景物並不都是親見的形象，側重於由神賦形（「神化冥合」），但仍以外在的史實、古跡和內在的情懷、心境為因緣，自然地生發感興。「內目」、「內耳」〔註12〕與詩人通古今之變、究天人之際、察幽明之故往往互為因果，這就不難理解詩人何以能夠像王夫之所說的那樣：攪碎古今，鉅細入其興會。王夫之較多地談論「內目」、「內耳」的功能，未明言其具體所指，相關論述在我看來也比較晦澀，使我擔心誤讀、誤評。在此只能籠統地對「內目」、「內耳」的基本內涵作出判斷：基於感知而又超越感知，不假思量計較而又合乎理性，富於想像力和直覺，富於觸類旁通、窮神合天的洞察力，也就是王夫之所說的「靈心」。因而，「心目」就是內在的直覺思維與外在的以視、聽為主的五官感覺的合一。

〔註12〕 在歐洲，三世紀的普洛丁認為，人要見到最高的美，不能靠肉眼而要靠心眼，要靠收心內視。17世紀末18世紀初的夏夫茲博里認為，人天生就有審辨善惡和美醜的能力，這種能力依憑內在的眼睛、內在的感官、內在的節拍感，等等。後來有人從中引申出第六感官的說法。參見朱光潛：《西方美學史》，人民文學出版社2002年版，第116、207頁。

參考文獻

1. 王夫之，船山全書（1～16 冊），長沙：嶽麓書社，1988～1996 年。

2. 朱熹，四書章句集注，瀋陽：遼寧教育出版社，1998 年。

3. 朱杰人等主編，《朱子全書》，上海古籍出版社、安徽教育出版社，2000 年。

4. 王夫之，古詩評選，北京：文化藝術出版社，1997 年。

5. 王夫之，唐詩評選，北京：文化藝術出版社，1997 年。

6. 王夫之，明詩評選，北京：文化藝術出版社，1997 年。

7. 戴鴻森，薑齋詩話箋注，北京：人民文學出版社，1981 年。

8. 陳玉森、陳憲猷，周易外傳鏡詮，北京：中華書局，2000 年。

9. 毛亨傳、鄭玄箋、孔穎達疏，毛詩正義，北京：北京大學出版社，1999 年。

10. 方勇、陸永品，莊子詮評，成都：巴蜀書社，1998 年。

11. 周振甫，周易譯注，北京：中華書局，1991 年。

12. 劉勰著、周振甫注，文心雕龍注釋，北京：人民文學出版社，1981 年。

13. 鍾嶸著、曹旭集注，詩品集注，上海：上海古籍出版社，1994 年。

14. 蕭統編、李善注，文選，長沙：嶽麓書社，2002 年。

15. 徐陵編、吳兆宜注，玉臺新詠箋注，北京：中華書局，1985 年。

16. 王先謙，荀子集解，北京：中華書局，1988 年。

17. 胡經之主編，中國古典美學叢編（上、中、下），北京：中華書局，1988 年。

18. 北京大學哲學系美學教研室編，中國美學史資料選編（上、下冊），北京：中華書局，1981 年。

19. 陳良運主編，中國歷代詩學論著選，南昌：百花洲文藝出版社，1995 年。

20. 陳良運主編，中國歷代詞學論著選，南昌：百花洲文藝出版社，1998 年。

21. 李澤厚、劉綱紀主編，中國美學史（第 1 卷），北京：中國社會科學出版社，1984 年。

22. 葉朗，中國美學史大綱，上海：上海人民出版社，1985 年。

23. 葉朗，胸中之竹，合肥：安徽教育出版社，1998 年。

24. 馮友蘭，中國哲學簡史，北京：新世界出版社，2004 年。

25. 王國維著、滕咸惠校注，人間詞話新注，濟南：齊魯書社，1981 年。

26. 宗白華，藝境，北京：北京大學出版社，1987 年。

27. 朱光潛，西方美學史，北京：人民文學出版社，1979 年。

28. 朱自清，朱自清說詩，上海：上海古籍出版社，1998 年。

29. 張世英，天人之際，北京：人民出版社，1995 年。

30. 楊松年，王夫之詩論研究，臺北：文史哲出版社，1986 年。

31. 譚承耕，船山詩論及創作研究，長沙：湖南出版社，1992 年。

32. 陶水平，船山詩學研究，北京：中國社會科學出版社，2001 年。

33. 蕭馳，抒情傳統與中國思想——王夫之詩學發微，上海：上海古籍出版社，2003 年。

34. 吳海慶，船山美學思想研究，鄭州：河南人民出版社，2004 年。

35. 袁愈宗，《詩廣傳》詩學思想研究，濟南：山東師範大學博士論文，2006 年。

36. 嵇文甫，王船山學術論叢，北京：中華書局，1962 年。

37. 鄧潭洲，王船山傳論，長沙：湖南人民出版社，1982 年。

38. 劉春建，王夫之學行繫年，鄭州：中州古籍出版社，1989 年。

39. 陳來，詮釋與重建——王船山的哲學精神，北京：北京大學出版社，2004 年。

40. 賀麟，文化與人生，北京：商務印書館，1994 年。

41. 李澤厚，美的歷程，合肥：安徽教育出版社，1994 年。

42. 張立文主編，理，北京：中國人民大學出版社，1991 年。

43. 楊松年，中國古典文學批評論集，香港：三聯書店香港分店，1987 年。

44. 郭紹虞，中國文學批評史，天津：百花文藝出版社，1999 年。

45. 青木正兒，清代文學評論史，臺北：開明書店，1969 年。

46. 宇文所安，中國文論：英譯與評論，上海：上海社會科學院出版社，2003 年。

47. 袁震宇、劉明今,中國文學批評通史（明代卷）,上海:上海古籍出版社,1996 年。

48. 鄔國平、王鎮遠,中國文學批評通史（清代卷）,上海:上海古籍出版社,1996 年。

49. 袁行霈等,中國詩學通論,合肥:安徽教育出版社,1994 年。

50. 張健,清代詩學研究,北京:北京大學出版社,1999 年。

51. 陳伯海,唐詩學引論,上海:東方出版中心,1988 年。

52. 康正果,風騷與艷情,上海:上海文藝出版社,2001 年。

53. 石觀海,宮體詩派研究,武漢:武漢大學出版社,2003 年。

54. 姚文放,當代性與文學傳統的重建,北京:人民文學出版社,2004 年。

55. 姚文放,現代文藝社會學,南京:江蘇文藝出版社,1993 年。

56. 陳良運,詩學・詩觀・詩美,南昌:江西高校出版社,1991 年。

57. 陳良運,中國詩學體系論,北京:中國社會科學出版社,1992 年。

58. 童慶炳,中國古代心理詩學與美學,北京:中華書局,1992 年。

59. 程毅中,中國詩體流變,北京:中華書局,1992 年。

60. 楊仲義,中國古代詩體簡論,北京:中華書局,1997 年。

61. 弗朗索瓦・於連,迂迴與進入,北京:三聯書店,1998 年。

62. 曹順慶、王南,雄渾與沉鬱,南昌:百花洲文藝出版社,2001 年。

63. 孫立,明末清初詩論研究,廣州:廣東高等教育出版社,1999 年。

64. 夏傳才,十三經概論,天津:天津人民出版社,1998 年。

65. 林葉連,中國歷代詩經學,臺北:臺灣學生書局,1993 年。

66. 陸侃如、馮沅君,中國詩史,濟南:山東大學出版社,1996 年。

67. 袁濟喜,興:藝術生命的激活,南昌:百花洲文藝出版社,2001 年。

68. 黑格爾,美學,北京:商務印書館,1979 年。

69. 蘇珊・朗格,情感與形式,北京:中國社會科學出版社,1986 年。

70 蔣寅,古典詩學的現代詮釋,北京:中華書局,2003 年。

71. 周裕鍇,宋代詩學通論,成都:巴蜀書社,1997 年。

72. 米爾希・埃利亞德,神秘主義、巫術與文化風尚,北京:光明日報出版社,1990 年。

73. 毛峰,神秘主義詩學,北京:三聯書店,1998 年。

74. 唐亦男,王夫之通解莊子「兩行」說及其現代意義,湖南大學學報,2004 年第 6 期。

75. 陳桐生,論《詩》教,原載趙敏俐主編,中國詩歌研究（第 1 輯）,北京:中華書局,2002 年。

76. 孫明君，「思無邪」與「溫柔敦厚」辨異，人文雜誌，2000 年第 2 期。

77. 馮浩菲，歷代詩經論說述評，北京：中華書局，2003 年。

78. 張節末，孔子詩論「興觀群怨」說新解，孔子研究，1991 年第 1 期。

79. 貫東城，橫看成嶺側成峰——從春秋賦詩看孔子的「興觀群怨」說，河北師範大學學報，1989 年第 4 期。

80. 顧易生、蔣凡，先秦兩漢文學批評史，上海：上海古籍出版社，1990 年。

81. 張兵，王夫之興、觀、群、怨說再評價，西北師範大學學報，1994 年第 5 期。

82. 姚文放，論王夫之的詩歌美學，揚州師範學院學報，1987 年第 3 期。

83. 藍華增，古典抒情詩的美學——王夫之「情景」說述評，古代文學理論研究（第 10 輯），上海：上海古籍出版社，1985 年。

84. 張節末，論王夫之詩樂合一論的美學意義——兼評王夫之詩論研究中的一種偏頗，學術月刊，1986 年第 2 期。

85. 陳少松，試論王夫之的「神理」說，學術月刊，1984 年第 7 期。

86. 張晶，王夫之詩歌美學中的「神理」論，文藝研究，2000 年第 5 期。

87. 林保淳，「淫詩」與「淫書」，淡江大學中文學報（第 4 期），1997 年。

88. 梅家玲，《毛詩序》「風教說」探析，臺灣大學中文學報，1989 年 12 月。

89. 奚敏芳，左傳賦詩引詩之研究，臺灣師範大學國文研究所集刊（第 27 號），1983 年。

90. 劉毓慶，從經學到文學——明代《詩經》學史論，北京：商務印書館，2001 年。

91. 鄒其昌，朱熹詩經詮釋學美學研究，北京：商務印書館，2004 年。

92. 汪涌豪，範疇論，上海：復旦大學出版社，1999 年。

93. 潘立勇，朱子理學美學，北京：東方出版社，1999 年。

94. 王向峰，中國美學論稿，北京：中國社會科學出版社，1996 年。

95. 高楠，中國古代藝術的文化學闡釋，瀋陽：遼寧人民出版社，1998 年。

96. 王德昭，清代科舉制度研究，北京：中華書局，1984 年。

97. 蔡方鹿，朱熹經學與中國經學，北京：人民出版社，2004 年。

98. 李家樹，詩經的歷史公案，臺北：大安出版社，1990 年。

99. 林葉連，詩經論文，臺北：臺灣學生書局，1996 年。

100. 林文彬，王船山莊子解研究，臺灣師範大學國文研究所集刊（第 31 號），1989 年。

後 記

　　明清之際，王夫之（船山）的詩學思想博大精深，具有集大成式的理論總結的形態，具有哲學、美學的思想高度，是對中國詩歌抒情傳統加以賞析、感悟和理性思考的範本，像令人目不暇接的寶庫，像值得後人不斷發掘的富礦。

　　十多年前，在王向峰、童慶炳等先生的指導下，我完成文藝學專業的博士論文《王夫之詩學範疇論》（北京師範大學，2001）。此文經增訂，由中國社會科學出版社出版（北京，2006）。隨後幾年，在高楠、姚文放等先生的支持和幫助下，我寫出題為《王夫之詩學思想研究》的博士後出站報告（揚州大學，2006）。

　　今年春天，我有幸接到臺灣花木蘭文化出版社的重要專函，其中有一段話：「今由網絡上的相關信息，得知先生大作《王夫之詩學思想研究》為博士後出站報告，其題旨與內容皆有新創，有益於學術質量的提升，僅此徵求您將以上大作授權本社出版，俾學界有以利用參考！」這是對拙作的認可，對我富於感召力。起初有些驚訝，至今感到欣慰。想起自己在揚州的時候，寒窗苦讀之餘，經常遊覽江南園林風景。收穫是雙重的，可謂讀萬卷書，行萬里路。

　　這本小書從體例、題旨到內容，與我當年的博士後出站報告幾乎是一樣的，只對原稿作了文字上的校對，未經增訂，有些篇章文心良苦，有些則像是趕出來的，可謂瑕瑜互見。

　　花木蘭文化出版社致力於中國學術文化的發揚，實為海峽兩岸學術出版的重鎮！在此我深表敬意！對出版社的領導和編輯致以衷心的感謝！同時也感謝指導、幫助過我的老師們！感謝所有關心、支持我的人們！

崔海峰

2014 年秋於遼寧大學（中國瀋陽）